U0415995

北京大學中國語言學研究中心

現代漢語共同語歷史研究

（18JJD740001，2018 年教育部人文社會科學重點研究基地重大項目）

早期北京話珍稀文獻集成
主編 劉雲

清代滿漢合璧文獻萃編
漢文主編 劉雲 陳曉
滿文主編 王碩 [日]竹越孝

清文接字·字法舉一歌

[清]嵩洛峰 [清]徐隆泰 編著
王碩 滿文校注
劉雲 羅菲菲 漢文校注

北京大学出版社
PEKING UNIVERSITY PRESS

圖書在版編目 (CIP) 數據

清文接字・字法舉一歌 /(清) 嵩洛峰,(清) 徐隆泰編著;王碩,劉雲,羅菲菲校注.
—北京：北京大學出版社，2018. 10
(早期北京話珍本典籍校釋與研究)
ISBN 978-7-301-29905-0

Ⅰ.① 清…　Ⅱ.①嵩… ②徐… ③王… ④劉… ⑤羅…　Ⅲ.①滿語–語法 ②滿語–翻譯　Ⅳ.① H221

中國版本圖書館 CIP 數據核字（2018）第 216498 號

書　　名	清文接字・字法舉一歌 QINGWEN JIEZI・ZIFA JU YIGE
著作責任者	[清]嵩洛峰　[清]徐隆泰　編著　王碩　滿文校注　劉雲　羅菲菲　漢文校注
責 任 編 輯	唐娟華
標 准 書 號	ISBN 978-7-301-29905-0
出 版 發 行	北京大學出版社
地　　址	北京市海淀區成府路 205 號　100871
網　　址	http://www.pup.cn　　新浪微博：@ 北京大學出版社
電 子 信 箱	zpup@pup. cn
電　　話	郵購部 010-62752015　發行部 010-62750672　編輯部 010-62767349
印 刷 者	北京虎彩文化傳播有限公司
經 銷 者	新華書店
	720 毫米 ×1020 毫米　16 開本　36.25 印張　473 千字
	2018 年 10 月第 1 版　2018 年 10 月第 1 次印刷
定　　價	148.00 元

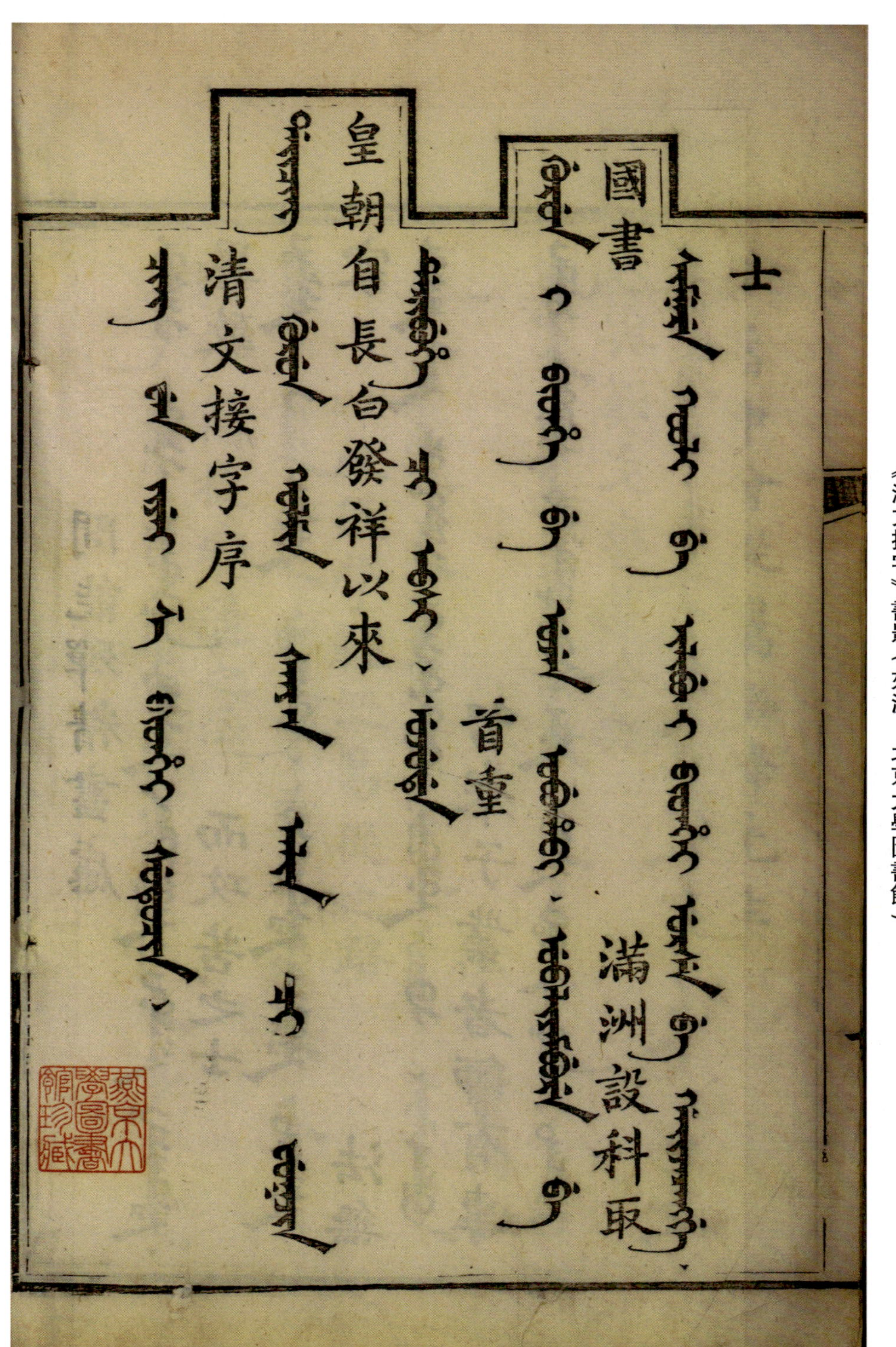

士

國書……滿洲設科取

首重

皇朝自長白發祥以來

清文接字序

《清文接字》書影（來源：北京大學圖書館）

未知其故耶

夫子聖者歟

兩箇字 疑而未定之辭方用得

想來必往那裡去了

想是沒得空兒不然怎麽沒有來

《清文接字》書影（來源：北京大學圖書館）

與

矣了然

入。功多力省便初學。旬月可熟且讀且解不經年則歌約三千有奇之字叶韻順口

清文字法舉一歌。觸類旁通可悟百。繙譯雖深由此

金州隆泰沃田徐氏著

長白承蔭佩先較刊

受業蒙古壽榮耀庭較正

清文字法舉一歌

《字法舉一歌》書影（來源：北京大學圖書館）

總 序

語言是文化的重要組成部分，也是文化的載體。語言中有歷史。

多元一體的中華文化，體現在我國豐富的民族文化和地域文化及其語言和方言之中。

北京是遼金元明清五代國都（遼時爲陪都），千餘年來，逐漸成爲中華民族所公認的政治中心。北方多個少數民族文化與漢文化在這裏碰撞、融合，産生出以漢文化爲主體的、帶有民族文化風味的特色文化。

現今的北京話是我國漢語方言和地域文化中極具特色的一支，它與遼金元明四代的北京話是否有直接繼承關係還不是十分清楚。但可以肯定的是，它與清代以來旗人語言文化與漢人語言文化的彼此交融有直接關係。再往前追溯，旗人與漢人語言文化的接觸與交融在入關前已經十分深刻。本叢書收集整理的這些語料直接反映了清代以來北京話、京味文化的發展變化。

早期北京話有獨特的歷史傳承和文化底藴，於中華文化、歷史有特別的意義。

一者，這一時期的北京歷經滿漢雙語共存、雙語互協而新生出的漢語方言——北京話，它最終成爲我國民族共同語（普通話）的基礎方言。這一過程是中華多元一體文化自然形成的諸過程之一，對於了解形成中華文化多元一體關係的具體進程有重要的價值。

二者，清代以來，北京曾歷經數次重要的社會變動：清王朝的逐漸孱弱、八國聯軍的入侵、帝制覆滅和民國建立及其伴隨的滿漢關係變化、各路軍閥的來來往往、日本侵略者的占領，等等。在這些不同的社會環境下，北京人的構成有無重要變化？北京話和京味文化是否有變化？進一步地，地域方言和文化與自身的傳承性或發展性有着什麽樣的關係？與社會變遷有着什麽樣的關係？清代以至民國時期早期北京話的語料爲研究語言文化自身傳承性與社會的關係提供了很好的素材。

了解歷史纔能更好地把握未來。新中國成立後，北京不僅是全國的政治中心，而且是全國的文化和科研中心，新的北京話和京味文化或正在形成。什麼是老北京京味文化的精華？如何傳承這些精華？爲把握新的地域文化形成的規律，爲傳承地域文化的精華，必須對過去的地域文化的特色及其形成過程進行細致的研究和理性的分析。而近幾十年來，各種新的傳媒形式不斷涌現，外來西方文化和國内其他地域文化的衝擊越來越强烈，北京地區人口流動日趨頻繁，老北京人逐漸分散，老北京話已幾近消失。清代以來各個重要歷史時期早期北京話語料的保護整理和研究迫在眉睫。

"早期北京話珍本典籍校釋與研究（暨早期北京話文獻數位化工程）"是北京大學中國語言學研究中心研究成果，由"早期北京話珍稀文獻集成""早期北京話數據庫"和"早期北京話研究書系"三部分組成。"集成"收録從清中葉到民國末年反映早期北京話面貌的珍稀文獻并對内容加以整理，"數據庫"爲研究者分析語料提供便利，"研究書系"是在上述文獻和數據庫基礎上對早期北京話的集中研究，反映了當前相關研究的最新進展。

本叢書可以爲語言學、歷史學、社會學、民俗學、文化學等多方面的研究提供素材。

願本叢書的出版爲中華優秀文化的傳承做出貢獻！

王洪君　郭鋭　劉雲

二〇一六年十月

“早期北京話珍稀文獻集成”序

清民兩代是北京話走向成熟的關鍵階段。從漢語史的角度看，這是一個承前啓後的重要時期，而成熟後的北京話又開始爲當代漢民族共同語——普通話源源不斷地提供着養分。蔣紹愚先生對此有着深刻的認識：“特别是清初到19世紀末這一段的漢語，雖然按分期來説是屬於現代漢語而不屬於近代漢語，但這一段的語言（語法，尤其是詞彙）和‘五四’以後的語言（通常所説的‘現代漢語’就是指‘五四’以後的語言）還有若干不同，研究這一段語言對於研究近代漢語是如何發展到‘五四’以後的語言是很有價值的。”（《近代漢語研究概要》，北京大學出版社，2005年）然而國内的早期北京話研究并不盡如人意，在重視程度和材料發掘力度上都要落後於日本同行。自1876年至1945年間，日本漢語教學的目的語轉向當時的北京話，因此留下了大批的北京話教材，這爲其早期北京話研究提供了材料支撑。作爲日本北京話研究的奠基者，太田辰夫先生非常重視新語料的發掘，很早就利用了《小額》《北京》等京味兒小説材料。這種治學理念得到了很好的傳承，之後，日本陸續影印出版了《中國語學資料叢刊》《中國語教本類集成》《清民語料》等資料匯編，給研究帶來了便利。

新材料的發掘是學術研究的源頭活水。陳寅恪《〈敦煌劫餘録〉序》有云：“一時代之學術，必有其新材料與新問題。取用此材料，以研求問題，則爲此時代學術之新潮流。”我們的研究要想取得突破，必須打破材料桎梏。在具體思路上，一方面要拓展視野，關注“異族之故書”，深度利用好朝鮮、日本、泰西諸國作者所主導編纂的早期北京話教本；另一方面，更要利用本土優勢，在“吾國之舊籍”中深入挖掘，官話正音教本、滿漢合璧教本、京味兒小説、曲藝劇本等新類型語料大有文章可做。在明確了思路之後，我們從2004年開始了前期的準備工作，在北京大學中國語言學研究中心的大力支持下，早期北京話的挖掘整理工作於2007年正式啓動。本次推出的“早期北京話珍稀文獻集成”是階段性成果之一，總體設計上“取異族之故書與吾國之舊籍互相補正”，共分“日本北京話教科書匯編”“朝鮮日據時期漢語會話書匯編”“西人北京話教科書匯編”“清代滿漢合璧文獻萃編”“清代官話正音文獻”“十全福”“清末民初京味兒小説書系”“清末民初京味兒時評書系”八個系列，臚列如下：

“日本北京話教科書匯編”於日本早期北京話會話書、綜合教科書、改編讀物和風俗紀聞讀物中精選出《燕京婦語》《四聲聯珠》《華語跬步》《官話指南》《改訂官話指南》《亞細亞言語集》《京華事略》《北京紀聞》《北京風土編》《北京風俗問答》《北京事情》《伊蘇普喻言》《搜奇新編》《今古奇觀》等二十餘部作品。這些教材是日本早期北京話教學活動的縮影，也是研究早期北京方言、民俗、史地問題的寶貴資料。本系列的編纂得到了日本學界的大力幫助。冰野善寬、内田慶市、太田齋、鱒澤彰夫諸先生在書影拍攝方面給予了諸多幫助。書中日語例言、日語小引的翻譯得到了竹越孝先生的悉心指導，在此深表謝忱。

“朝鮮日據時期漢語會話書匯編”由韓國著名漢學家朴在淵教授和金雅瑛博士校注，收入《改正增補漢語獨學》《修正獨習漢語指南》《高等官話華語精選》《官話華語教范》《速修漢語自通》《速修漢語大成》《無先生速修中國語自通》《官話標準：短期速修中國語自通》《中語大全》《“内鮮滿”最速成中國語自通》等十餘部日據時期（1910年至1945年）朝鮮教材。這批教材既是對《老乞大》《朴通事》的傳承，又深受日本早期北京話教學活動的影響。在中韓語言史、文化史研究中，日據時期是近現代過渡的重要時期，這些資料具有多方面的研究價值。

“西人北京話教科書匯編”收録了《語言自邇集》《官話類編》等十餘部西人編纂教材。這些西方作者多受過語言學訓練，他們用印歐語的眼光考量漢語，解釋漢語語法現象，設計記音符號系統，對早期北京話語音、詞彙、語法面貌的描寫要比本土文獻更爲精準。感謝郭鋭老師提供了《官話類編》《北京話語音讀本》和《漢語口語初級讀本》的底本，《尋津録》、《語言自邇集》（第一版、第二版）、《漢英北京官話詞彙》、《華語入門》等底本由北京大學圖書館特藏部提供，謹致謝忱。《華英文義津逮》《言語聲片》爲筆者從海外購回，其中最爲珍貴的是老舍先生在倫敦東方學院執教期間，與英國學者共同編寫的教材——《言語聲片》。教材共分兩卷：第一卷爲英文卷，用英語講授漢語，用音標標注課文的讀音；第二卷爲漢字卷。《言語聲片》采用先用英語導入，再學習漢字的教學方法講授漢語口語，是世界上第一部有聲漢語教材。書中漢字均由老舍先生親筆書寫，全書由老舍先生録音，共十六張唱片，京韵十足，殊爲珍貴。

上述三類"異族之故書"經江藍生、張衛東、汪維輝、張美蘭、李無未、王順洪、張西平、魯健驥、王澧華諸先生介紹，已經進入學界視野，對北京話研究和對外漢語教學史研究産生了很大的推動作用。我們希望將更多的域外經典北京話教本引入進來，考慮到日本卷和朝鮮卷中很多抄本字迹潦草，難以辨認，而刻本、印本中也存在着大量的異體字和俗字，重排點校注釋的出版形式更利於研究者利用，這也是前文"深度利用"的含義所在。

對"吾國之舊籍"挖掘整理的成果，則體現在下面五個系列中：

"清代滿漢合璧文獻萃編"收入《清文啓蒙》《清話問答四十條》《清文指要》《續編兼漢清文指要》《庸言知旨》《滿漢成語對待》《清文接字》《重刻清文虚字指南編》等十餘部經典滿漢合璧文獻。入關以後，在漢語這一强勢語言的影響下，熟習滿語的滿人越來越少，故雍正以降，出現了一批用當時的北京話注釋翻譯的滿語會話書和語法書。這批教科書的目的本是教授旗人學習滿語，却無意中成爲了早期北京話的珍貴記録。"清代滿漢合璧文獻萃編"首次對這批文獻進行了大規模整理，不僅對北京話溯源和滿漢語言接觸研究具有重要意義，也將爲滿語研究和滿語教學創造極大便利。由於底本多爲善本古籍，研究者不易見到，在北京大學圖書館古籍部和日本神户市外國語大學竹越孝教授的大力協助下，"萃編"將以重排點校加影印的形式出版。

"清代官話正音文獻"收入《正音撮要》（高静亭著）和《正音咀華》（莎彝尊著）兩種代表著作。雍正六年（1728），雍正諭令福建、廣東兩省推行官話，福建爲此還專門設立了正音書館。這一"正音"運動的直接影響就是以《正音撮要》和《正音咀華》爲代表的一批官話正音教材的問世。這些書的作者或爲旗人，或寓居京城多年，書中保留着大量北京話詞彙和口語材料，具有極高的研究價值。沈國威先生和侯興泉先生對底本搜集助力良多，特此致謝。

《十全福》是北京大學圖書館藏《程硯秋玉霜簃戲曲珍本》之一種，爲同治元年陳金雀抄本。陳曉博士發現該傳奇雖爲崑腔戲，念白却多爲京話，較爲罕見。

以上三個系列均爲古籍，且不乏善本，研究者不容易接觸到，因此我們提供了影印全文。

總體來説，由於言文不一，清代的本土北京話語料數量較少。而到了清末民初，風氣漸開，情況有了很大變化。彭翼仲、文實權、蔡友梅等一批北京愛國知識分子通過開辦白話報來“開啓民智”“改良社會”。著名愛國報人彭翼仲在《京話日報》的發刊詞中這樣寫道：“本報爲輸進文明、改良風俗，以開通社會多數人之智識爲宗旨。故通幅概用京話，以淺顯之筆，達樸實之理，紀緊要之事，務令雅俗共賞，婦稚咸宜。”在當時北京白話報刊的諸多欄目中，最受市民歡迎的當屬京味兒小説連載和《益世餘譚》之類的評論欄目，語言極爲地道。

“清末民初京味兒小説書系”首次對以蔡友梅、冷佛、徐劍膽、儒丐、勳鋭爲代表的晚清民國京味兒作家群及作品進行系統挖掘和整理，從千餘部京味兒小説中萃取代表作家的代表作品，并加以點校注釋。該作家群活躍於清末民初，以報紙爲陣地，以小説爲工具，開展了一場轟轟烈烈的底層啓蒙運動，爲新文化運動的興起打下了一定的群衆基礎，他們的作品對老舍等京味兒小説大家的創作産生了積極影響。本系列的問世亦將爲文學史和思想史研究提供議題。于潤琦、方梅、陳清茹、雷曉彤諸先生爲本系列提供了部分底本或館藏綫索，首都圖書館歷史文獻閲覽室、天津圖書館、國家圖書館提供了極大便利，謹致謝意！

“清末民初京味兒時評書系”則收入《益世餘譚》和《益世餘墨》，均係著名京味兒小説家蔡友梅在民初報章上發表的專欄時評，由日本岐阜聖德學園大學劉一之教授、矢野賀子教授校注。

這一時期存世的報載北京話語料口語化程度高，且總量龐大，但發掘和整理却殊爲不易，稱得上“珍稀”二字。一方面，由於報載小説等欄目的流行，外地作者也加入了京味兒小説創作行列，五花八門的筆名背後還需考證作者是否爲京籍，以蔡友梅爲例，其真名爲蔡松齡，查明的筆名還有損、損公、退化、亦我、梅蒐、老梅、今睿等。另一方面，這些作者的作品多爲急就章，文字錯訛很多，并且鮮有單行本存世，老報紙殘損老化的情况日益嚴重，整理的難度可想而知。

上述八個系列在某種程度上填補了相關領域的空白。由於各個系列在内容、體例、出版年代和出版形式上都存在較大的差異，我們在整理時借鑒《朝鮮時代漢語教科書叢刊續編》《〈清文指要〉匯校與語言研究》等語言類古籍的整理體例，結合各個系列自身特點和讀者需求，靈活制定體例。“清末民初京味兒小説書系”和“清末民初京味兒時評書系”年代較近，讀者群體更爲廣泛，經過多方調研和反復討論，我們决定在整理時使用簡體横排的形式，儘可能同時滿足專業研究者和普通讀者的需求。“清代滿漢合璧文獻萃編”“清代官話正音文獻”等系列整理時則采用繁體。“早期北京話珍稀文獻集成”總計六十餘册，總字數近千萬字，稱得上是工程浩大，由於我們能力有限，體例和校注中難免會有疏漏，加之受客觀條件所限，一些擬定的重要書目本次無法收入，還望讀者多多諒解。

“早期北京話珍稀文獻集成”可以説是中日韓三國學者通力合作的結晶，得到了方方面面的幫助，我們還要感謝陸儉明、馬真、蔣紹愚、江藍生、崔希亮、方梅、張美蘭、陳前瑞、趙日新、陳躍紅、徐大軍、張世方、李明、鄧如冰、王强、陳保新諸先生的大力支持，感謝北京大學圖書館的協助以及蕭群書記的熱心協調。“集成”的編纂隊伍以青年學者爲主，經驗不足，兩位叢書總主編傾注了大量心血。王洪君老師不僅在經費和資料上提供保障，還積極扶掖新進，“我們搭臺，你們年輕人唱戲”的話語令人倍感温暖和鼓舞。郭鋭老師在經費和人員上也予以了大力支持，不僅對體例制定、底本選定等具體工作進行了細緻指導，還無私地將自己發現的新材料和新課題與大家分享，令人欽佩。“集成”能够順利出版還要特别感謝國家出版基金規劃管理辦公室的支持以及北京大學出版社王明舟社長、張鳳珠副總編的精心策劃，感謝漢語編輯部杜若明、鄧曉霞、張弘泓、宋立文等老師所付出的辛勞。需要感謝的師友還有很多，在此一并致以誠摯的謝意。

“上窮碧落下黄泉，動手動脚找東西。”我們不奢望引領“時代學術之新潮流”，惟願能給研究者帶來一些便利，免去一些奔波之苦，這也是我們向所有關心幫助過“早期北京話珍稀文獻集成”的人士致以的最誠摯的謝意。

劉　雲

二〇一五年六月二十三日

於對外經貿大學求索樓

二〇一六年四月十九日

改定於潤澤公館

整理説明

一　體例説明[1]

“清代滿漢合璧文獻萃編”（以下簡稱“萃編”）一共收入《清文啓蒙》《清話問答四十條》《一百條》《清語易言》《清文指要》《續編兼漢清文指要》《庸言知旨》《滿漢成語對待》《清文接字》《字法舉一歌》《重刻清文虚字指南編》等十一種清代滿漢合璧教本，大致分爲三類：（一）綜合性教本：如《清文啓蒙》和《清語易言》，既有會話内容，也涉及語音、詞彙、語法；（二）會話類教本：包括《清話問答四十條》《一百條》《清文指要》《續編兼漢清文指要》《庸言知旨》和《滿漢成語對待》六種；（三）虚詞和語法類教本：包括《清文接字》《字法舉一歌》和《重刻清文虚字指南編》三種。“萃編”首次對清代滿漢合璧教本進行系統整理，爲研究清代北京話、滿語以及滿漢語言接觸提供了材料上的便利。

“萃編”各書均由六部分組成：（一）書影；（二）導讀；（三）重排本；（四）轉寫本；（五）漢文詞彙索引；（六）影印本。各部分體例介紹如下：

（一）書影

各書文前均附彩色書影若干張。

（二）導讀

導讀部分對本書的作者、内容特點、版本和研究價值加以介紹。

（三）重排本

重排本爲豎排，版式大致仿照底本，滿文部分字體采用太清文鑒體，居左列，對應的漢文采用宋體繁體，居右列。滿文和漢文均經過校對整理。

1　本部分由劉雲執筆。

（四）轉寫本

轉寫本爲横排，這部分是校勘整理工作的重點，以會話類教本《清話問答四十條》中的第一句爲例：

1-1[A] age simbe tuwa-qi,

阿哥 你.**賓** 看-**條**

阿哥看你，（1a2）

底本中這一句以滿左漢右的形式呈現，占兩列，在轉寫本增加爲三行。第一行采用太清轉寫方案對底本中的滿文進行轉寫（詳見第二部分“太清轉寫方案説明”），更利於母語爲漢語的學習者和研究者使用。第三行對底本中的漢文部分進行整理，繁體字、簡化字照録，異體字、俗字等疑難字改爲相應的繁體正字，個别難以辨識的疑難字則照録原文。根據不同版本對滿文和漢文部分所做的校勘工作在脚注中予以説明。爲了方便不熟悉滿語的研究者使用，我們增列了第二行，對第一行滿文轉寫進行逐詞對譯，其中黑體字（如上例中的“**賓**”和“**條**”）是我們針對一些虚詞或語法標記專門設計的一套漢語術語（第三部分“語法標注方案”中有詳細介紹）。

此外爲了方便讀者檢索詞彙和查找底本，我們給會話類教本中的每一句都加注了索引號（如1-1[A]）和底本號（1a2），“1-1[A]”中第一個“1”代表第一節，第二個“1”代表第一句，上標的A和B代表對話人A和B，所以“1-1[A]”的完整意義就是“第一節的第一句，是A説的”。索引部分“阿哥、看、你”所對應的索引號衹有“1-1”，讀者很容易找到這些詞在轉寫本中的位置。

而在句尾底本號“1a2”中，“1”代表底本葉心所記葉數爲“一”的書葉（古籍一個書葉大致對應於現代出版物中一頁紙張的正反兩面），“a”代表該葉的上半葉，“b”代表該葉的下半葉，“2”代表該半葉“第二大列”（多數情況下一個大列由一列滿文和一列對應的漢文構成。個别情況下滿漢文會混爲一大列，但此時大列之間的界限也會比較分明）。“1a2”的完整意義指在“底本第一葉上半葉的第二大列”能够找到這句話對應的滿漢原文。由於底本中的一些語句較長（尤其是滿文部分，通常比漢文長），經常會出現跨大列甚至跨葉的情況，例如：

1-3 sure banji-ha-bi,
聰明 生長-**完-現**
生的伶俐，（1a2-3）

1-7 bengsen taqi-re be hono ai se-re,
本事 學習-**未 賓** 尚且 什麽 説-**未**
學本事還算不得什麽，（1a5-b1）

“1a2-3”表示在“底本第一葉上半葉的第二大列和第三大列”能找到該句對應的滿漢原文，“1a5-b1”則表示該句的滿漢原文位於“底本第一葉上半葉的第五大列和底本第一葉下半葉的第一大列”。通過上述底本號，讀者可以迅速定位相應的底本原文。

而《清文接字》等虚詞和語法類教本中的講解部分則無須逐詞對照和逐句索引，涉及的知識點、語法點酌情劃分爲若干小節，節號用“[1]……”表示。

（五）漢文詞彙索引

“萃編”索引爲選詞索引，重點選擇當時的口語詞以及一些特殊的虚詞、語法標記作爲詞目，并列齊詞目所在的原文語句的索引號。需要注意的是，虚詞和語法類教本中因較少出現口語詞彙，未出索引。綜合性教本中的語法講解部分也作同樣處理。爲了方便讀者查閲，漢文詞彙索引作爲附録，附於轉寫本後。

（六）影印本

滿漢合璧教本存世數量有限，館藏分散，且相當一部分已被列入善本，研究者鮮有機會一窺全貌。承蒙北京大學圖書館古籍部和日本大阪大學圖書館大力支持，“萃編”得以集齊相關底本，可爲研究者提供第一手材料。其中《一百條》《清語易言》的底本由日本大阪大學圖書館提供，竹越孝先生和陳曉博士其間出力甚夥；其餘九種底本皆爲北京大學圖書館藏本，感謝古籍部李雲、丁世良、常雯嵐等老師的大力協助。各書整理者在校勘整理過程中，還親赴國家圖書館、中央民族大學圖書館、日本國會圖書館、早稻田大學圖書館、天理圖書館、大阪大學圖書館、哈佛大學圖書館等處，查閲并參校了數量可觀的不同版本。另外，承北京外國語大學王繼紅教授惠示相關版本，特此致謝。

二　太清轉寫方案説明[1]

滿文自1599年創製以來，已有四百餘年歷史。清初，來華傳教士出於學習、研究和印刷的方便，創製了最早針對滿文的拉丁字母轉寫方案——俄國有基里爾字母轉寫方案，日、韓亦有用本民族字母轉寫滿文的方案，本文不做討論——目前，無論是國際還是國内，針對滿文都有多套拉丁字母轉寫方案，尚未達成統一。

本次整理包括《重刻清文虚字指南編》《清文啓蒙》等在内的十一種古籍，爲方便更多的科研工作者利用本"萃編"的語料，特增加滿文拉丁轉寫并附全文語法標注。據不完全統計，目前常見的滿文拉丁轉寫方案有八種。因此，在本"萃編"編寫中就涉及使用何種拉丁轉寫方案的問題。

本次整理工作，經過慎重考慮，采用由馬旭東先生設計的太清轉寫系統。做出這種決定的理由如下：

（一）本"萃編"讀者中絶大部分是以漢語爲母語或極其熟悉漢語文的人士，他們對漢語拼音相對敏感和熟悉，而太清轉寫系統與漢語拼音的高度一致性爲他們使用本"萃編"提供了便利。其他轉寫系統都或多或少地受到印歐語文的影響，出現了用如"dz""ts"等與中文拼音存在明顯差異的雙字母轉寫單輔音的情况，讓漢語母語者感到困惑。

（二）太清轉寫方案除"ng"外，没有使用雙字母表示音位，且没有使用26個字母之外的拉丁擴展字母，是一種經濟的方案。太清轉寫方案放弃了"š""ū""ž""ü""ö""ô""ů"等對絶大多數讀者來説陌生的擴展拉丁字母，加入了爲大部分轉寫方案放弃的"q""v"等基本拉丁字母。

（三）太清轉寫方案相較其他方案，對編寫書籍整理中使用的工具軟件更友好。其他的轉寫系統因爲不同程度地引入中國人不熟悉的"š""ū""ž""ü""ö""ô""ů"等擴展拉丁字母，使得不同的人在輸入這些字母時可能會用到看起來相同、但實際上編碼不同的字母，導致後期的詞彙索引、字母頻度等統計工作難以使用各種統計小工具。而太清轉寫系統嚴格使用26個字母和撇號來轉寫滿文，避免了這些問題，節省了大量的

1　本部分由馬旭東、王碩執筆。

人力和不必要的失誤。

（四）目前太清轉寫方案被十餘萬滿語文使用者當作“亞文字”“拉丁化滿文”“新新滿文”在各種場合中使用。在非學術領域，太清轉寫系統是絶對的强勢方案。基於抽樣調查的保守估計，目前在中國有超過十萬人使用該方案以服務語言生活。在學術領域，太清轉寫系統正被越來越多的機構和學者接受，比如：荷蘭萊頓大學漢學院正在進行的有史以來規模最大的歐盟滿學古籍數字化工程就采用了該系統，韓國慶熙大學，我國清華大學、中國人民大學、中央民族大學等高校的青年學者們也逐漸轉向於此。

基於以上四點理由，我們審慎地選擇了太清轉寫系統。

下面我們將用表格方式對比太清轉寫系統和其他系統，以方便廣大的讀者使用本“萃編”。以下表格轉引自馬旭東《滿文拉丁字母轉寫研究》（未刊稿），本文僅做適當調整。

1. 元音字母：

滿文	ᠠ	ᡝ	ᡳ	ᡟ	ᠣ	ᡠ	ᡡ
國際音標	/ɑ/	/ə/	/i/	/ɿ/	/ɔ/	/u/	/ʊ/
太清	a	e	i, (y')*	y'	o	u	v
穆麟德	a	e	i, y	y, 無	o	u	ū
BablePad	a	e	i	y	o	u	uu
新滿漢	a	e	i, y	y	o	u	uu
五體	a	e	i, y	y	o	u	ů
語彙集	a	e	i, y	y	o	u	û
Harlez	a	e	i		o	u	ô
Adam	a	e	i		o	u	ȯ
其他		ä, ö		ï	ô	ou	oe, ō

*衹有在輔音ᠰ、ᡯ後的ᡳ纔轉寫爲y'。

2. 輔音字母：

滿文	ᠪ	ᡦ	ᠮ	ᡶ ᡶ	ᡩ ᡩ (ᡩ)*	ᡨ ᡨ	ᠨ	ᠯ
國際音標	/p/	/pʰ/	/m/	/f/	/t/	/tʰ/	/n/	/l/
太清	b	p	m	f	d	t	n/n'**	l
穆麟德	b	p	m	f	d	t	n	l
BablePad	b	p	m	f	d	t	n	l
新滿漢	b	p	m	f	d	t	n	l
五體	b	p	m	f	d	t	n	l
語彙集	b	p	m	f	d	t	n	l
Harlez	b	p	m	f	d	t	n	l
Adam	b	p	m	f	d	t	n	l
其他	p	p'			t	t'		

*輔音字母d在母音字母v前沒有點兒，故而[illegible]轉寫爲dv，而非tv。

**在單詞尾的輔音字母[illegible]轉寫爲n'。

滿文	ᡤ ᡤ	ᡴ ᡴ	ᡥ ᡥ	ᠩ	ᡤ	ᡴ	ᡥ
國際音標	/k, q/	/kʰ, qʰ/	/x, χ/	/ɴ, ŋ/	/k/	/kʰ/	/x/
太清	g	k	h	ng	g'	k'	h'
穆麟德	g	k	h	ng	gʿ	kʿ	hʿ
BablePad	g	k	h	ng	gh	kh	hh
新滿漢	g	k	h	ng	gg	kk	hh
五體	g	k	h	ng	ǵ	kʿ	h́
語彙集	g	k	h	ng	g'	k'	h'
Harlez	g	k	h	ng	g'	k'	h'
Adam	g	k	h	ng	g'	k'	h'
其他	k,γ	k', q	x, gh	ń, ñ, ṅ	ġ	ḱ	h̊, xx, x'

滿文	ᠵ	ᠴ	ᡧ	ᡰ	ᡯ	ᡮ	ᠰ	ᡵ	ᠶ	ᠸ
國際音標	/tʃ/	/tʃʰ/	/ʃ/	/ɻ/	/ts/	/tsʰ/	/s/	/r/	/j/	/w/
太清	j	q	x	r’	z	c	s	r	y	w
穆麟德	j	c	š	ž	dz	tsʻ	s	r	y	w
BablePad	j	c	x	z	dz	ts	s	r	y	w
新滿漢	zh	ch	sh	rr	z	c	s	r	y	w
五體	j	c	š	ž	dz	tsʻ	s	r	y	w
語彙集	j	c	s̀	z̀	z	zh	s	r	y	w
Harlez	j	c	s’	z’	dz	ts	s	r	y	w
Adam	j	c	x	ż	z	z’	s	r	y	w
其他	ǰ, ch	č, chʻ	j, ǰ	zh	tz	ċ,		rr, r’	j	v

3. 知、蚩、詩、日、資、雌、思音節：

滿文	ᠵᡟ	ᠴᡟ	ᡧᡳ	ᡰᡳ	ᡯᡳ	ᡮᡟ	ᠰᡟ
國際音標	/tʂʅ/	/tʂʰʅ/	/ʂʅ/	/ʐʅ/	/tsɿ/	/tsʰɿ/	/sɿ/
太清	jy’	qy’	xi	r’i	zi	cy’	sy’
穆麟德	jy	cʻy	ši	ži	dzi	ts	sy
BablePad	zhi	chi	xi	zi	dzi	tsy	sy
新滿漢	zhy	chy	shi	rri	zy	cy	sy
五體	ǰĭ	c’i	ši	ži	dzy	tsʻy	sy
語彙集	jĭ	cĭ	s̀i	z̀i	zy	c̀y	sy
Harlez	j’h	c’h	s’i	z’i	dz	ts	ss
Adam	j’i	c’i	xi	żi	-	-	ş
其他	d’i, ʒi, ǰi, jhi	ḉi, či		zhi	ze, tzi	tsï, zhy	sï

三　語法標注方案

1. 複——複數

在滿語中，指人的名詞可以通過接綴附加成分-sa、-se、-si、-so、-ta、-te、-ri構成其複數形式。如：

sakda-sa
老人-**複**
老人們

axa-ta
嫂子-**複**
嫂子們

在職務名詞後分寫的sa、在人名後分寫的se可以表達"……等人"之意。如：

oboi baturu sa
鰲拜 巴圖魯 **複**
鰲拜巴圖魯等

batu se
巴圖 **複**
巴圖等人

2. 屬——屬格格助詞

滿語的屬格格助詞爲-i或ni，用於標記人或事物的領屬關係等。如：

bou-i kouli
家-**屬** 規矩
家規

daiming ni qouha
大明 **屬** 士兵
大明的士兵

3. 工——工具格格助詞

滿語的工具格格助詞爲-i或ni，用於標記完成動作、行爲所借助的工具或手段。如：

tondo -i ejen be uile-mbi
忠 **工** 君主 **賓** 侍奉-**現**
以忠事君

qiyanliyang ni uda-mbi
錢糧 **工** 買-**現**
用錢糧買

另外，形容詞可以和工具格格助詞一起構成副詞來修飾動詞。如：

nuhan -i gama-mbi
從容 **工** 安排-**現**
從容地安排

4. 賓——賓格格助詞

滿語的賓格格助詞爲be，用於標記賓語，即動作、行爲所指向的受事。如：

bithe hvla-ra be sa-qi, ai gisure-re ba-bi?
書 讀-**未** **賓** 知道-**條** 什麽 説話-**未** 處-**有**
知道該念書，有什麽説處呢？

賓格格助詞be也可用於標記所經之處。如：

musei qouha nimanggi alin be gemu dule-ke.
咱們.**屬** 軍隊 雪 山 **賓** 都 經過-**完**
我兵皆已越過雪山。

5. 位——位格格助詞

滿語的位格格助詞爲de，用於標記動作發生的地點、時間、原因，以及人或事物所處的地點、時間和狀態等。如：

mujilen de eje-mbi.
心 **位** 記住-**現**
心裏頭記。

位格格助詞de也可用於標記動作、行爲進行的手段、方式。如：

emu gisun de waqihiya-me mute-ra-kv.
一 話語 **位** 完結-**并** 能够-**未**-**否**
不是一言能盡的。

某些由de構成的詞或詞組具有連詞、副詞等功能，如aikabade“若”，ede“因此”，emde“一同”，jakade“……之故；……之時”，ohode“若”等，可以不對其進行拆分標注，僅標注詞義。如：

bi gene-ra-kv ohode, tere mimbe jabqa-ra-kv-n?
我 去-**未**-**否** 倘若 他 我.**賓** 埋怨-**未**-**否**-**疑**
我若不去的時候，他不埋怨我麽？

6. 與——與格格助詞

滿語的與格格助詞爲de，用於標記動作、行爲的方向、目的和對象等。如：

niyalma de tusa ara-mbi.
人 **與** 利益 做-**現**
與人方便。

sy' pai leu se-re ba-de gene-mbi.
四 牌 樓 叫-**未** 地方-**與** 去-**現**
往四牌樓去。

7. 從——從格格助詞

滿語的從格格助詞爲qi，用於標記動作、行爲的起點、來源、原因等。另外，在事物之間進行比較時，從格格助詞qi用於標記比較的起點。如：

abka qi wasi-mbi.
天 **從** 降下-**現**
自天而降。

i sinqi antaka? minqi fulu.
他 你.**從** 怎麽樣 我.**從** 强
他比你如何？比我强。

8. 經——經格格助詞

滿語的經格格助詞爲deri，用於標記動作、行爲經過、通過之處。如：

edun sangga deri dosi-mbi.
風 孔 **經** 進入-**現**
風由孔入。

gisun angga deri tuqi-mbi.
話 嘴巴 **經** 出來-**現**
話從口出。

9. 完——完整體

滿語中動詞的完整體附加成分爲-HA（-ha/-he/-ho, -ka/-ke/-ko），表示做完了某動作或行爲。如：

erdemu ili-bu-ha manggi gebu mutebu-mbi.
德才 立-**使**-**完** 之後 名字 能成-**現**
德建而後名立。

aga hafu-ka.
雨 濕透-**完**
雨下透了。

在句中，動詞的完整體形式具有形容詞或名詞詞性。如：

ama eme -i taqibu-ha gisun be, gelhun akv jurqe-ra-kv.
父親 母親 **屬** 教導-**完** 話語 **賓** 怕 **否** 悖逆-**未**-**否**
父母教的話，不敢違背。

此句中taqibuha爲動詞taqibumbi“教導”的完整體形式，做形容詞修飾gisun，taqibuha gisun即“教導的話”。

sini gosi-ha be ali-ha.
你.**屬** 憐愛-**完** **賓** 接受-**完**
領了你的情。

此句中gosiha爲動詞gosimbi“憐愛”的完整體形式，在句中具有名詞詞性，做謂語動詞aliha的賓語，aliha是動詞alimbi“接受”的完整體形式。

10. 未——未完整體

滿語中動詞的未完整體附加成分一般爲-rA（-ra/-re/-ro），表示動作發生，没結束，或者將要發生。也可用於表達常識、公理等。如：

bi amala qouha fide-fi da-me gene-re.
我 然後 軍隊 調兵-**順** 救援-**并** 去-**未**

吾隨後便調兵接應也。

niyalma o-qi emu beye -i duin gargan be uherile-re.
人 成爲-**條** 一 身體 **屬** 四 肢 **賓** 統共-**未**

人以一身統四肢。

與完整體相似的是，動詞的未完整體形式在句中也具有形容詞或名詞詞性。如：

taqi-re urse
學習-**未** 者

學習者

taqire爲動詞taqimbi“學習”的未完整體形式，在此句中作形容詞修飾名詞urse“者”。

faihaqa-ra be baibu-ra-kv.
急躁-**未** **賓** 需要-**未**-**否**

不必着急。

faihaqara爲動詞faihaqambi“急躁”的未完整體形式，在此句中faihaqara是謂語動詞baiburakv“不必”的賓語。

11. 現——現在將來時

滿語中動詞的現在將來時附加成分爲-mbi，源自動詞bi“存在；有”，表示動作、行爲發生在説話的當前時刻或未來。也可用來泛指客觀事實、普遍真理等等。如：

age si bou-de aina-mbi? bithe hvla-mbi.
阿哥 你 家-**位** 做什麽-**現** 書 讀-**現**

阿哥你在家做什麽？讀書。

mini guqu qimari ji-mbi.

我.屬 朋友 明天 來-**現**

我的朋友明天來。

xun dergi qi mukde-mbi.

太陽 東方 **從** 升起-**現**

太陽從東方升起。

12. 過——過去時

滿語中動詞的過去時附加成分一般爲bihe或-mbihe，表示動作、行爲發生在説話的時刻之前。如：

dade gvwa ba-de te-mbihe.

原先 別的 處-**位** 居住-**過**

原先在别處住。

niyaman guqu de yandu-fi bai-ha bihe.

親戚 朋友 **與** 委托-**順** 找尋-**完** **過**

曾經煩親友們尋訪。

13. 否——否定式

滿語中動詞的否定附加成分爲-kv，表示不做某動作，或某動作没發生。如：

taqi-ra-kv o-qi beye-be waliya-bu-mbi-kai.

學習-**未**-**否** 可以-**條** 身體-**賓** 捨弃-**使**-**現**-也

不學則自弃也。

tuqi-bu-me gisure-he-kv.

出去-**使**-**并** 説話-**完**-**否**

没説出來。

形容詞、副詞等詞彙的否定式需要在後面接akv。akv在某些情况下也能表達實義，意思是“没有”。如：

uba-qi goro akv.

這裏-**從** 遠 **否**

離此處不遠。

taqin fonjin -i doro gvwa-de akv.

學 問 **屬** 道理 其他-**位** **否**

學問之道無他。

14. 疑——疑問語氣

滿語中表達疑問的附加成分爲-u和-n。如：

niyalma be taka-mbi-u?

人 **賓** 認識-**現**-**疑**

認得那個人麽？

baitala-qi ojo-ra-kv-n?

使用-**條** 可以-**未**-**否**-**疑**

不可用麽？

除此之外，還有表達疑問或反問的語氣詞，如na、ne、no、nu、ya等。

15. 祈——祈使式

滿語的祈使式分爲命令語氣和請願語氣。

1）動詞的詞幹可以表達命令語氣，即説話人直接命令聽話人做某事。如：

bithe be ure-me hvla.

書 **賓** 熟-**并** 讀.**祈**

將書熟熟的念。

2）附加成分-kini表達説話人對他人的欲使、指令、祝願等語氣。-kini後面連用sembi時，sembi引導説話人欲使、指令的内容，sembi在句中會有相應的形態變化。如：

bithe hvla-ra niyalma gvnin werexe-kini.

書 讀-**未** 人 心 留心-**祈**

讀書之人留心。

ejen -i jalafun enteheme akdun o-kini.

君主 **屬** 壽命 永遠 堅固 成爲-**祈**

願汗壽域永固。

si imbe ureshvn -i hvla-kini se.
你 他.賓 熟練 工 讀-祈 説.助.祈
你叫他念得熟熟地。

上句使用了兩次祈使式，-kini表達説話人欲使他人“熟讀”，se爲sembi祈使式，表達説話人對聽話人的命令語氣。

3）附加成分-ki表達説話人對聽話人的祈請語氣，請聽話人做某事。還可以表達説話人自己想要做某事。-ki後面連用sembi時，sembi引導祈請的内容，sembi在句中會有相應的形態變化。

説話人請聽話人做某事，如：

nahan -i dele te-ki.
炕 屬 上 坐-祈
請在炕上坐。

説話人自己想要做某事。如：

gurun -i mohon akv kesi be hukxe-me karula-me faxxa-ki.
國家 屬 盡頭 否 恩 賓 感激-并 報答-并 奮勉-祈
感戴國家無窮的恩澤，願奮力報效。

bithe be tuwa-ki se-qi hafu buleku be tuwa.
書 賓 看-祈 説.助-條 通 鑒 賓 看.祈
要看書看《通鑒》。

此句中seqi引導了經由説話人之口説出、聽話人想要做的事情bithe be tuwaki“想要看書”，seqi爲助動詞sembi的條件副動詞形式。tuwa爲動詞tuwambi“看”的動詞詞幹形式，表達了説話人的命令語氣。

4）附加成分-rAu（-rau/-reu/-rou）表達説話人對聽話人的請求。-rAu可拆分爲未完整體附加成分-rA和疑問式附加成分-u，這種不確定性的疑問語氣使得-rAu所表達的祈請比-ki更顯尊敬，用於對長輩、上級等提出請求。如：

kesi isibu-me xolo xangna-rau.
恩 施予-并 空閑 賞賜-祈
懇恩賞假。

此句爲説話人請求上級領導恩賜假期。

5）附加成分-qina表達説話人對聽話人的建議、祈請，態度比較隨意，不可對尊長、不熟悉的人使用，可對下級、平輩、熟人、好友使用。如：

yo-ki se-qi, uthai yo-qina.

走-**祈** 助-**條** 就 走-**祈**

要走，就走罷。

此句中yoki“要走”爲説話人認爲聽話人想要做的事情，由seqi引導，yoqina“走吧”表達祈使語氣，態度隨意，不够客氣。

16. 虚——虚擬語氣

附加成分-rahv和ayou用於表達“恐怕”“擔心”的意思，後面可連用助動詞sembi，根據語法需要，sembi在句中會有相應的形態變化。如：

inde ala-rahv se-me teni uttu taqi-bu-me hendu-he.

他.**與** 告訴-**虚** 助-**并** 纔 這樣 學-**使**-**并** 説-**完**

恐怕告訴他纔這樣囑咐。

gungge gebu mutebu-ra-kv ayou se-mbi.

功 名 使成-**未**-**否** **虚** 助-**現**

恐怕功名不成。

bi hono sitabu-ha ayou se-mbihe.

我 還 耽誤-**完** **虚** 助-**過**

我還恐怕耽誤了。

17. 使——使動態

滿語中，動詞的使動態附加成分一般爲-bu，用於表達致使者讓某人做某事，通常受使者後面用賓格格助詞be標記。如：

ekxe-me niyalma be takvra-fi tuwa-na-bu-mbi.

急忙-**并** 人 **賓** 差遣-**順** 看-去-**使**-**現**

忙使人去看。

此句中，niyalma“人”是takvra-“差遣”這一動作的受使者，又是tuwana-“去看”這一動作的致使者，作爲間接賓語，用賓格格助詞be

標記。

coucou lu giyang ni ba-i taixeu hafan ju guwang be wan qeng
曹操 廬 江 屬 處-屬 太守 官員 朱 光 賓 宛 城

be tuwakiya-bu-mbi.
賓 看守-使-現

曹操命廬江太守朱光鎮守宛城。

此句中，太守朱光在曹操的促使下鎮守宛城，朱光既是曹操命令的受使者，也是tuwakiya-"看守"這一行爲的施事，用賓格格助詞be標記。此外，宛城是"看守"這一動作的受事，作爲直接賓語，也用be標記。

18. 被——被動態

滿語中，動詞的被動態附加成分爲-bu。如：

weri de basu-bu-mbi.
他人 與 耻笑-被-現

被人耻笑。

此句中，動詞basu-"耻笑"的施事爲weri"他人"，由與格格助詞de標記，受事主語（即耻笑對象）没有出現。

19. 并——并列副動詞

動詞的并列副動詞構形成分爲-me。

1）并列副動詞和後面的動詞構成并列結構，充當謂語，表示動作、行爲并列或同時發生。如：

giyan be songkolo-me fafun be tuwakiya-mbi.
理 賓 遵循-并 法令 賓 防守-現

循禮奉公。

根據動詞的詞義，副動詞形式有時可以看作相應的副詞，充當狀語修飾後面的謂語動詞。如：

ginggule-me eje-fi kiqe-ki.
恭謹-并 記住-順 勤奮-祈

謹記着奮勉。

此句中，副動詞gingguleme“恭謹地”修飾eje-“記住”，即“謹記”。

2）某些由-me構成的詞或詞組具有連詞、副詞等功能，如bime“和；而且”，bimbime“而且”，seme“因爲；雖然；無論”，aname“依次”，等等，可以不再拆分語法成分，僅標注整體的詞義。如：

gosin jurgan bime tondo nomhon.

仁 義 而且 忠 厚

仁義而且忠厚。

3）-me可以構成動詞的進行體，表達動作正在進行中，如現在時進行體V-me bi，過去時進行體V-me bihe。語法標注仍然寫作并列副動詞。如：

jing hergen ara-me bi.

正 字 寫-**并** **現**

正寫着字。

4）動詞的并列副動詞與助動詞mutembi和bahanambi構成固定搭配。V-me mutembi即“能够做某事”，V-me bahanambi即“學會做某事”。如：

emu gisun de waqihiya-me mute-ra-kv.

一 話語 **位** 完結-**并** 能够-**未**-**否**

不是一言能盡的。

age si manjura-me bahana-mbi-u.

阿哥 你 説滿語-**并** 學會-**現**-**疑**

阿哥你會説滿洲話嗎？

20. 順——順序副動詞

動詞的順序副動詞構形成分爲-fi。

1）順序副動詞與其後動詞共同作謂語，表示動作行爲按時間順序、邏輯順序等依次發生，做完某事再做某事。如：

dosi-fi fonji-na.

進-**順** 問-去.**祈**

進去問去。

2）順序副動詞可用於引導原因。如：

yabun tuwakiyan sain ofi, niyalma teni kundule-me tuwa-mbi.
行爲 品行 好 因爲 人 纔 尊敬-并 對待-現

因爲品行好，人纔敬重。

此句中，ofi爲ombi“成爲”的順序副動詞形式，在句中引導原因從句。

ere udu inenggi baita bifi.
這 幾 日子 事情 因有

這幾日因爲有事。

此句中，bifi爲bimbi“存在”的順序副動詞形式。

3）-fi可以構成動詞的完成體，如現在時完成體V-fi bi，表達動作、行爲已經發生，狀態延續到現在。如：

tuwa-qi, duka yaksi-fi bi.
看-條 大門 關閉-順 現

duka nei-qi se-me hvla-qi, umai jabu-re niyalma akv.
大門 開-條 助-并 呼喚-條 全然 回答-未 人 否

一瞧，關着門呢。叫開門呢，没有答應的人。

此句中，yaksifi bi説明門關上這個動作已經發生，這個狀態延續到叙述者叫開門的當下。

21. 條——條件副動詞

動詞的條件副動詞構形成分爲-qi。

1）條件副動詞所表達的動作行爲是其後動作行爲發生的條件或前提假設，可表達“如果”“則”之意。如：

kiqe-me taqi-qi xangga-qi o-mbi.
勤奮-并 學-條 做成-條 可以-現

勤學則可成。

2）某些由-qi構成的詞或詞組具有連詞、副詞等功能，如oqi“若是”，biqi“若有”，seqi“若説”，akvqi“不然，否則”，eiqi“或者”，等等，僅標注詞義。如：

taqi-ra-kv oqi beye-be waliya-bu-mbi-kai.
學習-**未**-**否** 可以-**條** 身體-**賓** 捨弃-**使**-**現**-也

不學則自弃也。

3）動詞的條件副動詞與助動詞ombi和aqambi構成固定搭配。V-qi ombi即“可以做某事”，V-qi aqambi即“應該做某事”。如：

tere bou te-qi ojo-ra-kv.
那 房子 居住-**條** 可以-**未**-**否**

那房子住不得。

taqi-re urse beye haqihiya-qi aqa-mbi.
學習-**未** 人們 自己 勸勉-**條** 應該-**現**

學者須自勉焉。

22. 持——持續副動詞

動詞的持續副動詞構形成分爲-hAi（-hai/-hei/-hoi）。

1）動詞的持續副動詞形式表示這個動作、行爲持續不停，一直進行或重複。如：

yabu-hai teye-ra-kv.
行-**持** 休息-**未**-**否**

只管走不歇着。

inenggi-dari tanta-hai fasi-me buqe-re de isibu-ha.
日子-每 打-**持** 上吊-**并** 死-**未** **與** 以致於-**完**

每日裹打過來打過去以致吊死了。

2）-hAi可以構成動詞的持續體，如現在時持續體V-hAi bi，表示動作、行爲持續不停，一直進行或重複。如

gemu mimbe tuwa-hai bi-kai.
全都 我.**賓** 看-**持** **現**-啊

全都看着我。

sini ji-he nashvn sain bi-qibe, minde o-qi asuru baha-fi
你.**屬** 來-**完** 時機 好 存在-**讓** 我.**位** 成爲-**條** 十分 得以-**順**

gvnin akvmbu-ha-kv, soroqo-hoi bi.
心意 盡心-**完**-**否** 羞愧-**持** **現**

你來的機會固然好，在我却没有得十分盡心，尚在抱愧。

23. 至——直至副動詞

動詞的直至副動詞的構形成分爲-tAlA（-tala/-tele/-tolo），表示動作行爲進行到某時、某程度爲止。如：

goro goida-tala tuta-bu-ha.
遠 久-**至** 留下-**使**-**完**

久遠貽留。

fuzi hendu-me, inenggi-dari ebi-tele je-me, mujilen be
孔夫子 説道-**并** 日子-每 吃飽-**至** 吃-**并** 心思 **賓**

baitala-ra ba akv oqi, mangga kai se-he-bi!
使用-**未** 處 **否** 若是 困難 啊 説.**助**-**完**-**現**

子曰："飽食終日，無所用心，難矣哉！"

24. 極——極盡副動詞

動詞的極盡副動詞的構形成分爲-tAi（-tai/-tei/-toi）。極盡副動詞往往用於修飾其後的動作、行爲，表示動作、行爲以某種極致的程度或方式進行。如：

nure omi-re de wa-tai amuran.
黄酒 喝-**未** **與** 殺-**極** 愛好

極好飲酒。

此句中，watai amuran意爲"愛得要死"，watai表示程度極深。

ahvta -i giyangga gisun be singge-tei eje-mbi.
兄長.**複** **屬** 理義的 話語 **賓** 浸透-**極** 記住-**現**

兄長們的理學言論發狠的記着。

singgetei ejembi意爲"牢牢地、深入地記住"，singgetei在此句中形容被理學言論完全浸透的狀態。

25. 延——延伸副動詞

動詞的延伸副動詞的構形成分爲-mpi或-pi，表示動作、行爲逐漸完成，達到極限程度。如：

monggon sa-mpi hargaxa-mbi, mujilen je-mpi yabu-mbi.
脖子 伸-**延** 仰望-**現** 心思 忍耐-**延** 行-**現**

引領而望，忍心而行。

tumen gurun uhe-i hvwaliya-pi, eiten gungge gemu badara-ka.
萬 國 統一-**工** 和好-**延** 所有 功勞 都 滋蔓-**完**

萬邦協和，庶績咸熙。

26. 前——未完成副動詞

動詞的未完成副動詞的構形成分爲-nggAlA（-nggala/-nggele/-nggolo），表示動作行爲發生、進行之前。如：

gisun waji-nggala, uthai gene-he.
話 完-**前** 就 去-**完**

話未完，便去了。

baita tuqi-nji-nggele, nene-me jaila-ha.
事情 出-來-**前** 先-**并** 躲避-**完**

事未發，先躲了。

27. 伴——伴隨副動詞

動詞的伴隨副動詞構形成分爲-rAlame（-ralame/-relame/-rolame），表示動作、行爲進行的同時伴隨别的動作。如：

hvla-ralame ara-mbi.
讀-**伴** 寫-**現**

隨念隨寫。

gisure-relame inje-mbi.
説-**伴** 笑-**現**。

且説且笑。

28. 弱——弱程度副動詞

動詞的弱程度副動詞構形成分爲-shvn/-shun/-meliyan，表示動作程度的減弱，即“略微”。如：

sarta-shvn.
遲誤-**弱**
稍遲誤些。

enggele-shun.
探身-**弱**
稍前探些。

29. 讓——讓步副動詞

動詞的讓步副動詞構形成分爲-qibe，表示雖然、即使或無論等。如：

umesi urgunje-qibe, damu sandalabu-ha-ngge ele goro o-ho-bi.
很 喜悦-**讓** 衹是 相隔-**完**-**名** 更加 遥遠 成爲-**完**-**現**
雖然狠喜歡，但只是相隔的，越發遠了。

30. 名——名物化

滿語的動詞、形容詞等可以通過ningge或-ngge轉變爲相應的名詞或名詞短語。通過名物化生成的名詞或名詞短語往往在句中充當話題。如：

ehe gisun tuqi-bu-ra-kv-ngge, uthai sain niyalma inu.
壞 話語 出-**使**-**未**-**否**-**名** 就 好 人 是
不説不好語，便是好人。

i sinde fonji-ha-ngge ai baita?
他 你.**與** 問-**完**-**名** 什麽 事
他問你的是什麽事？

tumen jaka qi umesi wesihun ningge be niyalma se-mbi.
萬 事物 從 最 貴 **名** **賓** 人 叫做-**現**
比萬物最貴的是人。

31. 助——助動詞

滿語中的助動詞可分爲實義助動詞和表達語法功能的助動詞。

1）實義助動詞有mutembi、bahanambi、ombi、aqambi、tuwambi等，可以和其他動詞構成如下結構：V-me mutembi“能够做某事”，V-me bahanambi“學會做某事”，V-qi ombi“可以做某事”，V-qi aqambi“應該做某事”，V-me tuwambi“試試看做某事”。

對這一類助動詞不做語法標注，衹標注其實義。如：

age si gvni-me tuwa.
阿哥 你 想-**并** 看.**祈**
阿哥你想。

其中gvnime tuwa意爲“想想看”或“試想”。

2）bimbi、ombi、sembi三個動詞不僅具有實義，還可以當作助動詞使用。

如前所述，bimbi、ombi、sembi與其他語法功能附加成分可以構成連詞、副詞，如bime“并且”，biqi“若有”，oqi“若是”，ofi“因爲”，seqi“若説”，seme“雖然；無論”等。

bimbi、ombi、sembi在句中往往既有實義又兼具助動功能。又如oqi、seqi、sehengge、seme、sere、sehengge在句中也可用於標記話題。標注時可將助動詞詞幹和其後構形附加成分拆開，分别標注其語義和語法功能。如：

niyalma se-me jalan de banji-fi, uju-i uju de taqi-re-ngge oyonggo.
人 説.**助-并** 世界 **位** 生存-**順** 第一-**屬** 第一 **位** 學習-**未-名** 重要
人啊，生在世上，最最要緊的就是學習了。

此句中seme爲sembi的并列副動詞形式，提示了話題，又使niyalma seme具備副詞詞性修飾後面的謂語動詞banji-。

i emgeri sa-fi goida-ha, si kemuni ala-ra-kv o-fi aina-mbi?
他 已經 知道-**順** 久-**完** 你 仍 告訴-**未-否** 成爲.**助-順** 幹什麽-**現**
他知道已久，你還不告訴他幹什麽?

此句中ofi爲ombi的順序副動詞形式，由於alarakv無法直接附加-fi，所以需要助動詞ombi幫助其變爲合適的副動詞形式，然後纔能與後面的動詞

ainambi構成合乎語法的句子。

3）sembi作爲助動詞主要用於以下三種情况。

首先，sembi用於引導摹擬詞。如：

ser se-re ba-be olhoxo-ra-kv-qi ojo-ra-kv.
細微貌 助-未 處-賓 謹慎-未-否-條 可以-未-否

不可不慎其微。

seule-me gvni-re nergin-de lok se-me merki-me baha.
尋思-并 思考-未 頃刻-位 忽然貌 助-并 回憶-并 獲得.完

尋思之下，驀然想起。

其次，sembi用於引導説話的内容。如：

fuzi -i hendu-he, yadahvn bime sebjengge se-re gisun de
孔夫子 屬 説道-完 貧窮 而 快樂 説.助-未 話語 位

mute-ra-kv dere.
能够-未-否 吧

孔夫子説的，“貧而樂”的話，固是不能。

再次，sembi用於祈使句和虛擬語氣句，用法見祈使式和虛擬語氣。

32. 序——序數詞

基數詞變序數詞需要在基數詞之後附加-qi。如：

emu-qi.
一-序

第一。

33. 分——分配數詞

在基數詞之後附加-te構成分配數詞，表示“每幾；各幾”。如：

niyalma tome emu-te mahala.
人 每 一-分 帽子

每人各一個帽子。

補充説明：

1. 爲了避免語法功能成分的語法標注和實詞成分的語義標注相混淆，語法功能術語均縮寫爲一個字，使用黑體。如：

age simbe soli-na-ha de ainu jide-ra-kv.

阿哥 你.**賓** 邀請-去-**完** **位** 爲何 來-**未**-**否**

阿哥請你去，怎麼不來？

此句中，solinaha中soli-爲實義動詞詞幹，標注“邀請”，-na爲實詞性構詞成分，標注“去”，-ha爲完整體構形成分，標注“**完**”。

2. 同一個成分既有實詞詞義又有語法功能，或者一個成分有多個語法功能時，對同一個成分的多個標注之間用“.”隔開。如：

si imbe ureshvn -i hvla-kini se.

你 他.**賓** 熟練 **工** 讀-**祈** 説.**助**.**祈**

你叫他念得熟熟地。

人稱代詞的格附加成分統一不拆分，如上句中imbe標注爲“他.**賓**”。

3. 排除式第一人稱複數be標注爲“我們”，説明其所指對象不包括交談中的聽話人。包括式第一人稱複數muse標注爲“咱們”，説明其所指對象包括聽話人在内。

4. 本方案引用的例句部分取自本“萃編”，其餘例句通過日本東北大學栗林均先生建立的蒙古語諸語與滿語資料檢索系統（http://hkuri.cneas.tohoku.ac.jp/）檢索獲得。

以上説明，意在爲本“萃編”的滿文點校整理提供一套統一的標注指導方案。諸位點校者對滿語語法的分析思路各有側重點，在遵循標注方案的大原則下，對部分語法成分和某些單詞的標注、切分不免存在靈活處理的現象。例如seqi，從語義角度分析，可以將其當作一個固定成分，標注爲“若説”；從語法角度，可以拆分爲se-qi，當作動詞sembi的條件副動詞形式。又如jembi的未完整體形式存在特殊變化jetere，有兩種拆分方式：可以從現時層面分析，認爲jetere的詞幹是je-，而-tere是不規則變化的未完整體附加成分；也可以從語言演變的歷時變化角度分析，認爲詞幹是jete-，是jembi這個動詞的早期形式被保留在未完整體形式中。標注的方式原則上統一、細節上參差多態，不僅有利於表現某一語言成分在實際語句中的特徵，也便於讀者從多方面理解滿語這一黏着語的語法特色。

語法標注簡表*

簡稱	編號	名稱	示例	簡稱	編號	名稱	示例
伴	27	伴隨副動詞	-rAlame	弱	28	弱程度副動詞	-shvn, -shun, -meliyen
被	18	被動態	-bu	使	17	使動態	-bu
賓	4	賓格格助詞	be	屬	2	屬格格助詞	-i, ni
并	19	并列副動詞	-me	順	20	順序副動詞	-fi
持	22	持續副動詞	-hAi	條	21	條件副動詞	-qi
從	7	從格格助詞	qi	完	9	完整體	-HA
分	33	分配數詞	-te	未	10	未完整體	-rA
否	13	否定式	-kv, akv	位	5	位格格助詞	de
複	1	複數	-sa, -ta 等	現	11	現在將來時	-mbi
工	3	工具格格助詞	-i, ni	虛	16	虛擬語氣	ayou, -rahv
過	12	過去時	bihe, -mbihe	序	32	序數詞	-qi
極	24	極盡副動詞	-tAi	延	25	延伸副動詞	-mpi, -pi
經	8	經格格助詞	deri	疑	14	疑問語氣	-u, -n 等
名	30	名物化	-ngge, ningge	與	6	與格格助詞	de
祈	15	祈使式	-ki, -kini, -qina, -rAu 等	至	23	直至副動詞	-tAlA
前	26	未完成副動詞	-nggAlA	助	31	助動詞	sembi, ombi, bimbi 等
讓	29	讓步副動詞	-qibe				

*爲了方便讀者查閱，語法標注簡稱按音序排列，編號與正文中序號保持一致。

“萃編”滿文部分的整理是摸着石頭過河，上述語法標注系統是中日兩國參與滿文校注的作者們集體討論的結晶，由陸晨執筆匯總。方案雖充分吸收了前人時賢的研究成果，畢竟屬於開創之舉，難免存在不盡如人意之處，我們衷心希望得到廣大讀者的幫助和指正，以切磋共進。

本“萃編”的編校工作由北京大學出版社宋思佳老師精心統籌，杜若明、張弘泓、歐慧英三位老師在體例制定和底本搜集上給予了很多幫助，崔蕊、路冬月、唐娟華、王禾雨、王鐵軍等責編老師也付出了大量心血，在此深表謝忱。

編者

二〇一八年六月

總目録

清文接字

目　録

導讀

王碩

《清文接字》（*Qing Wen Jiye Zi Bithe*），全一册，卷首有序。該書是清末出版的一部滿漢合璧滿語語法著作，作者嵩洛峰。該書於同治三年（1864）首刊於成都，同治五年（1866）、光緒十四年（1888）先後再刊於京師，後又於光緒二十五年（1899）刊行於廣州。

卷首序稱作者爲嵩洛峰先生，“洛峰”似爲其字，名號及籍貫等均不詳。據光緒二十五年本，裕彰跋稱“《清文接字》一書乃先君公餘所輯”，又據奉寬所作《〈清文接字〉提要》稱裕彰乃“鑲白旗滿洲”人[1]。故而可知，作者嵩洛峰爲鑲白旗滿洲人。作者曾教授後任成都將軍的完顔崇實長子完顔嵩申滿語文，因此本書得以爲成都將軍所見，進而爲成都本地駐防旗人協領吉萍舟祥所見，後爲吉萍舟祥所請，成都將軍完顔崇實爲“其於同文之化，或亦壤流之一助云爾”之故，而於成都刊行，時爲同治三年。

其後，時任廣州將軍的宗室壽蔭將該書并《初學津梁》《行軍紀律》《戒賭十條》《滿漢合璧八旗箴》《滿漢合璧四十頭》《三字孝經》《軍令四十則》等書共八種匯編，“重付棗梨”再次刊行。

《清文接字》一書，同治三年本由成都將軍的完顔崇實序、正文兩部分組成；光緒二十五年本由受業翻譯舉人松匯序、完顔崇實序、正文、裕彰跋、楚郢鐵魁偉人氏跋四部分組成。正文自[1]“念hvlambi念着hvlame”起，至[117]“-xa- -xe- -ja- -je-四個字，‘儘着’之意内含着”止，共117條。基本上每條首列詞條，次列説明，再列例句并漢意，較複

1 奉寬，《清文接字》提要，《續編四庫全書總目提要》（第六卷），齊魯書社，1996年，第139頁。

雜詞條最後又綴有雙行説明。基本編輯思路是以“hvlambi/baitalambi”爲例，窮舉滿語各有詞形變化詞類之變化；同時根據“虚字”理論，將某些詞綴單獨拆出，加以説明。我們在整理時，以内容更爲齊整的光緒二十五年本爲主校本，以北京大學圖書館藏同治三年本（甲子本）爲參校本。受客觀條件限製，此次影印部分只收入了甲子本，未能收入主校本，兩個版本明顯的不同之處在注釋中已經予以説明。

該書的編寫未能超出同時期語法書的“虚字”理論，且對於如“V-kini”等個别語法現象的理解似有誤，部分詞條的分列、合併也不够合理。但由於其編寫目的爲“因《清文啓蒙》《呼拉篇》各種文理雖淺，内多變翻，非初學所能了然，故彙成此篇，逐句講解，用誨童蒙”，其本質上是一本給初學者熟讀成誦的語法手册，對於當時的滿漢翻譯人才培養、滿語文推廣有其積極意義。對於當代滿語文學習者來説，也有與現代語法體系相互印證的功效；對於滿語文研究者來説，也可作爲語法史研究材料，或語言偏誤研究材料。

重排本

己亥春 奉命鎮粵 八騶開道 雙節

必近文昌 若木分枝 定無凡卉者也

無不洞達其微 持循若素 所謂將星高曜

軒轅陣法 指事 諧聲之學 三象重譯之音

係承褒鄂 凡門庭穆行 師律戎機 郤縠詩書

午清將軍 天潢貴胄 河鼓一星 略貫孫吳

重刊 清文接字 等書序

新語清文接字

之秘函示菁莪之模楷 彙清文接字 初學津梁

尤復傾襟下士 雅意作人 分琳瑯

森行 羽林無嬉戲之小兒 博掩奪故侯之癖好

義作勇夫甲冑 早已玉韜垂則 金布

笑圍棋爲晉代矯情 取仁

奠東南而永固 寓修文於講武 培將材於儒林

珠鈴玉帳 瞻旗鼓而肅然 銅蓋銀衡

臨邊 靖百粵之風雲 三山於磐石

從此讀書識字 任手民之校 排比成編

受心香之傳 辟咡而詔 謬厠門墻之列

過蒙特達之知 目少十行 松匯學窺一臠 抑亦名賢著述

非惟儒將經綸 探玉海而尋涯

珠聯璧合 睹鴻文而興奮 僻壤遐荒

免傳鈔之勞 俾寒畯之士 布諸學舍

重付棗梨 等書共八種 軍令四十則 三字孝經

滿漢合璧四十頭 八旗箴 戒賭十條 行軍紀律

知大將軍愛護健兒　行看黼國黻家　佐聖天子育成多士

光緒己亥仲冬　受業翻譯舉人松匯謹序

清文接字 序

皇朝自長白發祥以來 首重國書 滿洲設科取

士 久與漢文垂爲令典

習舉子業者 師有專家 法無異致 而攻苦

之士 間能殫精盡慮 別求簡捷變通之法

以啓後學輕便易從之路 往往彙爲秘本 不輕

示人 長子嵩申曾從嵩洛峰先生 手口

提撕 數易寒暑 因分攻經義 卒未能專盡其業

洛峰遂出所訂 清文接字 一冊 授嵩申曰

清書之法備於是矣 吾不肯以己所知者爲獨知 子亦不可以

己所得者爲獨得 公諸當世 蔚爲國華 豈不甚善

嵩申因以是編呈於予 時予持將軍節守成都 滿營協領吉萍舟祥

世家子也 以久駐蠶叢 未得窺清書之奧

見此本欣然請以付梓 以廣其學

予亦樂從其請 以期後來之秀 此書語雖淺近

而義例最詳 誠能觸類旁通 其於同文之化

長白完顏樸山崇實書

或亦壤流之一助云爾

時同治三年歲次甲子古重陽日

念了

我纔念了一本

外有 兩個字也講的字一樣説

用的

用的東西

若是用

若是接連着用自然快

若是念

若是念書自然認得字

用了

用了何人辨理

念了一年滿洲書就會説滿洲話

念了

用

用着

你用着瞧罷

念

念着

我念着你寫

清文接字

嵩洛峰先生著

若是來着翻 下文須用 托

用來着 也用君子來着

念來着 也念 詩經 來着

用而且 每日用而且很多

念而且 念而且專心

用了去 按着次兒用了去一個人也不跳

念了去 念了去自然長

要用 要用何物

要念 要念 四書

叫令用 你叫令他慢慢的用

叫令念 你叫令他熟熟的念

求祈用 求你用他

求祈念 求你念給我聽

請念 請用

與 隨上押韵了字说

用了 至今用了三人

往四牌樓去 ᠰᡳ ᡩᡠᡳᠨ ᡦᠠᡳ ᠯᠣᠣ ᠪᠠᡵᡠ ᡤᡝᠨᡝ᠉

看時容易作時難 ᡨᡠᠸᠠᡵᠠ ᡩᡝ ᠵᠠ ᡤᠣᠵᡳᠮᡝ ᠶᠠᠪᡠᡵᡝ ᡩᡝ ᠮᠠᠩᡤᠠ᠉

時候往給與裏頭上頭在於俱翻 ᡩᡝ᠉

不好的 ᡝᡥᡝ ᠨᡳᠩᡤᡝ᠉

好的 ᠰᠠᡳᠨ ᠨᡳᠩᡤᡝ᠉

ᠨᡳᠩᡤᡝ 講的字 上是整字方用得

ᡵᠠᠩᡤᡝ ᡵᡝᠩᡤᡝ ᡵᠣᠩᡤᡝ 講的字未然的意思當斟酌 ᡥᠠᠩᡤᡝ ᡥᡝᠩᡤᡝ ᡥᠣᠩᡤᡝ ᡴᠠᠩᡤᡝ ᡴᡝᠩᡤᡝ 與 ᡴᠣᠩᡤᡝ᠉ 已然的的字纔講得外有

念了的 ᡥᡡᠯᠠᡥᠠᠩᡤᡝ᠉ 是我昨日已經念了的 ᠪᡳ ᠰᡳᡴᠰᡝ ᡝᠮᡤᡝᡵᡳ ᡥᡡᠯᠠᡥᠠᠩᡤᡝ᠉

用的 ᠪᠠᡳᡨᠠᠯᠠᡵᠠᠩᡤᡝ᠉ 這是誰用的 ᡝᡵᡝ ᠸᡝ ᠪᠠᡳᡨᠠᠯᠠᡵᠠᠩᡤᡝ᠉

念的 ᡥᡡᠯᠠᡵᠠᠩᡤᡝ᠉ 這是他念的 ᡝᡵᡝ ᡳ ᡥᡡᠯᠠᡵᠠᠩᡤᡝ᠉

ᡵᠠᡴᡡ ᡵᡝᡴᡡ ᡵᠣᡴᡡ 與 ᠠᡴᡡ 隨上押韵 没有 説

没有用 ᠪᠠᡳᡨᠠᠯᠠᡥᠠᡴᡡ᠉ 没有用好的 ᠰᠠᡳᠨ ᠨᡳᠩᡤᡝ ᠪᡝ ᠪᠠᡳᡨᠠᠯᠠᡥᠠᡴᡡ᠉

没有念 ᡥᡡᠯᠠᡥᠠᡴᡡ᠉ 爲什麼没有念 ᠠᡳ ᡨᡠᡵᡤᡠᠨ ᡩᡝ ᡥᡡᠯᠠᡥᠠᡴᡡ᠉

不用 ᠪᠠᡳᡨᠠᠯᠠᡵᠠᡴᡡ᠉ 不用小人 ᠪᡠᠶᠠ ᠨᡳᠶᠠᠯᠮᠠ ᠪᡝ ᠪᠠᡳᡨᠠᠯᠠᡵᠠᡴᡡ᠉

不念 ᡥᡡᠯᠠᡵᠠᡴᡡ᠉ 不念滿洲書不學翻譯 ᠮᠠᠨᠵᡠ ᠪᡳᡨᡥᡝ ᡥᡡᠯᠠᡵᠠᡴᡡ ᡠᠪᠠᠯᡳᠶᠠᠮᠪᡠᡵᡝ ᠪᡝ ᡨᠠᠴᡳᡵᠠᡴᡡ᠉

若是聽見來着也該道喜去來着 ᡩᠣᠨᠵᡳᡥᠠ ᠪᡳᡥᡝ ᠪᡳᠴᡳ ᡳᠨᡠ᠈ ᡠᡵᡤᡠᠨ ᡩᡝ ᠠᠴᠠᠨᠠᠮᡝ ᡤᡝᠨᡝᠮᠪᡳᡥᡝ᠉

叫他們寫了一篇 ᡨᡝᠰᡝᠪᡝ ᡝᠮᡠ ᡶᡳᠶᡝᠯᡝᠨ ᠠᡵᠠᠪᡠᡥᠠ᠈

令他送了去 ᡳᠮᠪᡝ ᠪᡝᠨᡝᠪᡠᡥᡝ᠈

以誰爲先以何爲本 ᠸᡝ ᠪᡝ ᠨᡝᠨᡩᡝᠨ ᠣᠪᡠᠮᠪᡳ᠈ ᠠᡳᠪᡝ ᡩᠠ ᠣᠪᡠᠮᠪᡳ᠈

序者射也 ᠰᡳᠣᡳ ᠰᡝᡵᡝᠩᡤᡝ ᡤᠠᠪᡨᠠᠪᡠᡵᡝ ᠪᡝ᠈

庠者養也 ᠰᡳᠶᠠᠩ ᠰᡝᡵᡝᠩᡤᡝ ᡠᠵᡳᡵᡝ ᠪᡝ᠈

將好的挑了送來 ᠰᠠᡳᠨ ᠨᡳᠩᡤᡝ ᠪᡝ ᠰᠣᠨᠵᠣᡶᡳ ᠪᡝᠨᠵᡳᠪᡠ᠈

把他帶了去 ᡳᠮᠪᡝ ᡤᠠᡳᡶᡳ ᡤᡝᠨᡝ᠈

把將也以使令叫　七字一定必翻 ᠪᡝ᠈

ᡤᡝᠨᡝᠪᡠᠮᠪᡳ ᠠᠯᡳᠪᡠᠮᠪᡳ ᡨᠠᠴᡳᠪᡠᠮᠪᡳ ᠠᠯᠠᠪᡠᠮᠪᡳ 與 ᠣᠪᡠᡵᡝ 七字之上必加 ᡩᡝ᠈

於事不便於理不合 ᠪᠠᡳᡨᠠ ᡩᡝ ᠵᠠ ᠠᡴᡡ ᡤᡳᠶᠠᠨ ᡩᡝ ᠠᠴᠠᠨᠠᡵᠠᡴᡡ᠈

成事在天 ᠪᠠᡳᡨᠠ ᠪᡝ ᠮᡠᡨᡝᠪᡠᡵᡝᠩᡤᡝ ᠠᠪᡴᠠ ᡩᡝ ᠪᡳ᠈

謀事在人 ᠪᠠᡳᡨᠠ ᠪᡝ ᡴᡳᠴᡝᡵᡝᠩᡤᡝ ᠨᡳᠶᠠᠯᠮᠠ ᡩᡝ ᠪᡳ᠈

放在桌子上頭 ᡩᡝᡵᡝ ᡩᡝ ᠰᡳᠨᡩᠠ᠈

裝在櫃子裏頭 ᡥᠣᡵᡥᠣ ᡩᡝ ᡨᡝᠪᡠ᠈

與那個人相好 ᡨᡝᡵᡝ ᠨᡳᠶᠠᠯᠮᠠ ᡩᡝ ᡥᠠᠵᡳ ᠰᠠᡳᠨ᠈

給他看 ᡳᠨᡩᡝ ᡨᡠᠸᠠᠪᡠ᠈

吃的麼 [illegible]

派出他來了麼 [illegible] [illegible]

見其人乎 [illegible] [illegible] [illegible] [illegible]

果可行歟 [illegible] [illegible] [illegible]

[illegible] [illegible] [illegible] [illegible] [illegible] [illegible] 與 [illegible] 七字俱是 歟 乎 麼

没有念呀 ᡥᡡᠯᠠᡥᠠᡴᡡ 他竟没有念呀太懶怠了 ᡳ [illegible] ᡥᡡᠯᠠᡥᠠᡴᡡ [illegible] [illegible] [illegible]

不念呀 ᡥᡡᠯᠠᡵᠠᡴᡡ 你竟不念呀是什麼緣故 ᠰᡳ [illegible] ᡥᡡᠯᠠᡵᠠᡴᡡ ᠰᡳ [illegible]

古人没有行的 [illegible] [illegible] [illegible]

是他没有念的 ᡳ ᡥᡡᠯᠠᡥᠠᡴᡡᠩᡤᡝ

没有念的 ᡥᡡᠯᠠᡥᠠᡴᡡᠩᡤᡝ

不能得的 [illegible] [illegible]

人人都不念的 [illegible] [illegible] [illegible] ᡥᡡᠯᠠᡵᠠᡴᡡᠩᡤᡝ

不念的 ᡥᡡᠯᠠᡵᠠᡴᡡᠩᡤᡝ

學本事呀爲的是日後當差使 [illegible] [illegible] [illegible] [illegible] [illegible] [illegible] [illegible] [illegible]

念書呀特爲明道理 [illegible] [illegible] [illegible] [illegible] [illegible] [illegible]

念呀 [illegible]

自別以來 ᡶᠠᡴᠴᠠᡥᠠ ᠴᡳ ᡝᠪᠰᡳ

自從由第比 成規一定必翻 ᠴᡳ

ᡩᡝᡵᡳ ᠪᡝ ᠴᡳ ᠴᡳ ᡩᡝ 字下斷斷不可緊接 ᡳ ᠨᡳ 同

ᠵᠠᠯᡳᠨ ᠪᠠᡵᡠ ᡝᠮᡤᡳ ᠠᡩᠠᠯᡳ ᡤᡝᠰᡝ ᡩᠣᠯᠣ ᠣᠨᡤᡤᠣᠯᠣ ᠠᠮᠠᠯᠠ ᠵᡠᠯᡝᡵᡤᡳ [illegible] 十字之上必加 ᡳ ᠨᡳ 同

以德化民 ᡝᡵᡩᡝᠮᡠ ᡳ ᡳᡵᡤᡝᠨ ᠪᡝ ᠸᡝᠮᠪᡠᠮᠪᡳ᠈

以好心待人 ᠰᠠᡳᠨ ᠮᡠᠵᡳᠯᡝᠨ ᡳ ᠨᡳᠶᠠᠯᠮᠠ ᠪᡝ ᡨᡠᠸᠠᠮᠪᡳ᠈

主子的恩 ᡝᠵᡝᠨ ᡳ ᡴᡝᠰᡳ᠈

衣食的本 ᡝᡨᡠᡴᡠ ᠵᡝᡴᡠ ᡳ ᡶᡠᠯᡝᡥᡝ᠈

己之父兄 ᠪᡝᠶᡝᡳ ᠠᠮᠠ ᠠᡥᡡᠨ᠈

人之父母 ᠨᡳᠶᠠᠯᠮᠠᡳ ᠠᠮᠠ ᡝᠮᡝ᠈

之的以 三字必翻 ᡳ

ᡳ ᠨᡳ ᡩᡝᡵᡳ ᡩᡝ ᠴᡳ ᠴᡳ 六字下斷斷不可緊接 ᠪᡝ᠈

行不得麼 ᠶᠠᠪᡠᠴᡳ ᠣᠵᠣᡵᠠᡴᡡᠨ ᠨᠣ᠈

没有聽見麼 ᡩᠣᠨᠵᡳᡥᠠᡴᡡ ᠨᠣ᠈

他住的狠遠麼 ᡨᡝᡵᡝ ᡨᡝᡥᡝᠩᡤᡝ ᠠᠮᠠᠰᡳ ᡤᠣᡵᠣ ᠨᠣ᠈

喝的麼 ᠣᠮᡳᡵᡝᠩᡤᡝ ᠨᠣ᠈

之意 因爲 緣故 講 接字一定用 俱同。

不知道的上頭所以没有去

明明白白的告訴他的上頭他纔懂得了

的漢意講 上頭 接字不離

切記 字下再接一字使不得

有啊

最好啊

此之謂也

大哉問

哉 也 啊 字必翻 单寫聯寫都使得。

字下斷斷不可緊接

比我强

他比你如何

第幾個

由什麼出身

從學房裏來

之字講　若是　接字整字之外

自然行得去

凡事合着理行的時候

没有不得真材的

如此挑選的時候

果然一拿步兒的當差的時候有不升的麽

如何辦理的時候纔好

講　時候　字接字不離　與

好了就來了

因爲你專心纔這樣教你

因爲他差使上勤保了他了

之意是　因爲了　接字整字之外必用

什麼緣故没有去

因爲小利忘了大害

没得往這裏來

昨日因爲遇見了一個朋友

雖然每日學没甚見長 ᡠᡩᡠ ᡳᠨᡝᠩᡤᡳᡩᠠᡵᡳ ᡨᠠᠴᡳᠴᡳᠪᡝ ᡠᠮᠠᡳ ᠨᠣᠩᡤᡳᠪᡠᡥᠠ ᠪᠠ ᠠᡴᡡ᠈

ᠴᡳᠪᡝ 之意也同此隨上聯寫去 ᠰᡝᠮᡝ᠈

昨日去的雖遲了些還赶上了 ᠰᡳᡴᠰᡝ ᡤᡝᠨᡝᡥᡝᠩᡤᡝ ᡠᡩᡠ ᡤᠣᡳᡩᠠᡥᠠ ᠪᡳᠴᡳᠪᡝ ᡥᠣᠨᠣ ᠠᠮᠴᠠᠪᡠᡥᠠᠪᡳ᠈

人雖聰明不好學 ᠨᡳᠶᠠᠯᠮᠠ ᡠᡩᡠ ᠰᡠᡵᡝ ᠪᡳᠴᡳᠪᡝ ᡨᠠᠴᡳᡵᡝ ᡩᡝ ᠠᠮᡠᡵᠠᠨ ᠠᡴᡡ᠈

ᠪᡳᠴᡳᠪᡝ 之字是 雖然 接字整字之外 ᠴᡳ ᠪᡝ ᠰᡝ ᠮᡝ 與 ᠴᡳᠪᡝ ᠰᡝᠮᡝ 亦可᠈

將歇了一歇就去了 ᠮᠠᠵᡳᡤᡝ ᡨᡝᠶᡝ ᡴᡳᠨᡳ᠈ ᡠᡨᡥᠠᡳ ᡤᡝᠨᡝᡥᡝ᠈

將說了給又說不給 ᠪᡠᡴᡳ ᠰᡝ ᡴᡳᠨᡳ᠈ ᡤᡝᠯᡳ ᠪᡠᡵᠠᡴᡡ ᠰᡝᠮᠪᡳ᠈

使令 的口氣接 ᡴᡳᠨᡳ᠈ 漢文的意思是將一

風息了的時候再去 ᡝᡩᡠᠨ ᠨᠣᡴᠣᡥᠣ ᡴᡳᠨᡳ ᠰᡝ ᡤᡝᠨᡝ᠈

見了他時候說我問好 ᡨᡝᡵᡝ ᠪᡝ ᠠᠴᠠᡥᠠ ᡴᡳᠨᡳ ᠪᡳ ᠰᠠᡳᠶᡡᠨ ᡩᡝ᠈

等着起了身的時候再商量 ᠵᡠᡵᠠᠨ ᡴᡳᠨᡳ ᠰᡝ ᡥᡝᠰᡝᠪᡠᡴᡳ᠈

ᡴᡳᠨᡳ 之字講 時候 接字必用 ᠴᡳ ᠴᡳ ᡨᡝ ᡨᡝ 與 ᡩᡝ ᡩᡝ᠈

若是好學終須可成 ᡨᠠᠴᡳᡵᡝ ᡩᡝ ᠠᠮᡠᡵᠠᠴᡳ ᠮᡠᠰᡝ ᠮᡠᡨᡝᠪᡠᡥᡝᠩᡤᡝ ᠠᡴᡡ᠈

若是可以遵着還好 ᡩᠠᡥᠠᠴᡳ ᠣᠮᡠᠮᠠᡳ ᠮᡠᠰᡝ ᡴᠣᠪᡳ᠈

他果然怕自然再不敢這樣 ᡨᡝ ᠶᠠᠯᡳᠨᡳ ᡤᡝᠯᡝᠴᡳ᠈ ᡨᡝ ᡳᠰᡝᠮᡝ ᡨᡝ ᡠᡵᡠᠨᠠᡴᡡ ᡩᠠᡥᡡᠨ ᡠᡨᡥᠠᡳ ᡤᡡᠨᡳᠮᠪᡳ᠈

若是多多的寫手有不熟的麼 ᠮᡠᠰᡝ ᠮᠠᠩᡤᠠᡳ ᠣ ᠮᡠᠰᡝ ᠮᡠᡨᡝ ᡨᡝᡵᡝ ᡝᡵᡝᠰᡝᠮᡝ ᠪᡳᠣ᠈

[illegible]

寧可終歲不讀書不可一日近小人 [illegible]

也不念父母愛子的心麼 [illegible]

就是不知孝父母 [illegible]

就是不得空兒亦該告訴我 [illegible]

妥妥當當的預備 [illegible] [內含 使令 意]

早早的回來 [illegible] [內含 使令 意]

[illegible] 之字是 使令 就是 之字也翻得 或者又當 去罷 講 寧可 之字無移挪

縱然要了有什麼趣兒 [illegible]

他雖聽見也不懂得 [illegible]

[illegible] 之意講 雖然 縱然 之字也翻得

雖然認識他不知他的爲人如何 [illegible]

雖然念書不認得字 [illegible]

[illegible] 之意也講 雖然 下文意壞方用得

得空兒還看書 [illegible]

雖然每日當差 [illegible]

那上頭關係的很重

那個事他前日已經應了我不告訴你使得麼

之意是 這上頭 那上頭 承上接下也用得

不說而已一說必有可聽之處

之意講 時候 內有 將一 的意思方用得

正要去下起雨來了

前日引見記了名了

我昨日看他去說沒有

與 俱講 時候 已然 未然 說

前日他行的太不是了雖然那樣其中也有個緣故

是 雖然那樣講 上文已斷方用得

由他說去罷

由他去罷

寧可不得也不可妄求

打 ᡨᠠᠨᡨᠠᠮᠪᡳ 被人打了 ᠨᡳᠶᠠᠯᠮᠠ ᡩᡝ ᡨᠠᠨᡨᠠᠪᡠᡥᠠ

上 ᡩᡝ 下 ᠪᡠ 是 被 字隨字添加須斟酌

他尚且不肯聽怎麽能行呢 ᡳ ᡥᠣᠨᠣ ᡩᠣᠨᠵᡳᡵᠠᡴᡡ ᠪᠠᡩᡝ ᠠᡩᠠᡵᠠᠮᡝ ᠶᠠᠪᡠᠮᠪᡳ ᠨᡳ

我尚且要求教不來的理有麽 ᠪᡳ ᡥᠣᠨᠣ ᡨᠠᠴᡳᠪᡠᡴᡳ ᠰᡝᠮᡝ ᠪᡳᠮᡝ ᠵᡳᡩᡝᡵᠠᡴᡡ ᡩᠣᡵᠣ ᠪᡳᠣ

ᡥᠣᠨᠣ 之意講 尚且 上文必須用 ᠪᠠᡩᡝ

地下有走獸 ᠨᠠ ᡩᡝ ᡶᡝᡴᠰᡳᡵᡝ ᡤᡠᡵᡤᡠ ᠪᡳ

天上有飛禽 ᠠᠪᡴᠠ ᡩᡝ ᡩᡝᠶᡝᡵᡝ ᡤᠠᠰᡥᠠ ᠪᡳ

ᠪᡳ 字若作 有 字用實字之下必用 ᡩᡝ

屋裏無人 ᠪᠣᠣᡩᡝ ᠨᡳᠶᠠᠯᠮᠠ ᠠᡴᡡ

街上没有來往行走的人 ᡤᡳᠶᠠ ᡩᡝ ᠵᡳᡩᡝᡵᡝ ᡤᡝᠨᡝᡵᡝ ᠶᠠᠪᡠᡵᡝ ᠨᡳᠶᠠᠯᠮᠠ ᠠᡴᡡ

ᠠᡴᡡ 之字講 無 字實字之下必用 ᡩᡝ

貧而且賤 ᠶᠠᡩᠠᡥᡡᠨ ᠪᡳᠮᡝ ᡶᡠᠰᡳᡥᡡᠨ

富而且貴 ᠪᠠᠶᠠᠨ ᠪᡳᠮᡝ ᠸᡝᠰᡳᡥᡠᠨ

謹慎上加謹慎 ᡤᡳᠩᡤᡠᠯᡝᡵᡝ ᠪᡳᠮᡝ ᡤᡝᠯᡳ ᡤᡳᠩᡤᡠᠯᡝᡵᡝ

小心上加小心 ᠣᠯᡥᠣᠰᠣᠮᠪᡳ ᠪᡳᠮᡝ ᡤᡝᠯᡳ ᠣᠯᡥᠣᠰᠣᠮᠪᡳ

ᠪᡳᠮᡝ 之字是 上頭 與 而且 接字整字之外 [illegible]

所謂孝子者說的是能盡心竭力以養父母也 ᡥᡳᠶᠣᠣᡧᡠᠩᡤᠠ ᠵᡠᡳ ᠰᡝᡥᡝᠩᡤᡝ᠈ ᡥᡡᠰᡠᠨ ᠪᡝ ᠮᡠᠵᡳᠯᡝᠨ ᠪᡝ ᠸᠠᠴᡳᡥᡳᠶᠠᠮᡝ᠈ ᡠᠵᡳ

前日他說不管因為那個事他管不得 ᠴᠠᠨᠠᠩᡤᡳ ᡳ ᡩᠠᡵᠠᡴᡡ ᠰᡝᡥᡝᠩᡤᡝ᠈ ᡨᡝᡵᡝ ᠪᠠᡳᡨᠠ ᡩᡝ ᡳ ᡩᠠᡵᠠ ᠪᠠ ᠠᡴᡡ ᠣᡶᡳ ᡴᠠᡳ᠉

昨日他的話說斷誤不得皆因是大人們還要見面呢 ᠰᡳᡴᠰᡝ ᡳ ᡤᡳᠰᡠᠨ ᠰᡝᡥᡝᠩᡤᡝ᠈

ᠰᡝᡥᡝᠩᡤᡝ 之意是 說了的 與 所謂 下文常應 ᠰᡝᡥᡝᠪᡳ 與 ᠰᡝᡥᡝ ᠰᡝᡥᡝ 有處或應 ᠰᡝᠮᠪᡳ ᠰᡝᠮᠪᡳ 與 ᡴᠠᡳ 也作應文將上文托

學者是效法前人之善也 ᡨᠠᠴᡳᠮᠪᡳ ᠰᡝᡵᡝᠩᡤᡝ᠈ ᠨᡝᠨᡝᡥᡝ ᠨᡳᠶᠠᠯᠮᠠᡳ ᠰᠠᡳᠨ ᠪᡝ ᠠᠯᡥᡡᡩᠠᡵᠠ ᠪᡝ᠉

人呀當以孝弟為本 ᠨᡳᠶᠠᠯᠮᠠ ᠰᡝᡵᡝᠩᡤᡝ᠈ ᡥᡳᠶᠣᠣᡧᡠᠨ ᡩᡝᠣ ᠪᡝ ᡶᡠᠯᡝᡥᡝ ᠣᠪᡠᠴᡳ ᠠᠴᠠᠮᠪᡳ᠉

聖人者百代之師也 ᡝᠨᡩᡠᡵᡳᠩᡤᡝ ᠨᡳᠶᠠᠯᠮᠠ ᠰᡝᡵᡝᠩᡤᡝ᠈ ᡨᠠᠩᡤᡡ ᠵᠠᠯᠠᠨ ᡳ ᠰᡝᡶᡠ ᡴᠠᡳ᠉

ᠰᡝᡵᡝᠩᡤᡝ 之字是 呀 者 上是整字 ᡩᡝ 方用得᠉

在家裏麼 ᠪᠣᠣᡩᡝ ᠪᡳᠣ᠉

全在乎自己吧結 ᡠᠮᡝᠰᡳ ᠪᡝᠶᡝ ᡥᡡᠰᡠᠴᡠᡵᡝ ᡩᡝ ᠪᡳ᠉

ᡩᡝ ᠪᡳ 之字是 在 字單寫聯寫一樣說

交 ᠠᡶᠠᠪᡠ᠈ 昨日已經叫他們都交了 ᠰᡳᡴᠰᡝ ᡝᠮᡤᡝᡵᡳ ᠴᡝᠮᠪᡝ ᡤᡝᠮᡠ ᠠᡶᠠᠪᡠᡥᠠ᠉

送 ᠪᡝᠨᡝᠪᡠ᠈ 叫他送到那裏去 ᡳᠮᠪᡝ ᡨᡠᠪᠠᡩᡝ ᠪᡝᠨᡝᠪᡠ᠉

上 ᠪᡠ 下 ᠪᡠ 是 教 字隨字添加須斟酌

奪 ᡩᡠᡵᡳᠪᡠ᠈ 被人奪去 ᠨᡳᠶᠠᠯᠮᠠ ᡩᡝ ᡩᡠᡵᡳᠪᡠᡥᠠ᠉

[Manchu] 之意是 豈但 接字整字之外用 [Manchu] 亦可

與其向人爭不如作個情面 [Manchu]

與其閑曠不如讀書 [Manchu]

[Manchu] 之意是 與其 接字不離 [Manchu]

說他寫的不及没有取他的名子 [Manchu]

昨日說你必來白等了一日 [Manchu]

[Manchu] 之意是 說着 承上接下用處多

[Manchu]

詩云如切如磋如琢如磨此蓋言君子自修之功也 [Manchu]

[Manchu]

子曰學而時習之不亦說乎看起這個來如果專心學自有可樂之處 [Manchu]

[Manchu] 之意是 已說了 總將上文 說 字托

說的是不可胡信傍人的話呀 [Manchu]

[Manchu]

俗語說的眼見是實耳聽是虛 [Manchu]

[Manchu]

ᠠᡳᡴᠠᠪᠠᡩᡝ 之意是 倘或 下文必用 [illegible] 與 [illegible]

恐怕告訴他纔這樣囑咐 [illegible]

來 [illegible] 怕你來我没往別處去 [illegible]

[illegible] 也是 恐怕 字隨上聯寫去 [illegible]

恐怕不是對兒没有往他比較 [illegible]

恐怕今日不得空兒所以昨日去了 [illegible]

[illegible] 之字講 恐怕 往下接字必用 ᠰᡝᠮᡝ

將出去就看見他了 [illegible]

將生下來就睜開眼了 [illegible]

將作官就行賄賂 [illegible]

[illegible] [illegible] [illegible] 三個字俱講 將一 一樣説

況且我前日到了那裏合他説了 [illegible]

況且我終日不得暇 [illegible]

[illegible] [illegible] 之意是 況且 漢文的次序調不得

豈但能寫還會翻呢 [illegible]

豈但不念書馬步箭也不學 [illegible]

ᠠᠴᠠᠮᠪᡳ 之字是 作什麼 接字一定必用 ᠴᡳ

昨日就該去來着 ᠰᡳᡴᠰᡝ ᡠᡨᡥᠠᡳ ᡤᡝᠨᡝᠴᡳ ᠠᠴᠠᠮᠪᡳᡥᡝ᠈

該當回大人們知道 ᠪᠠᡳᡨᠠ ᡳ ᠠᠮᠪᠠᠰᠠ ᡩᡝ ᠪᡝᡩᡝᡵᡝᠮᡝ ᠠᠯᠠᠴᡳ ᠠᠴᠠᠮᠪᡳ᠈

ᠣᠮᠪᡳ 之字是 該當 接字一定必用 ᠴᡳ

可以說得是個好人 ᡝᡵᡝ ᠰᠠᡳᠨ ᠨᡳᠶᠠᠯᠮᠠ ᠰᡝᠴᡳ ᠣᠮᠪᡳ᠈

看他的光景還可以信得 ᡳᠨᡳ ᠮᡠᡵᡠ ᠪᡝ ᡨᡠᠸᠠᠴᡳ ᡴᡝᠮᡠᠨᡳ ᠠᡴᡩᠠᠴᡳ ᠣᠮᠪᡳ᠈

ᠣᠮᠪᡳ 之意是 可以 接字一定必用 ᠴᡳ

能好 ᠰᠠᡳᠨ ᠣᠮᡝ ᠮᡠᡨᡝᠮᠪᡳ᠈

能孝父母 ᠠᠮᠠ ᡝᠮᡝ ᠪᡝ ᡥᡳᠶᠣᠰᡠᠯᠠᠮᡝ ᠮᡠᡨᡝᠮᠪᡳ᠈

能事奉長上 ᡩᡝᡵᡤᡳ ᡠᡵᠰᡝ ᠪᡝ ᠸᡝᡳᠯᡝᠮᡝ ᠮᡠᡨᡝᠮᠪᡳ᠈

ᠮᡠᡨᡝᠮᠪᡳ 之意是 能 字接字一定必用 ᠮᡝ

你若這樣說的時候他豈不應 ᠰᡳ ᠠᡳᡴᠠ ᡠᡨᡨᡠ ᡤᡳᠰᡠᡵᡝᠴᡳ᠈ ᡳ ᠵᠠᠪᡠᡵᠠᡴᡡ ᠣᠴᡳ ᠣᠮᠪᡳᠣ᠈

你若不管斷不能成 ᠰᡳ ᠠᡳᡴᠠ ᡤᡡᠨᡳᡵᠠᡴᡡ ᠣᠴᡳ᠈ ᠠᡳᠨᠠᡥᠠᡳ ᡝᡵᡝ ᠮᡠᡨᡝᠪᡠᡵᡝᡴᡡ᠈

ᠠᡳᡴᠠ 之字講 若是 下文也應 ᠴᡳ 與 ᠣᠴᡳ

倘或問我的時候怎麼答應 ᠠᡳᡴᠠᠪᠠᡩᡝ ᠮᡳᠮᠪᡝ ᡶᠣᠨᠵᡳᠴᡳ ᠠᡳᠨᠠᠮᡝ ᠵᠠᠪᡠᠮᠪᡳ᠈

倘或不得空兒就不必來了 ᠠᡳᡴᠠᠪᠠᡩᡝ ᡧᠣᠯᠣ ᠪᠠᡥᠠᡵᠠᡴᡡ ᠣᠴᡳ᠈ ᠵᡳᡩᡝᡵᡝ ᠪᡝ ᠵᠣᠣ᠈

每次 ᠮᡠᡩᠠᠨ ᡩᠠᡵᡳ 每年 ᠠᠨᡳᠶᠠᡩᠠᡵᡳ

ᡩᠠᡵᡳ 之字講 每 字接字整字之外 ᡨᠠ ᡩᠠ ᡨᠣ ᡩᠣ 與 ᡨᡝ ᡩᡝ

從通州往天津去 ᡨᡠᠩᠵᡝᠣ ᡩᡝᡵᡳ ᡨᡳᠶᠠᠨ ᠵᡳᠨ ᡩᡝ ᡤᡝᠨᡝᠮᠪᡳ᠈

從窗户裏往外看 ᡶᠠ ᡩᡝᡵᡳ ᡨᡠᠯᡝ ᡨᡠᠸᠠᠮᠪᡳ᠈

ᡩᡝᡵᡳ 之字是 從 由 比 ᠴᡳ 實在有着落

説是再若這樣打了之外還叫跪着呢 ᠵᠠᡳ ᡠᡨᡨᡠ ᠣᠴᡳ᠈ ᡨᠠᠨᡨᠠᡥᠠ ᠴᡳ ᡨᡠᠯᡤᡳᠶᡝᠨ᠈ ᡥᠣᠨᠣ ᠨᡳᠶᠠᡴᡡᡵᠠᠪᡠᠮᠪᡳ ᠰᡝᠮᠪᡳ᠈

除此之外還有别的事麽 ᡝᡵᡝᡳ ᡨᡠᠯᡤᡳᠶᡝᠨ ᡤᡝᠯᡳ ᡤᡡᠸᠠ ᠪᠠᡳᡨᠠ ᠪᡳᠣ᠈

ᡨᡠᠯᡤᡳᠶᡝᠨ 之字是 外 字接字一定必用 ᠴᡳ

再别那樣 ᠵᠠᡳ ᡠᠮᡝ ᡨᡠᡨᡨᡠ᠈

别往那裏去 ᡠᠮᡝ ᡨᡠᠪᠠᡩᡝ ᡤᡝᠨᡝᡵᡝ᠈

ᡠᠮᡝ 之意講 别 字下文必托 ᡵᠠ ᡵᡝ ᡵᠣ

豈肯這樣行呢 ᠠᡳᠨᠠᡥᠠᡳ ᡠᡨᡨᡠ ᠶᠠᠪᡠᠮᠪᡳᠨᡳ᠈

他豈不知道呢 ᡳ ᠠᡳᠨᠠᡥᠠᡳ ᠰᠠᡵᡴᡡ ᠨᡳ᠈

ᠠᡳᠨᠠᡥᠠᡳ 之意是 豈 字下文多用 ᠨᡳ 字托

問他作什麽 ᡳᠮᠪᡝ ᠠᡳᠨᠠᠮᠪᡳ᠈

往那裏去作什麽 ᡨᡠᠪᠠᡩᡝ ᡤᡝᠨᡝᡶᡳ ᠠᡳᠨᠠᠮᠪᡳ᠈

凴他怎麼自然有個一定的理 ᡝᡳᡨᡝᡵᡝᠴᡳᠪᡝ ᡳᠨᡳ ᠴᡳᠰᡠᡳ ᡝᠮᡠ ᡨᠣᡴᡨᠣᡥᠣ ᡤᡳᠶᠠᠨ ᠪᡳ᠉

總而言之進也不是退也不是 ᡝᡳᡨᡝᡵᡝᠴᡳᠪᡝ ᡳᠪᡝᠴᡳ ᠣᠵᠣᡵᠠᡴᡡ ᠪᡝᡩᡝᡵᡝᠴᡳ ᠣᠵᠣᡵᠠᡴᡡ᠉

ᡝᡳᡨᡝᡵᡝᠴᡳᠪᡝ 之字是 總而言之 總統上文歸總説

不識是這樣麼 ᠠᡳᠨᠴᡳ ᡠᡨᡨᡠ ᠪᡳᡥᡝᠣ᠉

不識怎麼樣的好 ᠠᡳᠨᠴᡳ ᠠᡩᠠᡵᠠᠮᡝ ᠣᡥᠣᡩᡝ ᠰᠠᡳᠨ ᠨᡳ᠉

ᠠᡳᠨᠴᡳ 之意講 不識 下托問的口氣無移挪

好像勒肯他 ᠠᡳᠮᠠᡴᠠ ᡳᠨᡳ ᡥᠠᠴᡳᡥᡳᠶᠠᡵᠠ ᡤᡝᠰᡝ᠉

ᠠᡳᠮᠠᡴᠠ 之意是 好像 下文須托 ᠠᡩᠠᠯᡳ 與 ᡤᡝᠰᡝ

白吃錢糧不當差使心裏也安麼 ᠪᠠᡳ ᠴᡳᠶᠠᠩᠯᡳᠶᠠᠩ ᠵᡝᠮᡝ ᠠᠯᠪᠠᠨ ᡩᡝ ᠶᠠᠪᡠᡵᠠᡴᡡ ᠮᡠᠵᡳᠯᡝᠨ ᡳ ᡩᠣᠯᠣ ᡳᠨᡠ ᡝᠯᡥᡝ ᠨᡳᠣ᠉

白像行不得 ᠪᠠᡳ ᡨᡝ ᠪᠠᡳᡨᠠᠯᠠᠴᡳ ᠣᠵᠣᡵᠠᡴᡡ᠉

ᠪᠠᡳ 之意講 白 字漢文的次序調不得

人人 ᠨᡳᠶᠠᠯᠮᠠ ᡩᠠᡵᡳ　事事 ᠪᠠᡳᡨᠠ ᡩᠠᡵᡳ　樣樣 ᡥᠠᠴᡳᠨ ᡩᠠᡵᡳ

ᡩᠠᡵᡳ 之意也講 每 字上是整字方用得

每到三年 ᡳᠯᠠᠨ ᠠᠨᡳᠶᠠ ᡩᠠᡵᡳ᠉

每逢操演的日子必早早的去 ᡠᡵᡝᠪᡠᡵᡝ ᡳᠨᡝᠩᡤᡳ ᡩᠠᡵᡳ ᡠᡵᡠᠨᠠᡴᡡ ᡝᡵᡩᡝᡴᡝᠨ ᡳ ᡤᡝᠨᡝᠮᠪᡳ᠉

每月 ᠪᡳᠶᠠᡩᠠᡵᡳ　每日 ᡳᠨᡝᠩᡤᡳᡩᠠᡵᡳ

想來是没得空兒不然怎麼没有來 ᠠᡳᠨᠴᡳ ᡧᠣᠯᠣ ᠪᠠᡥᠠᡵᠠᡴᡡ ᠠᡳᠰᡝ᠈ ᠠᡴᡡᠴᡳ ᠠᡳᠨᡠ ᠵᡳᡩᡝᡵᠠᡴᡡ ᠨᡳ᠉

ᠠᡳᠨᠴᡳ 之字是 想來 下文必應 ᠠᡳᠰᡝ 與 ᡩᡝᡵᡝ

原來情由如此我竟不知道 ᡩᡠᠯᡝ ᡨᡠᡵᡤᡠᠨ ᡠᡨᡨᡠ ᠨᡳ᠈ ᠪᡳ ᡶᡠᡥᠠᠯᡳ ᠰᠠᡥᠠᡴᡡ᠉

ᡩᡠᠯᡝ 之字是 原來

僅立門牌 [illegible] ᡳ ᡨᡝᡳᠯᡝ [illegible]

此內獨他好 ᡝᡵᡝ ᡩᠣᡵᡤᡳ ᡩᡝ ᡳ ᡨᡝᡳᠯᡝ ᠰᠠᡳᠨ᠉

寡咱們幾個人 ᠮᡠᠰᡝᡳ ᡠᡩᡠ ᠨᡳᠶᠠᠯᠮᠠ ᡨᡝᡳᠯᡝ᠉

ᡨᡝᡳᠯᡝ 之意講 寡 字 獨 字 僅 字也翻得

你既然要學我巴不得兒教你 ᠰᡳ ᡨᠠᠴᡳᡴᡳ ᠰᡝᡵᡝ ᡩᠠᡥᠠᠮᡝ᠈ ᠪᡳ [illegible] ᡨᠠᠴᡳᠪᡠᡴᡳ᠉

既然讀書自然知理 ᠪᡳᡨᡥᡝ ᡥᡡᠯᠠᡵᠠ ᡩᠠᡥᠠᠮᡝ᠈ ᡳᠨᡳ ᠴᡳᠰᡠᡳ ᡤᡳᠶᠠᠨ ᠪᡝ ᡠᠯᡥᡳᠮᠪᡳ᠉

ᡩᠠᡥᠠᠮᡝ 之字是 既然 接字一定必用 ᠪᡝ

[illegible]

果能專心學本事則學問一日比一日長日後有不作官的麼 [illegible]

[illegible]

既然事父母孝事長上恭有不能以忠事君的麼 ᠠᠮᠠ ᡝᠮᡝ ᡩᡝ [illegible]

ᠪᡝ ᡩᠠᡥᠠᠮᡝ 是 既然 字由功至效方用得

他尚且不能况我乎 ᡳ ᡥᠣᠨᠣ ᠮᡠᡨᡝᡵᠠᡴᡡ ᠪᠠᡩᡝ᠈ ᠮᡳᠮᠪᡝ ᠠᡳ ᡥᡝᠨᡩᡠᡵᡝ᠉

學房裏尚且怕去何用說學 ᡨᠠᠴᡳᡴᡡ ᡩᡝ ᡤᡝᠨᡝᡵᡝ ᡩᡝ ᡥᠣᠨᠣ ᠰᡝᠩᡤᡠᠸᡝᡵᡝ ᠪᠠᡩᡝ᠈ ᡨᠠᠴᡳᡵᡝ ᠪᡝ ᠠᡳ ᡥᡝᠨᡩᡠᡵᡝ᠉

ᠪᡝ ᠠᡳ ᡥᡝᠨᡩᡠᡵᡝ 是 何用說 況乎 之字也講得

ᡨᡠᠸᠠᡵᠠ ᠰᡝᡵᡝ ᠪᡳ ᡩᠠᠪᠠᠯᠠ᠉

學翻譯的道理没有别的方法多記多念而已矣 ᡠᠪᠠᠯᡳᠶᠠᠮᠪᡠᡵᡝ ᠪᡝ ᡨᠠᠴᡳᡵᡝ ᡩᠣᡵᠣ ᡝᠨᠴᡠ ᡳ ᠠᡵᡤᠠ ᠠᡴᡡ᠈ ᠠᠮᠪᡠᠯᠠ ᡝᠵᡝᡵᡝ ᠠᠮᠪᡠᠯᠠ ᡥᡡᠯᠠᡵᠠ ᡩᡝ ᡩᠠᠪᠠᠯᠠ᠉

ᡩᠠᠪᠠᠯᠠ 是 已完了 與 而已矣 接字一定必用 ᡩᡝ 漢意如講 已完了 接字自可不用 ᡩᡝ

不學而已若學就該用心 ᡨᠠᠴᡳᡵᠠᡴᡡ ᡩᠠᠪᠠᠯᠠ᠈ ᡨᠠᠴᡳᡴᡳ ᠰᡝᠴᡳ ᡠᡵᡠᠨᠠᡴᡡ ᡤᡡᠨᡳᠨ ᠪᡝ ᠠᡴᡡᠮᠪᡠᠴᡳ ᠠᠴᠠᠮᠪᡳ᠉

給他就完了 ᡳᠨᡩᡝ ᠪᡠᠴᡳ ᠸᠠᠵᡳᡥᠠ ᡩᠠᠪᠠᠯᠠ᠉

ᡩᠠᠪᠠᠯᠠ 是 完了 與 而已 接字一定必用 ᡥᠠ

皆因是知心的朋友纔這樣勸罷咧 ᡤᡝᠮᡠ ᠰᠠᡳᠨ ᡤᡠᠴᡠ ᠣᡶᡳ ᡨᡝᠨᡳ ᡠᡨᡨᡠ ᡨᠠᡶᡠᠯᠠᡵᠠ ᡩᡝᡵᡝ᠉

若是那樣好罷咧 ᡠᡨᡨᡠ ᠣᠴᡳ ᠰᠠᡳᠨ ᡩᡝᡵᡝ᠉

ᡩᡝᡵᡝ 之字是 罷咧 接字整字之外硬字方用得

未知其故耶 ᠠᡳᠨᠴᡳ ᡨᡠᡵᡤᡠᠨ ᠪᡝ ᠰᠠᡵᡴᡡ ᠠᡳᠰᡝ᠉

夫子聖者歟 ᡶᡠᡯᡳ ᡝᠨᡩᡠᡵᡳᠩᡤᡝ ᠠᡳᠰᡝ᠉

ᠠᡳᠰᡝ ᠠᡳᠨᠴᡳ 兩個字疑而未定之辭方用得

想來必往那裏去了 ᠠᡳᠨᠴᡳ ᡠᡵᡠᠨᠠᡴᡡ ᡨᡠᠪᠠᡩᡝ ᡤᡝᠨᡝᡥᡝ ᠠᡳᠰᡝ᠉

ᡝᠯᡝ 之字是 益發 與 所有

讀書特爲明理 ᠪᡳᡨᡥᡝ ᡥᡡᠯᠠᡵᠠᠩᡤᡝ ᠴᠣᡥᠣᠮᡝ ᡤᡳᠶᠠᠨ ᠪᡝ ᡤᡝᡨᡠᡴᡝᠯᡝᡵᡝ ᠵᠠᠯᡳᠨ᠉

爲你很操了心了 ᠰᡳᠨᡳ ᠵᠠᠯᡳᠨ ᠮᡠᠵᡳᠯᡝᠨ ᠪᠠᡳᠪᡠᡥᠠ ᠨᡳ᠉

ᠵᠠᠯᡳᠨ 之意講 因爲 接字 ᡳ 字之外 ᡝᡵᡝ ᡨᡝᡵᡝ ᡠᡨᡠ

如飛的跑了來了 ᡩᡝᠶᡝᡵᡝ ᠠᡩᠠᠯᡳ ᠰᡠᠵᡠᠮᡝ ᠵᡳᡥᡝ᠉

父母之德天地一樣 ᠠᠮᠠ ᡝᠮᡝ ᠪᠠᡳᠯᡳ ᠠᠪᡴᠠ ᠨᠠ ᡳ ᡤᡝᠰᡝ᠉

似此之人 ᡝᡵᡝ ᠠᡩᠠᠯᡳ ᠨᡳᠶᠠᠯᠮᠠ᠉

像在那裏會過是的 ᠠᡳ ᠪᠠᡩᡝ ᠠᠴᠠᡥᠠ ᡤᡝᠰᡝ᠉

ᡤᡝᠰᡝ ᠠᡩᠠᠯᡳ 俱講 像似樣 與 如 接字 ᠨᡳ 字之外硬字方用得

ᡝᠯᡝ ᠰᡝᠮᠪᡳ ᠨᡳ᠉

若不用心練進了場怎麼能好 ᠠᡳᡴᠠ ᠮᡠᠵᡳᠯᡝᠨ ᠪᡝ ᠰᡳᡨᡥᡡᠮᡝ ᡠᡵᡝᠪᡠᡥᡝᡴᡡ ᠰᡳᠮᠨᡝᡵᡝ ᡴᡡᠸᠠᡵᠠᠨ ᡩᡝ ᡩᠣᠰᡳᡴᠠ ᡩᡝ ᠠᡩᠠᡵᠠᠮᡝ ᠰᠠᡳᠨ ᠣᠮᠪᡳ

怎麼樣的時候纔好 ᠠᡩᠠᡵᠠᠮᡝ ᠣᡥᠣᡩᡝ ᡨᡝᠨᡳ ᠰᠠᡳᠨ ᠨᡳ᠉

ᠠᡩᠠᡵᠠᠮᡝ 之字也講 怎麼 下文多用 ᠨᡳ 字托

怎麼没有告訴我 ᠠᡳᠨᡠ ᠮᡳᠨᡩᡝ ᠠᠯᠠᡥᠠᡴᡡ ᠨᡳ᠉

怎麼不往這裏來 ᠠᡳᠨᡠ ᡝᠪᠰᡳ ᠵᡳᡩᡝᡵᠠᡴᡡ ᠨᡳ᠉

ᠠᡳᠨᡠ 之字講 怎麼 下文多用 ᠨᡳ 字托

[illegible] 與 [illegible] 俱講 直到 一樣說
少少的念 [illegible] ᡳ [illegible]
慢慢的走 [illegible] ᡳ [illegible]
多多的寫 [illegible] ᡳ [illegible]

[illegible] 之意是 些微 往下接字必用ᡳ
雖然會寫不會翻 [illegible]
雖學十年 [illegible]
雖然認得字 [illegible]

[illegible] 之字講 雖然 下文必托 [illegible] 與 [illegible]
由不得 [illegible]
自然要行走 [illegible]

[illegible] 之字是 自然 下文必用 [illegible] 字托
所有走的地方 [illegible]

[illegible] 之字也講 所有 隨上聯寫去 [illegible]
所有的東西 [illegible]
比先益發發了福了 [illegible]

漢子們 ᠨᡳᡴᠠᠰᠠ、

朋友們 ᡤᡠᠴᡠᠰᡝ、

帝王們 ᡥᡡᠸᠠᠩᡩᡳ ᠰᠠ、

ᠰᠠ ᠰᡝ ᠰᡳ 與 ᡨᠠ ᡨᡝ 俱講 們 字一樣説

見 ᠠᠴᠠᠮᠪᡳ　　來見 ᠠᠴᠠᠨᠵᡳᠮᠪᡳ

吃 ᠵᡝᠮᠪᡳ　　來吃 ᠵᡝᠨᠵᡳᠮᠪᡳ

察 ᠪᠠᡳᠴᠠᠮᠪᡳ　　來察 ᠪᠠᡳᠴᠠᠨᠵᡳᠮᠪᡳ

看 ᡨᡠᠸᠠᠮᠪᡳ　　來看 ᡨᡠᠸᠠᠨᠵᡳᠮᠪᡳ

ᠵᡳ 字之意講 來 字隨字添加須斟酌

見 ᠠᠴᠠᠮᠪᡳ　　去見 ᠠᠴᠠᠨᠠᠮᠪᡳ

吃 ᠵᡝᠮᠪᡳ　　去吃 ᠵᡝᠨᡝᠮᠪᡳ

察 ᠪᠠᡳᠴᠠᠮᠪᡳ　　去察 ᠪᠠᡳᠴᠠᠨᠠᠮᠪᡳ

看 ᡨᡠᠸᠠᠮᠪᡳ　　去看 ᡨᡠᠸᠠᠨᠠᠮᠪᡳ

ᠨᠠ ᠨᡝ 之意講 去 字隨字添加須斟酌

直到亮的喝 ᡤᡝᡵᡝᡨᡝᠯᡝ ᠣᠮᡳᠮᠪᡳ、

直到飽的吃 ᡝᠪᡳᡨᡝᠯᡝ ᠵᡝᠮᠪᡳ、

挪移 [illegible]、　儘着挪移 [illegible]、

叩頭 [illegible]、　儘着叩頭 [illegible]、

貪戀 [illegible]、　儘着貪戀 [illegible]、

ᡧᠠ ᡧᡝ ᠵᠠ ᠵᡝ 四個字 儘着 之意内含着

一齊幫助 [illegible]、係 [illegible]、

一齊興起 [illegible]、係 [illegible]、

大家頑要 [illegible]、係 [illegible]、

大家站立 [illegible]、係 [illegible]、

ᠴᠠ ᠴᡝ 與 ᠨᡠ ᠨᡩᡠ 大家 之意内含着

哥哥們 [illegible]、

兄弟們 [illegible]、

清文接字 一書乃先君公餘所輯因 清文啓蒙 呼拉篇 各種文理雖淺內多變翻非初學所能了然故彙成此篇逐句講解用誨童蒙而未敢梓以行世也嵩犢山仁弟從游數載於清文習之有素自謂此藝稍通深得接字一書之力其太翁樸山將軍亦以所著簡要切實洵足開悟後學遂付剞劂以廣其傳維時犢山公務紛紜倩人鐫刻未克自爲校讎及丁卯歲彰由晋旋都捧讀是編詳加考核始知坊本多誤不無魯魚亥豕之虞當即遵照原稿逐一更正重付梓人改鋟俾初學讀是書者不至有誤亦藉副樸山將軍賢喬梓開悟後學之雅意云爾

男裕彰謹識

楚郢鐵魁伟人氏跋

同治五年歲次丙寅暮春既望

引余既重承定軒夫子之命而又樂樸山喬梓之蒙惠後學與余有同志也爰爲正坊刻之訛謬而歸之

付梓錦城今哲嗣嵩犢山於京谋路更授剞劂以廣其傳是書規模秩然、脉絡聯貫洵爲初學津梁子其校而正之以資蒙

乙丑冬孟定軒夫子出　清文接字　一册授余属任校讎之役云此本傳於嵩洛峰向爲成都将軍崇樸山先生所賞業已

轉寫本

qing wen jiye zi sere jergi bithe dasame foloho xutuqin

重刊《清文接字》等書序[1]

u qing jiyanggiyvn serengge, han -i uksun -i wesihun enen, abkai
午清將軍，天潢貴胄，河鼓

sunggari -i emu usiha, sun zi u zi -i bodogon be hafuka bime, bou o -i siren be
一星，略貫孫吴，係承褒鄂。

aliha, yaya bou hvwa -i qibsunggo yabun, qouhai dain -i nashvn baita, hi hv -i
凡門庭穆行，師律戎機，郤穀

irgebun bithe, siuwan, yuwan halai faidan arga, jorire baitah mudan aqabure
詩書，軒轅陣法，指事諧聲之學，

taqin dursulebukv hafumbukv -i mudan qi aname, derei narhvn be xuwe hafufi,
三象重譯之音，無不洞達其微，

tuwakiyara yabure de gemu daqi bithe adali, ere uthai jiyanggiyvn usiha den
持循若素。所謂將星高曜，

eldeke de, urunakv wen qang usiha de halanambi, sain mou qi fiseke gargan,
必近文昌，若木分枝，

toktofi jergi arsun waka sehengge kai, sohon ulgiyan -i niyengniyeri forgon de,
定無凡卉者也。己亥春，

1　光緒二十五年（1899），廣州將軍壽蔭將《清文接字》等八種典籍再次刊行，本部分是翻譯舉人松匯所作的總序。

guwangdung golo be tuwakiyabure hese be alifi, jakvn morin jurgvn be
奉命鎮粵，八騶開道，
yarume, juwe jalasu jafame jasei bade isinjiha manggi guwangdung golo -i
雙節臨邊，靖百粵之風雲，
edun tugi be toktobuha, ilan alin be deli wehei gese elhe obuha, muheliyen
鞏三山於磐石，珠鈴玉帳，
longgon xanyan maikan deri turun tungken be tuwaqi umesi teksin, teixun sara
瞻旗鼓而肅然，銅蓋銀衡，
menggun fesin -i gese, dergi julergi babe torombuhangge mujakv akdun, geli
奠東南而永固。寓修文
bithe tasatara be qouha urebure dolo baktambuki, baturu haha be bithei
於講武，培將材於儒林，
niyalmai dolo hvwaxabuki seme oqi, toniu sindara be jin gurun -i niyalma -i
笑圍棋爲晋代矯情，
holtome araha yabun seme wakalaha, gosin jurgan be qouhai dain -i urse de
取仁義作勇夫甲胄，
selei hitha obume nerebuhengge, aifini iui tau bithei gese durun tuwabuha, gin
早已玉韜垂則，金
bu bithei gese getukeleme taqibuha be dahame, mangga qouhai dolo juse
布森行，羽林無嬉戲之小兒，
efiqere gesengge akv, nenehe heu -i oyomburakv efin be ashvbuha bihe, tere
博掩奪故侯之癖好。
dade, kumdu mujilen -i saisa be tuwara, fujurungga gvnin -i niyalma be
尤復傾襟下士，雅意作人。

hvwaxabure jakade, asaraha bithe be tuqibufi, taqire urse de durun kouli
分琳瑯之秘函，示菁莪之模楷。
obume, ese qing wen jiye zi, tuktan taqire urse -i dogon fakv, qouha yabure
彙《清文接字》《初學津梁》《行軍紀律》
fafun kouli, jiha efire be targabure juwan haqin, jakvn gvsai targabun, manju
《戒賭十條》《八旗箴》《滿
nikan hergen kamqime araha dehi ujui bithe ilan hergen -i hiyouxungga nomun,
漢合璧四十頭》《三字孝經》
qouhai fafun -i dehi meyen jergi jakvn debtelin bithe be, dasame foloro faksi de
《軍令四十則》等書共八種，重付棗梨，
afabume folobufi taqikvi bou de dendefi, yadahvn buya bithei niyalma be,
布諸學舍，俾寒畯之士，
ulandume doulara joboqun be akv obuha, ede simeli gaxan mudan wai -i urse,
免傳鈔之勞，僻壤遐荒，
fujurungga bithe be sabufi hvsutuleme bahanafi tana holboho gu aqaha
睹鴻文而興奮，珠聯璧合，
gesengge be oqi, esei dorgi de sibkihai inu bahaqi ombidere, ere damu bithei
探玉海而尋涯。非惟儒將經綸，
jiyanggiyvn ijime wekjimbi sere anggala inu gebungge saisa -i banjibume araha
抑亦名賢著述。
adali ohobi, sunghui mini taqihangge miqihiyan, sahangge komso, hvtubume
松匯學窺一牖，目少十行，過蒙特達
qohome tukiyehe kesi be alifi, fuhali xabisai jergi de dosika soyon dalbashvn -i
之知，謬厠門墻之列，辟咡而詔，

taqihiyara de, hing sere mujilen -i afabuha be alime gaifi, yohi aname dendeme
受心香之傳，排比成編，
faksalabufi folome wajifi duibuleme baiqabuha ereqi julesi bithe hvlame hergen
任手民之校，從此讀書識字，
takaqi amba jiyanggiyvn -i qouha be hairame gosiha be gvniqi aqambi,
知大將軍愛護健兒，
gurun de aisilabume bou be wehiyebume enduringge han -i funde utala saisa be
行看黼國黻家，佐聖天子，育成
hvwaxabure mutebuhe be bahafi sabumbi.
多士。
badarangga doro -i sohon ulgiyan tuweri dulimba taqihiyara be aliha
光緒己亥仲冬，受業翻譯舉人松匯
ubaliyambure tukiyesi sunghui gingguleme

xutuqin araha.
謹序。

qing wen jiye zi bithei xutuqin

《清文接字》序

daiqing gurun golmin xanyan alin qi fukjin deribuhe qi ebsi, ujude
皇朝自長白發祥以來，首重

gurun -i bithe be ujen obuhabi, ubaliyambure be simnere kouli be ilibufi bithei
國書，滿洲設科取士，

urse be gaijarangge aifini xu fiyelen arabume simnere be sasa wesihun kouli
久與漢文垂爲令典。

obume toktobuhabi ede simnere haqin be taqire urse de qohotoi songkoloho
習舉子業者，師有專家，

durun bi enqu haqin -i arga akv, sithvme kiqeme taqire ursei dorgi, ememungge
法無異致，而攻苦之士，間能殫精盡

mujilen akvmbume gvnin girkvme, kemungge boljonggo kvbulime forgoxoro
慮，別求簡捷變通之法，

arga be emhun bahafi, amaga taqire urse be umesi ildungga ja -i dahara
以啓後學輕便易從之路，

jugvn de yarhvdaqi ombime, urui somishvn debtelin obufi foihori niyalma de
往往彙爲秘本，不輕示人。

tuwaburakv, mini ahvngga jui sungsen onggolo sung lo fung siyan xeng be
長子嵩申曾從嵩洛峰先生，

dahame taqire de, galai jorime anggai sularangge, ududu aniya oho, nomun -i

手口提撕， 數易寒暑， 因分攻經

taqin be kamqime kiqere turgunde naranggi ere taqin be qohotoi duhembume

義， 卒未能專盡其業，

mutehekv ofi, sung lo fung terei qing wen jiye zi sere emu bithe be tuqibufi,

洛峰遂出所訂《清文接字》一册，

sungxen de afabufi henduhengge, manju bithei arga ede yongkiyahabi, bi beyei

授嵩申曰： "清書之法備於是矣， 吾不肯

sahangge be emhun sarangge oburakv oqi tetendere, si inu beyei bahangge be

以己所知者爲獨知， 子亦不可以己所得者爲

emhun baharangge obuqi ojorakv jalan -i niyalmai emgi uhelefi, ler seme

獨得。 公諸當世， 蔚爲

gurun -i yangsangga obuqi, umesi sain akv semeu sehe, sungxen terei ere

國華， 豈不甚善？" 嵩申因以是編呈

bithe be minde alibuha sidende bi qengdu -i jiyanggiyvn ohobi, manju

於予， 時予持將軍節守成都， 滿營

kvwaran -i gvsai da ping jeu gisiyang fujuri boui niyalma inu, sy' quwan

協領吉萍舟祥， 世家子也， 以久駐

golo de tefi goidaha turgunde, bahafi manju bithei narhvn babe tuwahakv ofi,

蠶叢， 未得窺清書之奥

ere bithe be sabufi urgunjeme faksi de afabume folofi, ere taqin be

見此本， 欣然請以付梓， 以廣其學。

badarambuki seme baire jakade, bi inu qihanggai amaga giltukan urse be

予亦樂從其請， 以期後來之秀。

hvwaxabuki seme ini baiha babe dahaha, ere bithe gisun udu miqihiyan
此書語雖淺近，
qinggiyan biqibe jurgan kouli umesi narhvn, unenggi duwali be dahame aname
而義例最詳，誠能觸類旁通，
hafume muteqi hergen be emu obure wen de, ememu emu ser sere tusa
其於同文之化，或亦壤流之一助云爾。
ombidere youningga dasan -i ilaqi aniya niuwanggiyan singgeri julgei
時同治三年歲次甲子古重陽日，
uyungge inenggi golmin xanyan alin -i wanggiyan hala pu xan' qungxi araha.
長白完顏樸山崇實書。

sung lofung siyan xeng isamjahangge

嵩洛峰先生 著

[1] 念 hvlambi。念着 hvlame。

bi hvla-me si ara-kini.

我 讀-**并** 你 寫-**祈**

我念着你寫。（1a2-3）

[2] 用baitalambi。用着baitalame。

si baitala-me tuwa-qina.

你 用-**并** 看-**祈**

你用着瞧罷。（1a3-4）

[3] 念了 hvla-fi。

emu aniya manju bithe hvla-fi uthai manjura-me

一 年 滿洲 書 讀-**順** 就 説滿語-**并**

bahana-ha.

會-**完**

念了一年滿洲書就會説滿洲話。（1a5-6）

[4] 用了 baitalafi。

ya niyalma be baitala-fi iqihiya-bu-mbi?

哪一個 人 **賓** 用-**順** 處理-**使**-**現**

用了何人辦理？（1b1）

[5] 若是念 hvlaqi。

bithe hvla-qi ini qisui[1] hergen taka-mbi.

書 念-**條** 他.**屬** 私自 字 認識-**現**

若是念書自然認得字。（1b2-3）

[6] 若是用 baitalaqi。

aika sire-ne-me baitala-qi ini qisui hvdun o-mbi.

如果 接連-去-**并** 使用-**條** 他.**屬** 私自 快 成爲-**現**

若是接連着用自然快。（1b3-5）

[7] 用的 baitalara。

baitala-ra jaka.

用-**未** 東西

用的東西。

[外有-ra -re兩個字，也講“的”字一樣説。]（1b5-2a1）

[8] 念了 hvlaha。

bi teni emu debtelin hvla-ha.

我 纔 一 册 念-**完**

我纔念了一本。（2a1-2）

[9] 用了 baitalaha。

tetele ilan niyalma baitala-ha.

到現在 三 人 用-**完**

至今用了三人。

[-ka -ha -ko -ho與-ke -he，隨上押韵“了”字説。]（2a3-4）

[10] 請念hvlaki。請用baitalaki。（2a5）

---

1 ini qisui：自然。下同。

[11] 求祈念hvlarau。

si minde donji-bu-me hvla-rau.

你 我.與 聽-使-并 讀-祈

求你念給我聽。（2a6）

[12] 求祈用baitalarau。

si imbe baitala-rau.

你 他.賓 用-祈

求你用他。（2b1）

[13] 叫/令念hvla hvlakini。

si imbe ureshvn -i hvla se./ hvla-kini se.

你 他.賓 熟練的 工 讀.命 助.命/ 讀-祈 助.命

你叫/令他熟熟的念。（2b2-3）

[14] 叫/令用baitala baitalakini。

si imbe elheken -i baitala se./ baitala-kini se.

你 他.賓 緩慢 工 用.命 助.命/ 用-祈 助.命。

你叫/令他慢慢的用。（2b3-4）

[15] 要念hvlaki sembi。

duin bithe hvla-ki se-mbi.

四 書 讀-祈 助.現

要念“四書”。（2b5）

[16] 要用baitalaki sembi。

ai jaka be baitala-ki se-mbi?

什麼 東西 賓 用-祈 助.現

要用何物？（2b6）

[17] 念了去hvlahai。

hvla-hai ini qisui nonggi-bu-mbi.

讀-**持** 他.**屬** 私自 增加-**使**-**現**

念了去自然長。（3a1）

[18] 用了去baitalahai。

ilhi ana-me baitala-hai,

次序 依照-**并** 用-**持**

按着次兒用了去，

emu niyalma seme inu daba-bu-ra-kv.

一個 人 連 也 越過-**使**-**未**-**否**

一個人也不跳。（3a2-3）

[19] 念而且hvlambime。

hvla-mbi-me mujilen girkv-mbi.

讀 心 專心-**現**

念而且專心。（3a4）

[20] 用而且baitalambime。

inenggi-dari baitala-mbi-me umesi labdu.

天-每 用-**現**-**并** 很 多

每日用而且很多。（3a5-6）

[21] 念來着hvla-mbihe。

inu irgebun -i nomun hvla-mbihe.

也 詩 **屬** 經 讀-**過**

也念《詩經》來着。（3a6-3b1）

[22] 用來着baitalambihe。

inu amba-sa saisa[1] be baitala-mbihe.

也 臣-複 賢人 賓 用-過

也用君子來着。（3b2-3）

[23] “若是來着”翻bihe biqi，下文須用bihe托。

donji-mbihe bi-qi,

聽見-過 存在-條

若是聽見來着，

inu urgun -i doro-i aqa-na-me gene-qi aqa-mbihe.

也 喜 工 禮-屬 見-去-并 去-條 應該-過

也該道喜去來着。（3b3-5）

[24] 不念hvlarakv。

manju bithe hvla-ra-kv, ubaliyambu-re be taqi-ra-kv.

滿洲 書 讀-未-否 翻譯-未 賓 學-未-否

不念滿洲書，不學翻譯。（3b6-4a1）

[25] 不用baitalarakv。

buya niyalma be baitala-ra-kv.

小 人 賓 用-未-否

不用小人。（4a1-2）

[26] 没有念hvlahakv。

ai turgun-de hvla-ha-kv?

什麽 緣故-位 讀-完-否

爲什麽没有念?（4a2-3）

1 ambasa saisa：君子。下同。

[27] 没有用baitalahakv。

sain ningge be baitala-ha-kv.

好 **名** **賓** 用-**完**-**否**

没有用好的。

[-kakv -hakv -kekv與-hekv，隨上押韵“没有”説。]（4a3-5）

[28] 念的hvlarangge。

ere ini hvla-ra-ngge.

這 他.**屬** 讀-**未**-**名**

這是他念的。（4a6）

[29] 用的baitala-ra-ngge。

ere we-i baitala-ra-ngge?

這 誰-**屬** 用-**未**-**名**

這是誰用的？（4b1）

[30] 念了的hvlahangge。

mini sikse emgeri hvla-ha-ngge.

我.**屬** 昨天 已經 讀-**完**-**名**

是我昨日已經念了的。（4b2-3）

[31] -rangge -rengge -rongge講“的”字，未然的意思當斟酌。-kongge -kongge -kangge -hangge -kengge與-hengge，已然的“的”字纔講得。外有ningge講“的”字，上是整字方用得。

sain ningge.

好 **名**

好的。

ehe ningge.

壞 **名**

不好的。（4b3-5a1）

[32] “時候”“往”“給”“與”“裏頭”“上頭”“在”“於”俱翻de。

tuwa-ra de ja gojime yabu-re de mangga.

看-**未** **位** 容易 雖然 行事-**未** **位** 難

看時容易作時難。

sy’ pai leu se-re ba-de gene-mbi.

四 牌 樓 叫-**未** 地方-**與** 去-**現**

往四牌樓去。

inde tuwa-bu-mbi.

他.**與** 看-**被**-**現**

給他看。

tere niyalma de banji-re sain.

那個 人 **與** 相處-**未** 好

與那個人相好。

horho de te-bu-he.

櫃子 **與** 坐-**使**-**完**

裝在櫃子裏頭。

dere de sinda-ha.

桌子 **與** 放-**完**

放在桌子上頭。

baita be kiqe-re-ngge niyalma de bi,

事情 **賓** 謀求-**未**-**名** 人 **位** 存在.**現**

謀事在人，

baita be mute-bu-re-ngge abka de bi.

事情 **賓** 能-**使**-**未**-**名** 天 **位** 存在.**現**

成事在天。

baita de lak akv giyan de aqa-na-ra-kv.

事情 **位** 便 **否** 理 **與** 合-去-**未**-**否**

於事不便，於理不合。

[gelembi olhombi aisilambi xangnambi aqanambi isinambi與amuran，七字之上必加de。]（5a2-5b5）

[33] “把”“將”“也”“以”“使”“令”“叫”，七字一定必翻be。

imbe gai-fi gene.

他.**賓** 帶-**順** 去.**命**

把他帶了去。

sain ningge be sonjo-fi benju.

好 **名** **賓** 選-**順** 送來.**命**

將好的挑了送來。

hvwaxabukv se-re-ngge uji-re be.

庠 說-**未**-**名** 養-**未** **賓**，

庠者，養也。

mutebukv se-re-ngge gabta-bu-re be.

序 說-**未**-**名** 射-**使**-**未** **賓**

序者，射也。

we be nenden o-bu-ha-bi? ai-be fulehe o-bu-ha-bi?

誰 **賓** 先 成爲-**使**-**完**-**現** 什麽-**賓** 根本 成爲-**使**-**完**-**現**

以誰爲先？以何爲本？

imbe bene-bu-he.

他.**賓** 送-**使**-**完**

令他送了去。

tese-be emu afaha ara-bu-ha.

他們-**賓** 一 頁 寫-**使**-**完**

叫他們寫了一篇。（5b6-6a6）

[34] 念呀hvlarangge。

bithe hvla-ra-ngge, qohome doro be getukele-re jalin.

書 讀-**未**-**名** 特意 道 **賓** 弄清楚-**未** 爲了

念書呀，特爲明道理。

haha-i erdemu be taqi-re-ngge,

男人-**屬** 本領 **賓** 學-**未**-**名**

學本事呀，

amaga inenggi alban de yabu-re jalin.

後 日 公務 **與** 行走-**未** 爲了

爲的是日後當差使。（6a6-6b3）

[35] 不念的hvlarakvngge。

niyalma tome gemu hvla-ra-kv-ngge.

人 每 都 讀-**未**-**否**-**名**

人人都不念的。

baha-me mute-ra-kv-ngge.

得到-**并** 能-**未**-**否**-**名**

不能得的。（6b4-5）

[36] 没有念的hvlahakvngge。

ini hvla-ha-kv-ngge.

他.**屬** 念-**完-否-名**

是他没有念的。

julge-i niyalma-i yabu-ha-kv-ngge.

古代-**屬** 人-**屬** 走的-**完-否-名**

古人没有行的。（6b6-7a1）

[37] 不念呀hvlarakvngge。

si fuhali hvla-ra-kv-ngge ai turgun?

你 竟然 念-**未-否-名** 什麽 緣故

你竟不念呀，是什麽緣故？（7a2-3）

[38] 没有念呀hvlahakvngge。

i fuhali hvla-ha-kv-ngge jaqi banuhvn o-ho-bi!

他 竟然 念-**完-否-名** 太 懶惰 成爲-**完-現**

他竟没有念呀，太懶怠了！（7a3-5）

[39] -mbiu -hau -heu -geu niu -rakvn與 -hakvn，七字俱是“歟”“乎”“麽”。

yala yabu-qi o-mbi-u?

真地 行事-**條** 可以-**現-疑**

果可行歟？

tere niyalma be sabu-ha-u?

那個 人 **賓** 見到-**完-疑**

見其人乎？

imbe tuqi-bu-he-u?

他.**賓** 出-**使-完-疑**

派出他來了麼?

je-tere-ngge-u?

吃-未-名-疑

吃的麼?

omi-re-ngge-u?

喝-未-名-疑

喝的麼?

ini te-he-ngge umesi goro ni-u?

他.屬 住-完-名 很 遠 呢-疑

他住的狠遠麼?

donji-ha-kv-n?

聽見-完-否-疑

没有聽見麼?

yabu-qi o-jora-kv-n?

行事-條 可以-未-否-疑

行不得麼?（7a5-7b4）

[40] -i i de -me -qi -fi六字下斷斷不可緊接be。（7b5）

[41] “之”“的”“以”三字必翻 -i。

niyalma-i ama eme.

人.屬 父親 母親

人之父母。

beye-i ama ahvn.

自己-屬 父親 兄長

己之父兄。

etuku jeku -i fulehe.

衣服 食物 **屬** 根本

衣食的本。

ejen -i kesi.

君主 **屬** 恩典

主子的恩。

sain mujilen -i niyalma be tuwa-mbi.

好 心 **工** 別人 **賓** 看待-**現**

以好心待人。

erdemu -i irgen be wembu-mbi.

德 **工** 人民 **賓** 感化-**現**

以德化民。

[emgi baru jalin adali gese teile qiha ebsihe gubqi qananggi十字之上必加-i ni同，de be -qi -fi me字下斷斷不可緊接-i ni同。]（7b6-8a6）

[42] “自”“從”“由”“第”“比”，成規一定必翻qi。

fakqa-ha qi ebsi.

分別-**完** **從** 以來

自别以來。

taqikv qi ji-he.

學校 **從** 來-**完**

從學房裏來。

ai-qi beye tuqi-ke?

什麽-**從** 身體 出-**完**

由什麼出身?

udu-qi?

幾-從

第幾個?

i sinqi antaka?

他 你.從 怎麼樣

他比你如何?

minqi fulu.

我.從 强

比我强。

[de be -i -fi -me字下斷斷不可緊接qi。]（8a6-8b5）

[43] “哉”“也”“啊”字必翻kai，单寫聯寫都使得。

fonji-ha-ngge amba kai.

問了-完-名 大 啊

大哉問。

ere-be hendu-he-bi kai.

這個-賓 説-完-現 啊

此之謂也。

umesi sain kai!

非常 好 啊

最好啊!

bi-kai.

存在.現-啊

有啊。

[切記kai字下再接一字使不得。]（8b5-9a2）

[44] jakade的漢意講“上頭”，接字不離-ra -re -ro。

getuken -i inde ala-ra jakade i teni ulhi-he.

明白的 **工** 他.**與** 告訴-**未** 之時 他 纔 明白-**完**

明明白白的告訴他的上頭，他纔懂得了。

sa-r-kv o-joro jakade tuttu gene-he-kv.

知道-**未**-**否** 可以-**未** 情況下 故而 去-**完**-**否**

不知道的上頭，所以没有去。（9a3-6）

[45] turgun de之意“因爲”“緣故”講，接字一定用-ha -i -ko -ho -ka -ke -he俱同。

sikse emu guqu be uqara-ha turgun-de,

昨天 一個 朋友 **賓** 邂逅-**完** 緣故-**位**

昨日因爲遇見了一個朋友，

baha-fi uba-de ji-he-kv.

得以-**順** 這裏-**位** 來-**完**-**否**

没得往這裏來。

ajige aisi -i turgunde amba jobolon be onggo-ho.

小 利益-**屬** 緣故-**位** 大 禍患 **賓** 忘記-**完**

因爲小利忘了大害。

ai turgunde gene-he-kv?

什麽 緣故-**位** 去-**完**-**否**

什麽緣故没有去？（9b1-5）

[46] ofi之意是“因爲了”，接字整字之外必用me。

i alban de kiqebe o-fi imbe akdula-ha.

他 公務 **位** 勤奮 成爲-**順** 他.**賓** 保舉-**完**

因爲他差使上勤，保了他了。

mujilen girkv-me o-fi teni uttu simbe taqi-bu-mbi.

心 專-**并** 成爲-**順** 纔 這樣 你.**賓** 學-**使**-**現**

因爲你專心，纔這樣教你。

yebe o-fi uthai ji-he.

好 成爲-**順** 就 來-**完**

好了就來了。（9b6-10a3）

[47] ohode講“時候”字[1]，接字不離-ra -re -ro與-me。

adarame iqihiya-ra o-ho-de teni sain ni.

如何 處置-**未** 成爲-**完**-**位** 纔 好 呢

如何辦理的時候纔好。

unenggi emu julehen -i alban de yabu-re o-ho-de

果然 一 心 **工** 公務 **位** 行走-**未** 成爲-**完**-**位**

wesi-ra-kv-ngge geli bi-u?

升-**未**-**否**-**名** 也 存在.**現**-**疑**

果然一拿步兒的當差的時候有不升的麽?

uttu ilga-me sonjoro o-ho-de,

這樣 辨別-**并** 選擇-**未** 成爲-**完**-**位**

如此挑選的時候，

yargiyan -i erdemu be baha-ra-kv-ngge akv kai.

真的 **工** 德 **賓** 得到-**未**-**否**-**名** 否 啊

没有不得真材的。

1 甲子本中無此句。

yaya baita giyan de aqa-bu-me yabu-me o-ho-de,

任何 事情 理 **與** 合-**使**-**并** 行事-**并** 成爲-**完**-**位**

凡事合着[1]理行的時候，

ini qisui yabu-bu-mbi.

他.**屬** 私自 行事-**使**-**現**

自然行得去。（10a4-10b5）

[48] oqi之字講“若是”，接字整字之外-ra -re -ro。

aika labdu-kan -i ara-ra o-qi gala ure-ra-kv-ngge bi-u?

如果 多-略 **工** 寫-**未** 成爲-**條** 手 熟-**未**-**否**-**名** 存在.**現**-**疑**

若是多多的寫，手有不熟的麼?

i unenggi gele-re o-qi,

他 果然 怕-**未** 成爲-**條**

他果然怕，

ini qisui jai gelhun akv uttu o-jora-kv o-mbi.

他.**屬** 私自 再 敢 **否** 這樣 成爲-**未**-**否** 成爲-**現**

自然再不敢這樣。

daha-me yabu-qi o-joro o-qi hono yebe.

依照-**并** 行事-**條** 可以-**未** 成爲-**條** 還 好

若是可以遵着行[2]還好。

taqi-re de amuran o-qi urunakv mute-bu-qi o-mbi.

學-**未** **與** 愛好 成爲-**條** 一定 能-**使**-**條** 可以-**現**

若是好學，終須可成。（10b5-11a5）

---

1 着：底本作“著”，依甲子本改“着”，下文不再出注。同時期文獻中，這種情況很常見。

2 行：甲子本無“行”字。

[49] manggi之字講“時候”，接字必用-ka -ha -ko -ho與-ke -he。

jura-ka manggi jai hebexe-ki.

出發-**完** 之後 再 商議-**祈**

等着起了身的時候再商量。

inde aqa-ha manggi bi sain donji-mbi se.

他.**與** 見-**完** 之後 我 好 問-**現** 説.**命**

見了他時候説我問好。

edun toro-ko manggi jai gene.

風 息-**完** 之後 再 去.**命**

風息了的時候再去。（11a6-b3）

[50] “使令”的口氣接manggi，漢文的意思是“將一”。

bu-mbi se manggi, geli bu-ra-kv se-mbi.

給-**現** 説.**命** 剛一 又 給-**未**-**否** 説.**現**

將説了給又説不給。

majige teye manggi, uthai gene-he.

稍微 歇息.**命** 剛一 就 去-**完**

將歇了一歇就去了。（11b4-6）

[51] biqibe之字是“雖然”，接字整字之外-ka -ha -ko -ho與-ke -he -rakv亦可。

niyalma udu sure bi-qibe taqi-re de amuran akv.

人 雖然 聰明 存在-**讓** 學習-**未** **與** 愛好 **否**

人雖聰明不好學。

sikse gene-he-ngge majige sita-ha bi-qibe,

昨天 去-**完**-**名** 稍微 遲-**完** 存在-**讓**

昨日去的雖遲了些，

kemuni amqa-bu-ha-bi.

尚且 趕上-**被**-**完**-**現**

還趕上了。（12a1-5）

[52] -qibe之意也同此，隨上聯寫去-mbi。

udu inenggi-dari taqi-qibe asuru nonggi-bu-ha ba akv.

雖然 天-每 學-**讓** 很 長進-**被**-**完** 地方 **否**

雖然每日學，没甚見長。

udu inenggi-dari alban de yabu-qibe,

雖然 天-每 公務 **與** 行走-**讓**

雖然每日當差，

xolo de kemuni bithe tuwa-mbi.

空閑 **位** 尚且 書 看-**現**

得空兒還看書。（12a5-b3）

[53] gojime之意也講"雖然"，下文意壞方用得。

udu bithe hvla-ra gojime hergen taka-ra-kv.

雖然 書 讀-**未** 雖然 字 認識-**未**-**否**

雖然念書，不認得字。

udu imbe taka-ra gojime tere-i yabun antaka be sa-r-kv.

雖然 他.**賓** 認識-**未** 雖然 他.**屬** 品行 怎麼樣 **賓** 知道-**未**-**否**

雖然認識他，不知他的爲人[1]如何。（12b4-13a1）

[54] seme之意講"雖然"，"縱然"之字也翻得。

i donji-ha seme inu ulhi-ra-kv.

他 聽見-**完** 雖然 也 懂-**未**-**否**

---

1 爲人：甲子本作"品行"。

他 雖 聽 見, 也 不 懂 得。

udu gai-ha seme ai amtangga?

雖然 拿-**完** 雖然 什麼 有趣的

縱 然 要 了, 有 什 麼 趣 兒? （13a2-4）

[55] -kini之字[1]是“使令”，“就是”之字也翻得。或者又當“去罷”講，“寧可”之字無移挪。

erde-ken -i amasi ji-kini. [内含“使令”意。]

早-略 **工** 往回 來-**祈**

早 早 的 回 來。

en_jen -i belhe-kini. [内含“使令”意。]

齊備的 **工** 準備-**祈**

妥 妥 當 當 的 預 備。

uthai xolo baha-ra-kv o-kini inu minde ala-qi aqa-mbi.

就 空 得-**未**-**否** 成爲-**祈** 也 我.**與** 告訴-**條** 應該-**現**

就 是 不 得 空 兒 亦 該 告 訴 我。

ama eme be hiyouxula-ra be sa-r-kv o-kini,

父親 母親 **賓** 孝順-**未** **賓** 知道-**未**-**否** 成爲-**祈**

就 是 不 知 孝 父 母,

ama eme -i jui be gosi-ha gvnin be majige gvni-ra-kv

父親 母親-**屬** 孩子 **賓** 疼愛-**完** 心思 **賓** 一點兒 考慮-**未**-**否**

mujangga-u?

果然-**疑**

也 不 念 父 母 愛 子 的 心 麽?

---

1 字：甲子本作“意”。

aniya hvsime bithe hvla-ra-kv o-qi o-kini,
年 整 書 讀-未-否 成爲-條 可以-祈
寧可終歲不讀書，

emu inenggi seme buya niyalma de hajila-qi o-jora-kv.
一 天 連 小 人 與 親近-條 可以-未-否
不可一日近小人。

baha-ra-kv o-qi o-kini inu balai bai-qi o-jora-kv.
得-未-否 成爲-條 可以-祈 也 胡亂 求-條 可以-未-否
寧可不得，也不可妄求。

ini qiha o-kini.
他.屬 意願 成爲-祈
由他去罷。

ini qiha-i gisure-kini.
他.屬 意願-工 説-祈
由他説去罷。（13a5-14a4）

[56] tuttu seme是"雖然那樣"講，上文已斷方用得。

qananggi ini yabu-ha-ngge ambula waka o-ho-bi.
前天 他.屬 行-完-名 非常 不對 成爲-完-現
前日他行的太不是了。

tuttu seme tere-i dorgi-de inu emu turgun bi.
那樣 雖然 他.屬 中間-位 也 一個 緣故 存在.現
雖然那樣，其中也有個緣故。（14a5-b2）

[57] -hede -hade與-rede俱講[1]“時候”“已然”“未然”說。

bi sikse imbe tuwa-na-me gene-he-de bou-de akv se-mbi.

我 昨天 他.賓 看-去-并 去-完-位 家-位 否 說-現

我昨日看他去説没有。[2]

qananggi beye be tuwa-bu-ha-de gebu eje-he.

前天 自己 賓 看-使-完-位 名字 記-完

前日引見記了名了。

jing gene-ki se-rede aga-me deribu-he.

正 去-祈 助-未-位 下雨-并 開始-完

正要去，下起雨來了。（14b2-15a1）

[58] -mbihede之意講[3]“時候”，内有“將一”的意思方用得。

gisure-ra-kv-qi waji-ha,

說-未-否-條 完結-完

不說而已，

emgeri gisure-mbihe-de urunakv donji-qi o-joro ba-bi.

一 說-過-位 一定 聽-條 可以-未 地方-存在.現

一說必有可聽之處。（15a2-4）

[59] ede tede之意是“這上頭”“那上頭”，承上接下也用得。

tere baita be si qananggi emgeri angga alja-ha-bi,

那 事情 賓 你 前天 已經 嘴 離開-完-現

那個事他前日已經應了我，

1 講：甲子本作“將”。

2 我昨日看他去説没有：甲子本作“我昨日看他去説没在家”。

3 講：甲子本作“將”。

e-de bi sinde ala-ra-kv-qi o-mbi-u?

這-**與** 我 你.**與** 告訴-**未**-**否**-**條** 可以-**現**-**疑**

不告訴你使得麼?

te-de holbo-bu-ha-ngge umesi ujen.

那-**與** 關聯-被-**完**-**名** 很 重

那上頭關係的很重。（15a5-b3）

[60] dade之字是“上頭”與“而且”，接字整字之外-ra -re -ro。

olhoxo-ro da-de geli olhoxo-ro.

小心-**未** 根本-**未** 再 小心-**未**

小心上加小心。

ginggule-re dade geli ginggule-re.

恭謹-**未** 根本-**未** 再 恭謹-**未**

謹慎上加謹慎。

bayan da-de wesihun.

富 根本-**未** 高貴

富而且貴。

yadahvn da-de fusihvn.

貧窮 根本-**未** 下賤

貧而且賤。（15b4-16a1）

[61] akv之字講“無”字，實字之下必用de。

giyai de amasi julesi yabu-re niyalma akv.

街 **位** 往 來 走-**未** 人 **否**

街上没有來往行走的人。

bou-de niyalma akv.

房子-**位** 人 **否**

屋裏無人。（16a2-4）

[62] bi字若作“有”字用，實字之下必用de。

abka de deye-re gasha bi,

天 **位** 飛-**未** 鳥 存在.**現**

天上有飛禽，

na de feksi-re gurgu bi.

地 **位** 奔走-**未** 獸 存在.**現**

地下有走獸。（16a5-16b1）

[63] bade之意講“尚且”，上文必須用hono。

bi hono taqi-bu-re be bai-ki se-re ba-de,

我 尚且 學-**使**-**未** **賓** 求-**祈** **助**-**未** 地方-**位**

我尚且要求教[1]，

ji-dera-kv doro geli bi-u?

來-**未**-**否** 道理 也 存在.**現**-**疑**

不來的理有麽？

i hono donji-ra-kv ba-de adarame mute-mbi ni?

他 尚且 聽-**未**-**否** 地方-**位** 如何 能-**現** 呢

他尚且不肯聽怎麽能行呢？（17a1-5）

[64] 上de下-bu-是“被”字，隨字添加須斟酌。

tanta-mbi. niyalma de tanta-bu-ha.

打-**現** 别人 **與** 打-**被**-**完**

打。被人打了。

---

1 我尚且要求教：甲子本作“我尚要求教”。

duri-mbi. niyalma de duri-bu-he.

奪-**現** 别人 **與** 奪-**被**-**完**

奪。 被人奪去。（17a5-b2）

[65] 上be下-bu-是“教”字，隨字添加須斟酌。

bene-mbi. imbe tuba-de bene-bu-ki.

送-**現** 他.**賓** 那裏-**與** 送-**使**-**祈**

送。 叫他送到那裏去。

afabu-mbi. sikse emgeri qembe waqihiya-me afabu-bu-ha.

交給-**現** 昨天 已經 他們.**賓** 完全-**并** 交付-**使**-**完**

交。 昨日已經叫他們都交了。（17b2-5）

[66] de bi之字是“在”字，單寫聯寫一樣説[1]。

gemu beye-i faqihiyaxa-ra de bi.

全 自己-**屬** 勤奮-**未** **位** 存在.**現**

全在乎自己吧結。

bou-de bi-u?

家-**位** 存在.**現**-**疑**

在家裏麽？（17b6-18a2）

[67] serengge之字是“呀”“者”，上是整字-mbi方用得。

enduringge niyalma se-re-ngge tanggv jalan -i sefu kai.

聖 人 説-**未**-**名** 百 世 **屬** 師父 啊

聖人者，百代之師也。

niyalma se-re-ngge,

人 説-**未**-**名**

---

1 説：甲子本無“説”字。

人呀，

hiyouxun deuqin be fulehe o-bu-qi aqa-mbi.

孝 悌 **賓** 根本 成爲-**使**-**條** 應該-**現**

當以孝弟爲本。

taqi-mbi se-re-ngge,

學 説-**未**-**名**

學者，

nene-he niyalma-i sain be alhvda-ra be.

領先-**完** 人-**屬** 好 **賓** 效法-**未** **賓**

是效法前人之善也。（18a2-b3）

[68] sehengge之意是“説了的”與“所謂”，下文常[1]應turgun與ofi kai。有處或應-kabi -habi與 -hebi，也作應文將上文托。

sikse ini gisun aina-ha seme touka-bu-qi o-jora-kv

昨天 他.**屬** 話 做什麽-**完** 即使 耽誤-**使**-**條** 可以-**未**-**否**

se-he-ngge,

説-**完**-**名**

昨日他的話説斷誤不得，

qohome amba-sa kemuni dere aqa-ki se-re turgun.

特意地 大人-**複** 尚且 面 相見-**祈** **助**-**未** 緣故

皆因是大人們還要見面呢。

qananggi i da-ra-kv se-he-ngge,

前天 他 管-**未**-**否** 説-**完**-**名**

前日他説不管，

1 常：甲子本作“嘗”。

tere baita be i da-na-qi o-jora-kv o-fi kai.
那 事 賓 他 管-去-條 可以-未-否 成爲-順 啊
因爲那個事他管不得。

hiyouxungga jui se-he-ngge,
孝順的 子 説-完-名
所謂孝子者,

mujilen be akvmbu-me hvsun be waqihiyame
心 賓 窮盡-使-并 力量 賓 竭-并
ama eme be uji-me mute-re be hendu-he-bi.
父親 母親 賓 贍養-并 能-未 賓 説-完-現
説的是能盡心竭力以養父母也。

dekdeni hendu-he gisun
俗 説-完 話
俗語説的

yasa-i sabu-ha-ngge be yargiyan,
眼-工 看見-完-名 賓 真的
"眼見是實,

xan -i donji-ha-ngge be taxan o-bu- se-he-ngge,
耳 工 聽見-完-名 賓 假的 成爲-使.命 説-完-名
耳聽是虛",

hetu niyalma-i gisun be qihai akda-qi o-jora-kv
旁 人-屬 話 賓 情願 相信-條 可以-未-否
se-he-ngge kai.
説-完-名 啊

説的是不可胡信傍[1]人的話呀。（18b3-19b5）

[69] sehebi之意是“已説了”，總將上文“説”字托。

fuzi -i hendu-he-ngge:

夫子 **屬** 説-**完**-**名**

子曰：

taqi-mbi-me erin-dari ure-bu-qi inu urgun waka-u se-he-bi.

學-**現**-**并** 時-每 熟悉-**使**-**條** 也 喜悦 不是-**疑** 説-**完**-**現**

“學而時習之，不亦説乎。”

ere-be tuwa-me o-ho-de,

這-**賓** 看-**并** 成爲-**完**-**位**

看起這個來，

unenggi mujilen girkv-fi taqi-qi,

果然 心 專-**順** 學-**條**

如果專心學，

ini qisui sebjele-re ba-bi kai.

他.**屬** 私自 取樂-**未** 地方-存在.**現** 啊

自有可樂之處。

irgebun -i nomun de hendu-he-ngge:

詩 **屬** 經 **位** 説-**完**-**名**

《詩》云：

faita-ra gese, mudu-re gese,

切割-**未** 一樣 磋磨-**未** 一樣

“如切如磋，

1 傍：當時的文獻中，“傍”和“旁”時常混用。

foloro gese, nila-ra gese se-he-bi.

雕刻-未 一樣 抛光-未 一樣 説-完-現

如琢如磨。”

ere ainqi amba-sa saisa beye-be dasa-ra kiqen be

這 想來 臣-複 賢人 自己-賓 修-未 努力 賓

gisure-he-ngge kai.

説-完-名 啊

此蓋言君子自修之功也。（19b6-20b2）

[70] seme之意是“説着”，承上接下用處多。

sikse simbe urunakv ji-mbi se-me,

昨天 你.賓 一定 來-現 説-并

昨日説你必來，

bai emu inenggi aliya-ha.

白白 一 天 等-完

白等了一日。

ini ara-ha-ngge juken se-me ini gebu be gai-ha-kv.

他.屬 寫-完-名 不好 説-并 他.屬 名字 賓 取-完-否

説他寫的不及，没有取他的名子[1]。（20b3-21a1）

[71] anggala之意是“與其”，接字不離-ra -re -ro。

sula sargaxa-ra anggala bithe hvla-ra de isi-ra-kv.

閑 游玩-未 與其 書 讀-未 與 到-未-否

與其閑曠，不如讀書。

---

1 没有取他的名子：甲子本作“没用取他的名子”。

niyalma-i baru temxe-re anggala,

别人-**屬** 向 争執-**未** 與其

與其向人争,

emu dere ara-ra de isi-ra-kv.

一 臉 做-**未** **與** 到-**未**-**否**

不如作個情面。(21a2-a5)

[72] sere anggala之意是"豈但",接字整字之外用-mbi -rakv亦可。

bithe hvla-ra-kv se-re anggala,

書 讀-**未**-**否** 説-**未** 不但

豈但不念書,

gabta-ra niyamniya-ra be inu taqi-ra-kv.

步射-**未** 騎射-**未** **賓** 也 學-**未**-**否**

馬步箭也不學。

ara-me mute-mbi se-re anggala,

寫-**并** 能-**現** 説-**未** 不但

豈但能寫,

hono ubaliyambu-me mute-mbi.

還 翻譯-**并** 能-**現**

還會翻呢。(21a6-b3)

[73] tere anggala之意是"况且",漢文的次序調不得。

tere anggala bi xuntuhuni jadu-ra-kv.

那 况且 我 整日 得閑-**未**-**否**

况且我終日不得暇。

tere anggala bi qananggi tuba-de dari-fi inde gisure-he-bi.

那 况且 我 前天 那裏-**與** 順訪-**順** 他.**與** 説話-**完**-**現**

況且我前日到了那裏合他說了[1]。（21b4-22a1）

[74] jaka saka nakv三個字，俱講“將一”一樣說。

hafan te-me jaka uthai ulindu-me yabu-mbi.

官 坐-并 剛一 就 賄賂-并 做事-現

將作官就行賄賂。

banji-me saka uthai yasa nei-he.

誕生-并 剛一 就 眼睛 睁開-完

將生下來就睁開眼了。

tuqi-nakv uthai imbe sabu-ha.

出去.命-剛一 就 他.賓 看見-完

將出去就看見他[2]了。（22a2-5）

[75] ayou之字講“恐怕”，往下接字必用seme。

enenggi xolo baha-ra-kv ayou se-me tuttu sikse gene-he.

今天 空閑 得-未-否 虛 說-并 那樣 昨天 去-完

恐怕今日不得空兒，所以昨日去了。

bakqin waka ayou se-me inde melje-he-kv.

對手 不是 虛 說-并 他.與 比賽-完-否

恐怕不是對兒，没有往他比較。（22a6-b4）

[76] -rahv也是“恐怕”字，隨上聯寫去-mbi。

ji-mbi. simbe ji-derahv se-me bi gvwabsi gene-he-kv.

來。 你.賓 來-虛 說-并 我 往別處 去-完-否

來。 怕你來，我没往別處去。

1 了：甲子本作“來”。

2 他：甲子本無“他”字。

inde ala-rahv se-me teni uttu taqi-bu-me hendu-he.

他.**與** 告訴-**虛** 說-**并** 纔 這樣 學-**使**-**并** 說-**完**

恐怕告訴他纔這樣囑咐。（22b4-23a1）

[77] aikabade之意是“倘或”，下文必用[1]qi與o-ho-de。

aikabade xolo baha-ra-kv o-qi, uthai ji-dere be jou.

如果 空閑 得-**未**-**否** 成爲-**條** 就 來-**未** **賓** 放棄.**命**

倘或不得空兒，就不必來了[2]。

aikabade minde fonji-me o-ho-de adarame jabu-mbi?

如果 我.**與** 問-**并** 成爲-**完**-**位** 如何 回答-**現**

倘或問我的時候，怎麽答應？（23a2-a6）

[78] aika之字講“若是”，下文也應qi與o-ho-de。

si aika da-ra-kv o-qi, ainaha seme xangga-me mute-ra-kv.

你 如果 管-**未**-**否** 成爲-**條** 做什麽-**完** 即使 成功-**并** 能-**未**-**否**

你若不管，斷不能成[3]。

si aika uttu gisure-me o-ho-de,

你 如果 這樣 說-**未** 成爲-**完**-**位**

你若這樣説的時候，

i ainahai angga alja-ra-kv ni?

他 豈能 嘴 離開-**未**-**否** 呢

他豈不應[4]？（23a6-b4）

---

1 用：甲子本作“應”。

2 就不必來了：甲子本作“就不來了”。

3 斷不能成：甲子本作“斷不能成就”。

4 他豈不應：甲子本作“他豈不應承呢”。

[79] mute-mbi之意是“能”字，接字一定必用me。

ungga dangga be uile-me mute-mbi.

長輩 長者 **賓** 侍奉-**并** 能-**未**

能事奉長上。

ama eme be hiyouxula-me mute-mbi.

父親 母親 **賓** 孝順-**并** 能-**現**

能孝父母。

sain o-me mute-mbi.

好 成爲-**并** 能-**現**

能好。（23b5-24a2）

[80] ombi之意是“可以”，接字一定必用-qi。

ini arbun be tuwa-qi hono akda-qi o-mbi.

他.**屬** 處境 **賓** 看-**條** 尚且 相信-**條** 可以-**現**

看他的光景，還可以信得。

emu sain niyalma se-qi o-mbi.

一個 好 人 説-**條** 可以--**現**

可以説得是個好人。（24a2-5）

[81] aqambi之字是“該當”，接字一定必用-qi。

giyan -i amba-sa de donji-bu-me ala-qi aqa-mbi.

理 **工** 臣-**複** **與** 聽-**使**-**并** 告訴-**條** 應該-**現**

該當回大人們知道。

sikse uthai gene-qi aqa-mbihe.

昨日 就 去-**條** 應該-**過**

昨日就該去來着。（24a6-b2）

[82] ainambi之字是“作什麽”，接字一定必用-fi。

tuba-de gene-fi aina-mbi?

那裏-**與** 去-**順** 幹什麽-**現**

往那裏去作什麽?

fonji-fi aina-mbi?

問-**順** 幹什麽-**現**

問他作什麽?（24b3-5）

[83] ainahai之意是“豈”字，下文多用ni字托。

i ainahai sa-r-kv ni?

他 豈能 知道-**未**-**否** 呢

他豈不知道呢?

ainahai uttu yabu-mbi-ni?

豈能 這樣 做事-**現**-呢

豈肯這樣行呢?（24b5-25a1）

[84] ume之意講“别”字，下文必托-ra -re -ro。

ume tuba-de gene-re.

别 那裏-**與** 去-**未**

别往那裏去。

jai ume tuttu o-joro.

再 别 那樣 成爲-**未**

再别那樣。（25a1-3）

[85] tulgiyen之字是“外”字，接字一定必用-qi。

ere-qi tulgiyen kemuni gvwa baita bi-u?

這-**條** 以外 還 别的 事情 存在.**現**-**疑**

除此之外，還有别的事麽?

jai uttu o-qi, tanta-ra qi tulgiyen,

再 這樣 成爲-**條** 打-**未** **從** 以外

説是再若這樣，打了之外，

kemuni niyakvra-bu-ki se-mbi.

還 跪-**使**-**祈** 助-**現**

還叫跪着呢。（25a3-b1）

[86] deri之字是“從”“由”，比qi實在有着落。

fa deri. tulesi tuwa-mbi.

窗花 **從** 向外 看-**現**

從窗户裏往外看。

tungjeu deri tiyan jin -i baru gene-mbi.

通州 **從** 天 津 **屬** 方向 去-**現**

從通州往天津去。（25b2-4）

[87] dari之字講“每”字，接字整字之外-ka -ha -ko -ho與-ke -he。

mudan dari aniya-dari.

次 每 年-每

每次。 每年。

biya-dari. inenggi-dari.

月-每 日-每

每月。 每日。

ure-bu-re inenggi goi-ha dari,

熟悉-**使**-**未** 日子 遇到-**完** 每

每逢操演的日子，

urunakv erde-ken -i gene-mbi.

一定 早早-略 **工** 去-**現**

必早早的去。

ilan aniya o-ho dari.

三 年 成爲-**完** 每

每到三年。（25b5-26a2）

[88] tome之意也講“每”字，上是整字方用得。

niyalma tome. baita tome. haqin tome.

人 每 事 每 樣式 每

人人。 事事。 樣樣。（26a3-4）

[89] baibi之意講“白”字，漢文的次序調不得。

baibi yabu-qi o-jora-kv gese.

白 如做-**條** 可以-**未**-**否** 似的

白像行不得。

baibi qaliyan je-me alban de yabu-ra-kv o-qi,

白 錢糧 吃-**并** 公務 **與** 行走-**未**-**否** 成爲-**條**

白吃錢糧不當差使，

mujilen -i dolo inu elhe-u?

心 **屬** 在裏面 也 安-**疑**

心裏也安麽？（26a5-b2）

[90] aimaka之意是“好像”，下文須托adali與gese。

aimaka imbe aka-bu-re gese.

好像 他.**賓** 傷心-**使**-**未** 似的

好像勒肯他。（26b3-4）

[91] maka之意[1]講“不識”，下托問的口氣無移挪。

maka adarame o-ho-de sain ni?

不知道 怎麽-**未** 成爲-**完**-**位** 好 呢

不識怎麽樣的好?

maka uttu bi-he-u?

不知道 這様 存在-**完**-**疑**

不識是這樣麽? （26b5-27a1）

[92] eitereqibe之字是“總而言之”，總統上文歸總説。

eitereqibe dosi-qi inu waka bedere-qi inu waka.

總而言之 進-**條** 也 不是 退-**條** 也 不是

總而言之，進也不是，退也不是。

eitereqibe ini qisui emu tokto-ho giyan bi.

總而言之 他.**屬** 私自 一個 確定-**完** 道理 有存在.**現**

憑他怎麽自然有個一定的理。（27a2-6）

[93] be dahame是“既然”字，由功至效方用得。

ama eme be uile-re de hiyouxun,

父親 母親 **賓** 侍奉-**未** **位** 孝順

既然事父母孝，

ungga dangga be uile-re de gungnequke o-joro be

長者 長輩 **賓** 侍奉-**未** **位** 恭敬 成爲-**未** **賓**

daha-me,

跟隨-**并**

事長上恭，

1 意：甲子本作“字”。

tondo-i ejen be uile-me mute-ra-kv-ngge bi-u?

忠誠-**工** 君主 **賓** 侍奉-**并** 能-**未-否-名** 存在.**現-疑**

有不能以忠事君的麼?

unenggi mujilen girkv-fi bengsen be taqi-me mute-re

果然 心 專-**順** 本事 **賓** 學-**并** 能-**未**

o-ho-de,

成爲-**完-位**

果能專心學本事,

taqin fonjin emu inenggi emu inenggi qi nonggi-bu-qi

學 問 一 日 一 日 **從** 增加-**使-條**

o-joro be daha-me,

成爲-**未** **賓** 跟隨-**并**

則學問一日比一日長,

amaga inenggi hafan te-ra-kv-ngge geli bi-u?

後 日 官 坐-**未-否-名** 也 存在.**現-疑**

日後有不作官的麼? (27a6-28a2)

[94] tetendere之字是“既然”，接字一定必用qi。

bithe hvla-qi tetende-re, ini qisui giyan be ulhi-mbi.

書 讀-**條** 既然 他.**屬** 私自 理 **賓** 明白-**現**

既然讀書，自然知理。

si taqi-ki se-qi tetendere, bi nekule-fi simbe taqi-bu-mbi.

你 學-**祈** 助-**條** 既然 我 趁機-**順** 你.**賓** 學-**使-現**

你既然要學，我巴不得兒教你。(28a3-6)

[95] teile之意講“寡”字，“獨”字“僅”字也翻得。

muse udu niyalma teile.

咱們 幾個 人 僅僅

寡咱們幾個人。

ere-i dorgi damu ini teile sain.

這-**屬** 裏面 只 他.**屬** 僅僅 好

此内獨他好。

duka-i xusihe be teile ili-bu-ha.

門-**屬** 牌子 **賓** 僅僅 立-**使**-**完**

僅立門牌。（28b1-4）

[96] dule之字是“原來”。

dule turgun uttu ni, bi fuhali sa-r-kv.

原來 緣由 這樣 呢 我 竟然 知道-**未**-**否**

原來情由如此，我竟不知道。（28b4-5）

[97] ainqi之字是“想來”，下文必應aise與de-re。

ainqi xolo ba-ha-kv aise akv-qi ainu ji-he-kv ni.

想來 空閑 得-**完**-**否** 想來 **否**-**條** 爲何 來-**完**-**否** 呢

想來[1]是没得空兒，不然怎麼没有來。

ainqi urunakv tuba-de gene-he dere.

想來 一定 那裏-**與** 去-**完** 吧

想來必往那裏去了。（28b6-29a3）

[98] aise dere兩個字，疑而未定之辭方用得。

fuzi enduringge aise?

夫子 聖人 吧

---

1 來：甲子本無“來”字。

夫子聖者歟?

tere turgun be sa-ha-kv dere?

那 緣由 **賓** 知-**完-否** 吧

未知其故耶?（29a4-6）

[99] dabala之字是“罷咧”，接字整字之外硬字方用得。

tuttu o-qi sain dabala.

那樣 成爲-**條** 好 罷了

若是那樣好罷咧。

gvnin sa-ha guqu o-fi teni uttu tafula-ra dabala.

心思 知道-**完** 朋友 成爲-**順** 才 這樣 勸告-**未** 罷了

皆因是知心的朋友，纔這樣勸罷咧。（29b1-4）

[100] wajiha是“完了”與“而已”，接字一定必用-qi。

inde bu-qi uthai waji-ha.

他.**與** 給-**條** 就 完結-**完**

給他就完了。

taqi-ra-kv-qi wajiha,

學-**未-否-條** 完結-**完**

不學而已，

taqi-qi uthai mujilen be baitala-qi aqa-mbi.

學-**條** 就 心 **賓** 用-**條** 應該-**現**

若學就該用心。（29b5-30a2）

[101] wajihabi是“已完了”與“而已矣”，接字一定必用de。漢意如講“已完了”，接字自可不用de。

ubaliyambu-re be taqi-re doro gvwa haqin -i arga akv,

翻譯-**未** **賓** 學-**未** 道理 別的 種類 **屬** 辦法 **否**

學翻譯的道理，没有别的方法，

labdu eje-re labdu hvla-ra de waji-ha-bi.

多 記憶-**未** 多 讀-**未** **位** 完結-**完**-**現**

多記多念而已矣。（30a3-b1）

[102] be ai hendure是“何用説”，“况乎”之字也講得。

taqikv de gene-re de hono sengguwe-re ba-de,

學校 **與** 去-**未** **位** 尚且 恐懼-**未** 地方-**位**

學房裏尚且怕去，

taqi-re be ai hendu-re?

學習-**未** **賓** 什麼 説-**未**

何用説學？

i hono mute-ra-kv ba-de mimbe ai hendu-re?

他 尚且 能-**未**-**否** 地方-**位** 我.**賓** 什麼 説-**未**

他尚且不能，况我乎？（30b2-5）

[103] ainu之字講“怎麽”，下文多用ni字托。

ainu uba-de ji-dera-kv ni?

爲何 這裏-**與** 來-**未**-**否** 呢

怎麽不往這裏來？

ainu minde ala-ha-kv ni?

爲何 我.**與** 告訴-**完**-**否** 呢

怎麽没有告訴我？（30b6-31a2）

[104] adarame之字也講“怎麽”，下文多用ni字托。

adarame o-ho-de teni sain ni?

怎麽樣 成爲-**完**-**位** 纔 好 呢

怎麽樣的時候纔好？

aika mujilen girkv-fi ure-bu-ra-kv o-qi,

如果 心 專-順 熟悉-使-未-否 成爲-條

若不用心練,

simne-re kvwaran de dosi-ka manggi

考試-未 場 與 進-完 之後

adarame sain o-me mute-mbi ni?

怎麼樣 好 成爲-并 能-現 呢

進了場怎麼能好?(31a3-b1)

[105] adali gese俱講"像似樣"與"如",接字-i字之外硬字方用得。

yaka ba-de aqa-ha adali.

什麼 地方-位 見-完 似的

像在那裏會過是的。

ere gese niyalma.

這 樣 人

似此之人。

ama eme-i baili abka na -i adali.

父親 母親-屬 恩德 天 地 屬 一樣

父母之德,天地一樣。

deye-re gese feksi-me ji-he.

飛-屬 一樣 奔跑-并 來-完

如飛的跑了來了。(31b1-6)

[106] jalin之意講"因爲",接字-i字之外-ra -re -ro。

sini jalin absi gvnin baibu-ha ni.

你.屬 爲了 多麼 心思 需要-完 呢

爲你很操了心了。

bithe hvla-ra-ngge qohome giyan be getuleke-re jalin.

書 讀-**未-名** 專門 道理 **賓** 弄清楚-**未** 爲了

讀書特爲明理。（32a1-3）

[107] ele之字是“益發”與“所有”。

nene-he qi ele tuleje-he-bi.

先前-完 **從** 更 發胖-**完-現**

比先益發發了福了。

bi-sire ele jaka.

存在-**未** 所有的 東西

所有的東西。（32a4-6）

[108] -rele之字也講“所有”，隨上聯寫去-mbi。

yabu-re-le ba.

走-**未**-所有 地方

所有走的地方。（32a6-b1）

[109] esi之字是“自然”，下文必用-qi字托。

esi yabu-qi.

自然 走-**條**

自然要行走。

esi se-qi o-jora-kv.

自然 說-**條** 可以-**未-否**

由不得。（32b2-3）

[110] udu之字講“雖然”，下文必托-qibe gojime與seme。

udu hergen taka-qibe.

雖然 字 認識-**讓**

雖然認得字。

udu juwan aniya taqi-ha seme.

雖然 十 年 學-完 雖然

雖學十年。

udu ara-me bahana-ra gojime ubaliyambu-me bahana-ra-kv.

雖然 寫-并 會-未 雖然 翻譯-并 會-未-否

雖然會寫不會翻。（32b4-33a1）

[111] -kan -ken -kon之意是“些微”，往下接字必用-i。

labdu-kan -i ara-kini.

多多-略 工 寫-祈

多多的寫。

elhe-ken -i yabu.

緩緩-略 工 走.命

慢慢的走。

komso-kon -i hvla-kini.

少少-略 工 念-祈

少少的念。（33a2-4）

[112] -tele -tala與 -tolo，俱講“直到”一樣説。

ebi-tele je-mbi.

飽-至 吃-現

直到飽的吃。

gere-tele omi-mbi.

天亮-至 喝-現

直到亮的喝。（33a4-6）

[113] -na- -ne-之意講“去”字，隨字添加[1]須斟酌。

tuwa-mbi. tuwa-na-mbi. baiqa-mbi. baiqa-na-mbi.

看 看-去-**現** 察 察-去-**現**

看。 去看。 察。 去察。

je-mbi. je-kene-mbi. aqa-mbi. aqa-na-mbi.

吃 吃-去-**現** 見 見-去-**現**

吃。去吃。見。去見。（33a6-b3）

[114] -nji-字之意講“來”字，隨字添加須斟酌。

tuwa-mbi. tuwa-nji-mbi. baiqa-mbi. baiqa-nji-mbi.

看 看-來-**現** 察 察-來-**現**

看。 來看。察。來察。

je-mbi. je-kenji-mbi. aqa-mbi. aqa-nji-mbi.

吃 吃-來-**現** 見 見-來-**現**

吃。來吃。見。來見。（33b3-6）

[115] -sa -se -si與-te -ta，俱講“們”字一樣説。

hvwangdi han sa. guqu-se.

皇帝 罕王 們 朋友-**複**

帝王們。朋友們。

haha-si. deu-te. ahv-ta.

男人-**複** 弟弟-**複** 哥哥-**複**

漢子們。兄弟們。哥哥們。（34a1-3）

[116] -qa- -qe-與-nu- -du-，“大家”之意内含着。

ili-qa-mbi. [係ili-mbi。]

站-一起-**現**

1 加：底本作“如”，根據甲子本改“加”。

大 家 站 立。

efi-qe-mbi. [係e-fi-mbi。]

玩耍-一起-**現**

大 家 頑 耍。

yende-nu-mbi. [係yende-mbi。]

興起-一起-**現**

一 齊 興 起。

aisila-ndu-mbi. [係aisila-mbi。]

幫助-一起-**現**

一 齊 幫 助。 （34a4-6）

[117] -xa- -xe- -ja- -je-四個字，“儘着”之意內含着。

nara-mbi. naraxa-mbi.

戀-**現** 貪戀不捨-**現**

貪 戀。 儘 着 貪 戀。

hengkile-mbi. hengkixe-mbi.

叩頭-**現** 頻頻叩頭-**現**

叩 頭。 儘 着 叩 頭。

guri-mbi. gurinje-mbi.

移動-**現** 移動不止-**現**

挪 移。 儘 着 挪 移。[1]（34b1-3）

---

1 甲子本至此完結，無下兩段跋文。

《清文接字》一書乃先君公餘所輯，因《清文啓蒙》《呼拉篇》各種文理雖淺，内多變翻，非初學所能了然，故彙成此篇，逐句講解，用誨童蒙而未敢梓以行世也。嵩犢山仁弟從游數載，於清文習之有素，自謂此藝稍通深得《接字》一書之力。其太翁樸山將軍亦以所著簡要切實，洵足開悟後學，遂付剞劂以廣其傳。維時犢山公務紛紜，倩人鐫刻，未克自爲校讎。及丁卯歲，彰由晋旋都，捧讀是編，詳加考核，始知坊本多誤，不無魯魚亥豕之虞，當即遵照原稿逐一更正，重付梓人改鋟，俾初學讀是書者不至有誤，亦藉副樸山將軍賢喬梓開悟後學之雅意云爾。

男 裕彰謹識

乙丑冬，孟定軒夫子出《清文接字》一册，授余属任校讎之役，云此本傳於嵩洛峰，向爲成都将軍崇樸山先生所賞，業已付梓錦城。今哲嗣嵩犢山於京谋路，更授剞劂以廣其傳。是書規模秩然、脉絡聯貫，洵爲初學津梁。子其校而正之以資蒙引。余既重承定軒夫子之命而又樂樸山喬梓之蒙惠後學與余有同志也，爰爲正坊刻之訛謬而歸之。

同治五年歲次丙寅暮春既望。

楚郢鐵魁伟人氏跋

影印本

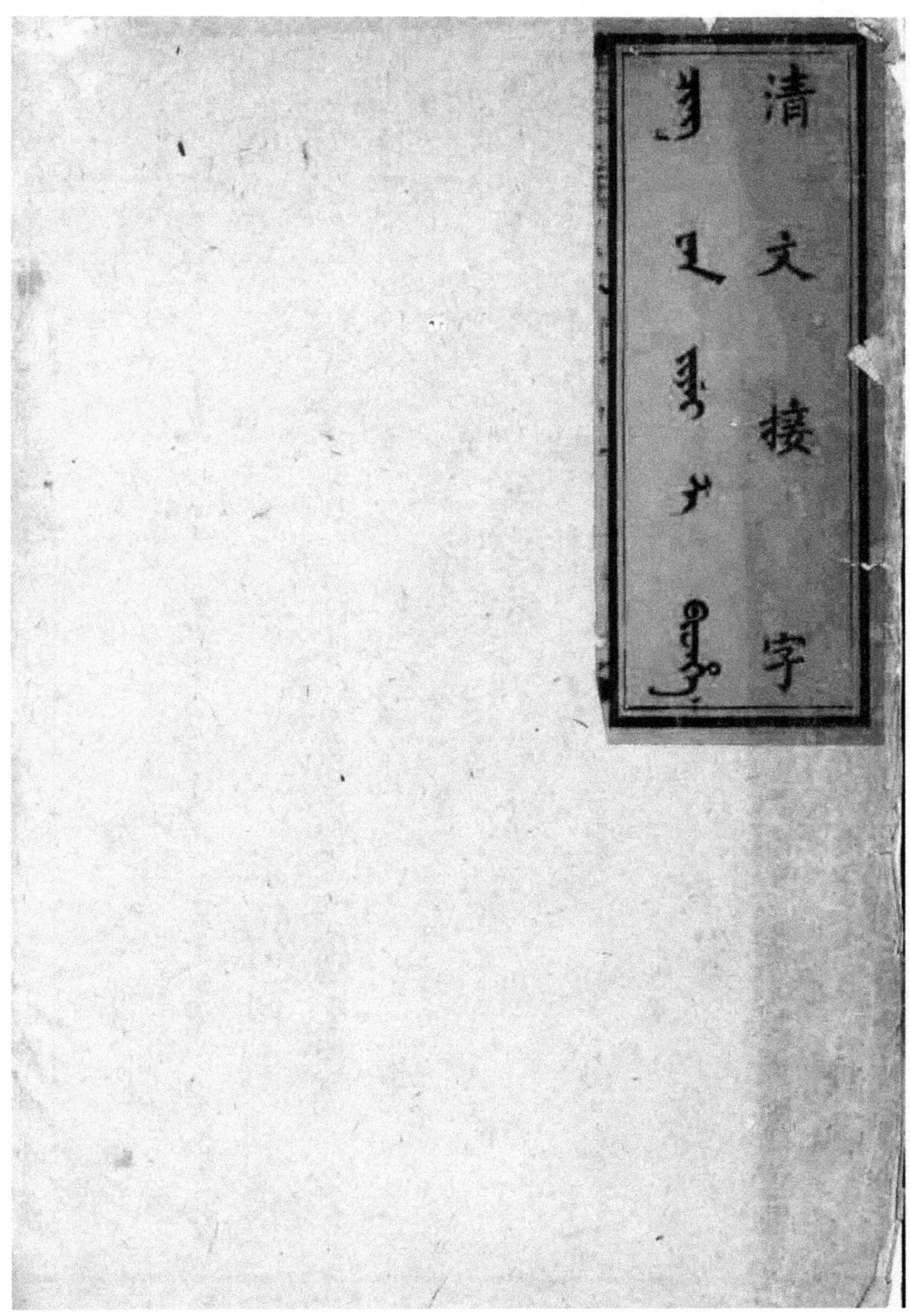
清文接字

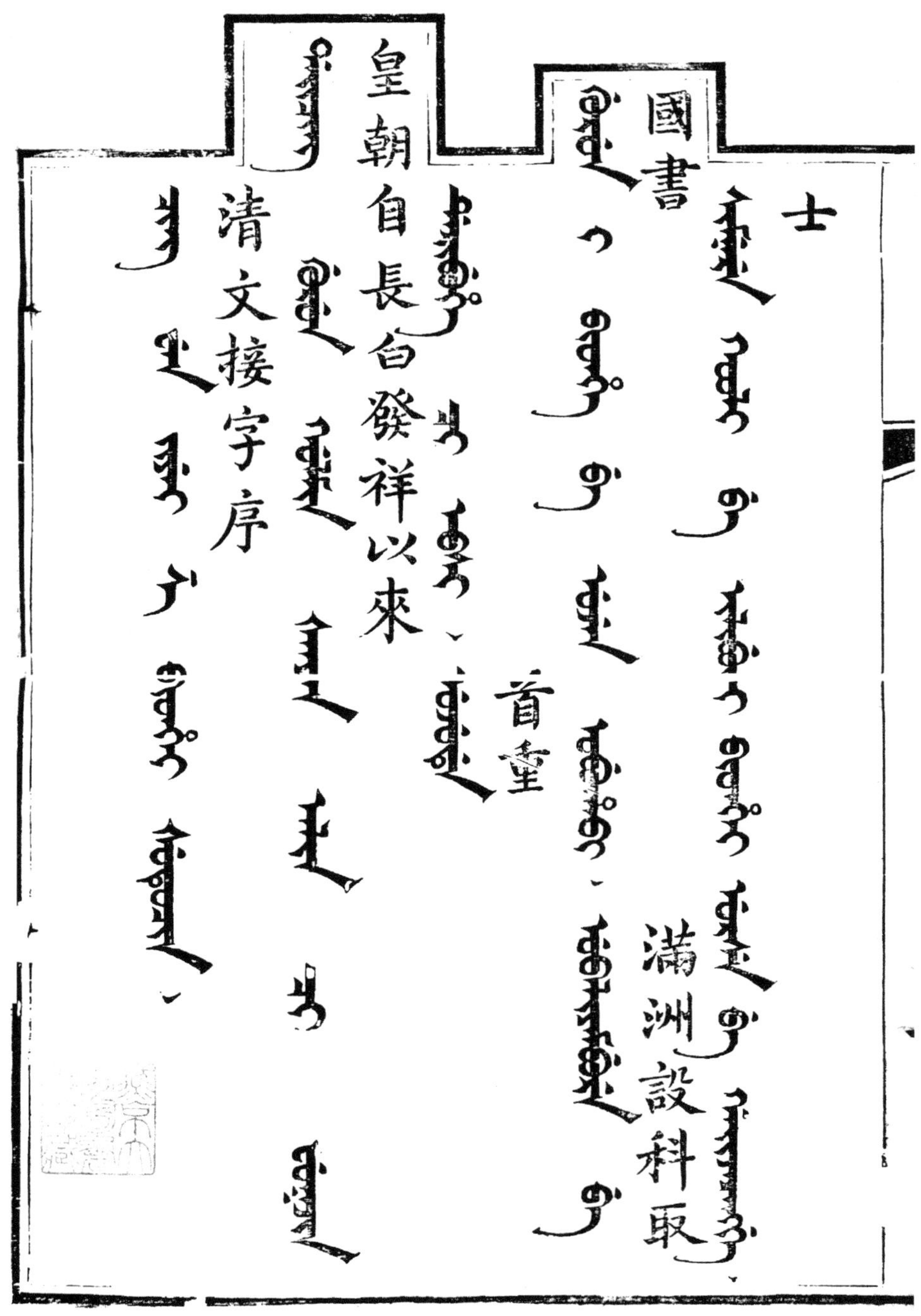

士

國書

滿洲設科取

首重

皇朝自長白發祥以來

清文接字序

間能殫精盡慮

而攻苦之士

習舉子業者師有專

家

法無

異致

久與漢文垂為令典

子嵩申會從嵩洛峰先生

本
不輕示人
長

往往彙爲秘

以啟後學輕便易從之路

別求簡捷變通之法

字一冊

洛峰遂出所訂清文接

卒未能專盡其業

數易寒暑

因分攻經義

手口提撕

當世 蔚為

已所得者為獨得 公諸

知 子亦不可以

備於是矣 吾不肯以已所知者為獨

授嵩申曰 清書之法

世家子也　以久駐蠶叢

營協領吉萍舟祥

時子持將軍節守成都　滿

嵩申因以是編呈於予

國華　豈不甚善

來之秀

予亦樂從其請以期後

以廣其學

見此本欣然請以付梓

未得窺清書之奧

云爾　時同治三年歲次甲

同文之化　或亦壤流之一助

其於

而義例最詳　誠能觸類旁通

此書語雖淺近

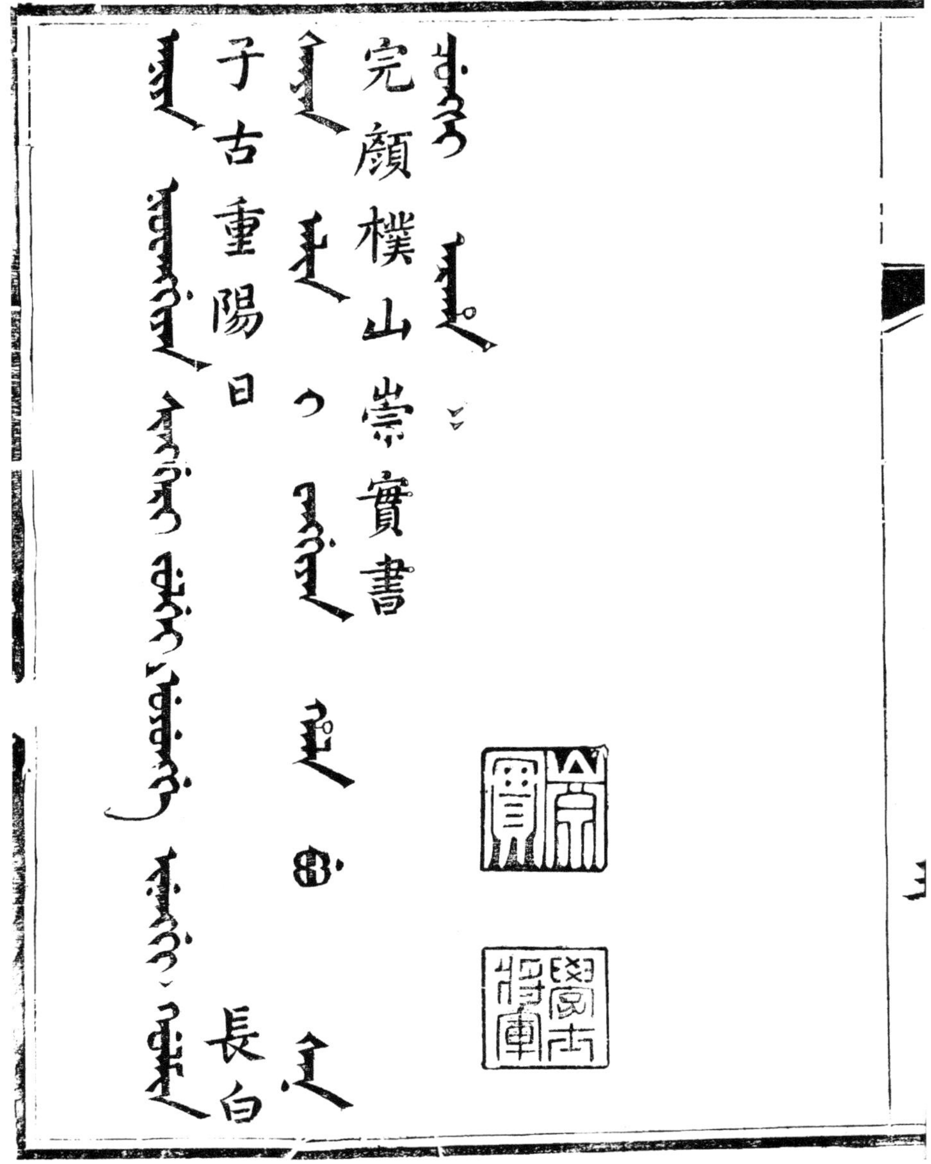

完顏樸山崇實書

子古重陽日　長白

丘

念了

念了一年滿洲書就會說滿洲話

用着

你用着瞧罷

我念着你寫

用

念

念着

清文接字

用的東西

外有兩箇字

用的

若是接連着用自然快

若是用

若是念

若是念書自然認得字

用了

用了何人辦理

求祈念　　求你念給我聽

請念　　請用

與　　隨上押韻了字說

用了　　至今用了三人

我纔念了一本

也講的字一樣說　　念了

要用

要念

你叫令他慢慢的用

叫令念

求祈用

要用何物

要念四書

叫令用

你叫令他熟熟的念

求你用他

念來着

用而且 每日用而且很多

念而且 念而且專心

用了去 挨着次兒用了去一箇人也不跳

念了去 念了去自然長

不念 ᡥᡡᠯᠠᡵᠠᡴᡡ 不念滿洲書不學繙譯 [满文]

喜去來着 [满文] [满文] [满文] [满文] [满文] [满文] [满文] [满文]

下文須用 ᠪᡳᡥᡝ 托 若是聽見來着也該道

[满文] [满文] [满文] 若是來着繙 [满文] [满文]

用來着 [满文] 也用君子來着 [满文] [满文]

也念詩經來着 [满文] [满文] [满文] [满文] [满文]

念的

這是他念的

與

隨上押韻沒有說

沒有用好的

為什麼沒有念

沒有用

沒有念

不用小人

不用

外有　講的字　上是整字方用得

與　已然的的字纔講得

未然的意思當斟酌

講的字

念了的　是我昨日已經念了的

用的　這是誰用的

裝在櫃子裡頭

給他看

與那箇人相好

往四牌樓去

看時容易作時難

時候往給與裡頭上頭在於俱繙

好的

不好的

把將也以使令呌　七字一定必繙

與　七字之上必加

於事不便於理不合

在天

放在棹子上頭　謀事在人成事

五

念呀

令他送了去

叫他們寫了一篇

以誰為先以何為本

也

來

庠者養也序者射

把他帶了去

將好的挑了送

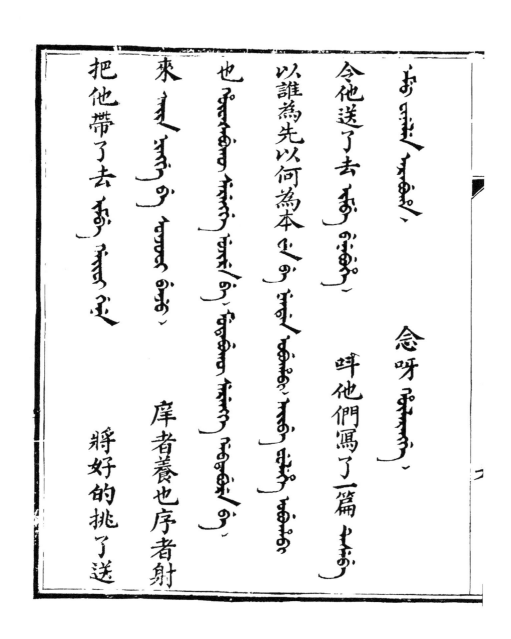

没有念的

是他没有念的

不能得的

不念的

人人都不念的

學本事呀為的是日後當差使

念書呀特為明道理

果可行歟

見其人乎

與

七字俱是歟乎麼

他竟沒有念呀太懶怠了

沒有念呀

不念呀

你竟不念呀是什麼緣故

古人沒有行的

之的以三字必繙　人之父母

六字下斷斷不可緊接

没有聽見麽　行不得麽

他住的狠遠麽

喫的麽　喝的麽

派出他來了麽

斷斷不可緊接同 自從由第比

十字之上必加同 字下

以德化民

主子的恩 以好心待人

己之父兄 衣食的本

单寫聯寫都使得
可緊接
比我强
第幾箇
從學房裡來
成規一定必繙

入哉問
哉也啊字必繙
字下斷斷不
他比你如何
由什麽出身
自別以來

不知道的上頭所以沒有去

明明白白的告訴他的上頭他纔懂得了

的漢意講上頭　接字不離

有啊　切記字下再接一字使不得

此之謂也　最好啊

ᠣᡶᡳ 之意是因為了　接字整字之外必用 ᠣᡶᡳ

什麼緣故沒有去 ᠠᡳ ᡨᡠᡵᡤᡠᠨᡩᡝ ᡤᡝᠨᡝᡥᡝᡴᡡ᠈

因為小利忘了大害 ᠠᠵᡳᡤᡝ ᠠᡳᠰᡳ ᡳ ᡨᡠᡵᡤᡠᠨᡩᡝ ᠠᠮᠪᠠ ᠵᠣᠪᠣᠯᠣᠨ ᠪᡝ ᠣᠩᡤᠣᡥᠣ

ᠰᡳᡴᠰᡝ ᡝᠮᡠ ᡤᡠᠴᡠ ᡩᡝ ᡠᠴᠠᡵᠠᡥᠠ ᡨᡠᡵᡤᡠᠨᡩᡝ ᡝᠪᠰᡳ ᠵᡳᡥᡝᡴᡡ᠉

昨日因為遇見了一箇朋友沒得往這裡來 ᠣᡶᡳ

ᡨᡠᡵᡤᡠᠨᡩᡝ 之意因為緣故講　接字一定用 ᡳ ᠨᡳ ᡳ ᠪᡝ 俱全

的時候有不陞的麼

果然一拿步兒的當差

接字不離　與

如何辦理的時候纔好

好了就來了

因爲你專心纔這樣教你

因爲他差使上勤保了他了

摟字整字之外

若是多多的寫手有不

之字講若是

然行得去

凡事合着理行的時候自

得真材的

如此挑選的時候沒有不

[illegible] 之字講時候　接字必用 [illegible] 與 [illegible]

若是好學終須可成 [illegible]

若是可以遵著還好 [illegible]

[illegible]

他果然怕自然再不敢這樣 [illegible]

熟的麼 [illegible]

將歇了一歇就去了

將說了給又說不給

使令的口氣接　漢文的意思是將一

風息了的時候再去

見了他時候說我問好

等着起了身的時候再商量

隨上聯寫去　雖然每日學沒甚見長

之意也同此

昨日去的雖遲了些還赶上了

與　亦可　人雖聰明不好學

之字是雖然　接字整字之外

雖然認識他不知他的品行如何

雖然念書不認得字

之意也講雖然 下文意壞方用得

雖然每日當差得空兒還看書

或者又當去罷講　甯可之字無移挪

之意是使令　就是之字也繙得

縱然要了有什麼趣兒

他雖聽見也不懂得

之意講雖然　縱然之字也繙得

不念父母愛子的心麼

就是不知孝父母也

就是不得空兒亦該告訴我

妥妥當當的預備

早早的回來

前日他行的太不是了雖然那樣其中也有箇緣故

是雖然那樣講　上文已斷方用得

由他去罷　由他說去罷

甯可不得也不可妄求

甯可終歲不讀書不可一日近小人

見記了名了

我昨日看他去說沒在家

前日引

俱將時後已然未然說

那箇事他前日已經應了我不告訴你使得麼

之意是這上頭那上頭　承上接下也用得

不說而已一說必有可聽之處

之意將時候　內有將一的意思方用得

正要去下起雨來了

謹慎上加謹慎

小心上加小心

之字是上頭與而且接字整字之外

那上頭關係的很重

十五

天上有飛禽

字若作有字用 實字之下必用

屋裡無人

街上沒有來往行走的人

之字講無字 實字之下必用

富而且貴

貧而且賤

地下有走獸

隨字添加須斟酌　打

上是下　是被字

他尚且不肯聽怎麼能行呢

我尚要求教不來的理有麼

之意講尚且　上文必須用

ᠪᡠ之字是在字　單寫聯寫一樣

昨日已經叫他們都交了 ᠰᡳᡴᠰᡝ ᡝᠮᡤᡝᡵᡳ ᠴᡝ ᠪᡝ ᡤᡝᠮᡠ ᠠᡶᠠᠪᡠᡥᠠ

叫他送到那裡去 ᡨᡝᡵᡝᠪᡝ ᡨᡠᠪᠠᡩᡝ ᠪᡝᠨᡝᠪᡠ　交 ᠠᡶᠠᠪᡠ

隨字添加須斟酌　送 ᠪᡝᠨᡝᠪᡠ

被人奪去 ᠨᡳᠶᠠᠯᠮᠠ ᡩᡝ ᡩᡠᡵᡳᠮᠪᡠᡥᠠ　上ᡩᡝ下ᠪᡠ是教字

被人打了 ᠨᡳᠶᠠᠯᠮᠠ ᡩᡝ ᡨᠠᠨᡨᠠᠪᡠᡥᠠ　奪 ᡩᡠᡵᡳᠮᠪᡳ

二

人呀當以孝弟為本

聖人者百代之師也

上是整字 方用得

在家裡麼 之字是呀者

全在乎自已吧嗐

昨日他的話説斷悞不得皆因是大人們還要見面呢

也作應文將上文托

下文嘗應與

有處或應與

之意是説了的與所謂

學者是效法前人之善也

所謂孝子者說的是能盡心竭力以養父母也

前日他說不管因為那箇事他管不得

之意是已說了　總將上文說字托

人的話呀

俗語說的眼見是實耳聽是虛說的是不可胡信傍

詩云如切如磋如琢如磨此蓋言君子自修之功也

學自有可樂之處

子曰學而時習之不亦說乎看起這箇來如果專心

二

說他罵不及没用取他的名子

昨日說你必來白等了一日

之意是說着　承上接下用處多

二十

之意是豈但　接字整字之外用　亦可

與其向人爭不如作個情面

與其閒曠不如讀書

之意是與其　接字不離

況且我前日到了那裡合他說來

況且我終日不得暇

之意是況且

漢文的次序調不得

豈但能寫還會繙呢

豈但不念書馬步箭也不學

[Manchu]之字講恐怕　往下接字必用[Manchu]

將出去就看見了　[Manchu]

將生下來就睜開眼了　[Manchu]

將作官就行賄賂　[Manchu]

[Manchu]　三箇字　俱講將一一樣說

[Manchu]

怕你來我没往别處去

隨上聯寫去 來

也是恐怕字

恐怕不是對兒没有往他比較

恐怕今日不得空兒所以昨日去了

之字講若是

倘或問我的時候怎麼答應

倘或不得空兒就不來了

之意是倘或

下文必應 與

恐怕告訴他纔這樣囑咐

能事奉長上

之意是能字　接字一定必用

你若這樣說的時候他豈不應承呢

下文也應　與　你若不管斷不能成就

ᠣᠮᠪᡳ 之字是該當　接字一定必用 ᠴᡳ

可以説得是個好人 ᠰᠠᡳᠨ ᠨᡳᠶᠠᠯᠮᠠ ᠰᡝᠴᡳ ᠣᠮᠪᡳ

看他的光景還可以信得 ᡨᡝᡵᡝᡳ ᠠᡵᠪᡠᠨ ᠪᡝ ᡨᡠᠸᠠᠴᡳ ᡥᠣᠨᠣ ᠠᡴᡩᠠᠴᡳ ᠣᠮᠪᡳ

接字一定必用 ᠮᡝ

能好 ᠰᠠᡳᠨ ᠣᠮᡝ ᠮᡠᡨᡝᠮᠪᡳ　ᠮᡠᡨᡝᠮᠪᡳ 之意是可以

能孝父母 ᠠᠮᠠ ᡝᠮᡝ ᠪᡝ ᡥᡳᠶᠣᠣᡧᡠᠯᠠᠮᡝ ᠮᡠᡨᡝᠮᠪᡳ

下文多用 ᠮᡝ 字托　他豈不知道呢 ᡳ ᠰᠠᡵᡴᡡ ᠨᡳᠣ ᠮᡝ

問他作什麼 [illegible] ᠠᡳᠨᠠᠮᠪᡳ　ᠰᠠᡵᡴᡡ 之意是豈字

往那裡去作什麼 ᡨᡠᠪᠠᡩᡝ ᡤᡝᠨᡝᡶᡳ ᠠᡳᠨᠠᠮᠪᡳ

ᠠᡳᠨᠠᠮᠪᡳ 之字是作什麼　接字一定必用 ᠨᡳ

昨日就該去來着 ᠰᡳᡴᠰᡝ ᡠᡨᡥᠠᡳ ᡤᡝᠨᡝᠴᡳ ᠠᠴᠠᠮᠪᡳᡥᡝ

該當回大人們知道 ᡤᡝᠨᡝᡶᡳ ᠠᠮᠪᠠᠰᠠ ᡩᡝ ᠠᠯᠠᠪᡠᠴᡳ [illegible] ᠠᠴᠠᠮᠪᡳ

說是再若這樣打了之外還叫跪着呢

除此之外還有別的事麽

接字一定必用

再別那樣

之字是外字

下文必托

別往那裡去

豈肯這樣行呢

之意講別字

每次 ᠮᡠᡩᠠᠨ ᡩᠠᡵᡳ 每年 ᠠᠨᡳᠶᠠᡩᠠᡵᡳ 每月 ᠪᡳᠶᠠᡩᠠᡵᡳ 每日 ᡳᠨᡝᠩᡤᡳᡩᠠᡵᡳ

ᡩᠠᡵᡳ 之字講每字 按字整字之外 [illegible] 與 [illegible]

從通州往天津去 ᡨᡠᠩ ᠵᡝᠣ ᠴᡳ ᡨᡳᠶᠠᠨ ᠵᡳᠨ ᡩᡝ ᡤᡝᠨᡝᠮᠪᡳ

從窗户裡往外看 ᡶᠠ ᠴᡳ ᡨᡠᠯᡝ ᡨᡠᠸᠠᠮᠪᡳ

ᠴᡳ 之字是從由 比 ᠴᡳ 實在有着落

[illegible]

白像行不得
之意講白字　漢文的次序調不得
人人　事事　樣樣
之意也講每字　上是整字方用得
每到三年
每逢搽演的日子必早早的去

不識怎麼樣的好

之字講不識　下托問的口氣無移挪

好像勒肯他

之意是好像　下文須托　與

白喫錢糧不當差使心裡也安麼

是既然字

憑他怎麼自然有個一定的理

總而言之進也不是退也不是

之字是總而言之　總統上文歸總說

不識是這樣麼

作官的麼

果能專心學本事則學問一日比一日長日後有不

既然事父母孝事長上恭有不能以忠事君的麼

由功至效方用得

你既然要學我巴不得兒教你

既然讀書自然知理

之字是既然

接字一定必用

[illegible] 之字是想來　下文必應 [illegible] 與 [illegible]

原來情由如此我竟不知道 [illegible] [illegible] [illegible] [illegible] [illegible] [illegible] [illegible]　[illegible] 之字是原來

僅両門牌 [illegible] [illegible] [illegible] [illegible] [illegible]

此內獨他好 [illegible] [illegible] [illegible] [illegible] [illegible] [illegible]

寡俗們幾個人 [illegible] [illegible] [illegible] [illegible]

[illegible] 之意講寡字　獨字僅字也繙得

未知其故耶

夫子聖者歟

兩箇字　疑而未定之辭方用得

想來必往那裡去了

想是沒得空兒不然怎麼沒有來

給他就完了

是完了與而已　接字一定必用

皆因是知心的朋友纔這樣勸罷咧

若是那樣好罷咧

之字是罷咧　接字整字之外硬字方用得

矣

學繙譯的道理沒有別的方法多記多念而已

漢意如講已完了　接字自可不用

是已完了與而已矣　接字一定必用

不學而已若學就該用心

ᠠᡳᠪᡳ 之字講怎麼 下文多用ᠠᡳ字托

他尚且不能況我乎 ᡨᡝᡵᡝ ᡥᠣᠨᠣ ᠮᡠᡨᡝᡵᠠᡴᡡ ᠪᠠᡩᡝ ᠪᡳ ᠠᡳ ᡥᡝᠨᡩᡠᡵᡝ

ᡨᠠᠴᡳᡴᡡᡩᡝ ᠪᡝ ᡥᠣᠨᠣ ᠪᡳ ᠠᡳ ᡥᡝᠨᡩᡠᡵᡝ

學房裏尚且怕去何用說學 ᡨᠠᠴᡳᡵᡝ ᠪᡝ ᡤᡝᠯᡝᡵᡝ ᠪᡝ ᡩᡝ

ᠪᡳ ᠠᡳ ᡥᡝᠨᡩᡠᡵᡝ 是何用說 況乎之字也講得

ᠰᡝᠮᡝ ᠠᡳᠪᡳ ᡥᡝᠨᡩᡠᡵᡝ ᠪᡝ ᡨᠠᠴᡳᡵᡝ

若不用心練進了怎麼能好

怎麼樣的時候纔好

之字也講怎麼　下文多用字托

怎麼沒有告訴我

怎麼不往這裡來

如飛的跑了來了

父母之德天地一樣

似此之人

像在那裡會過是的

接字 字之外硬字方用得

俱講像似樣與如

所有的東西

之字也講所有

比先益發發了福了

之字是益發與所有

讀書特為明理

為你很操了心了

之意講因為

接字

字之外

雖學十年

雖然認得字

之字講雖然　下文必托　與

自然要行走　果得

之字是自然　下文必用字托

隨上聯寫去　所有走的地方

直到亮的唱 ᡤᡝᡵᡝᠨᡨᡝᠯᡝ ᡠᠴᡠᠯᡝᠮᠪᡳ。

ᡨᠠ ᡨᡝ之意講去字

俱講直到一樣説

直到飽的喫 ᡝᠪᡳᡨᡝᠯᡝ ᠵᡝᠮᠪᡳ。

少少的念 ᡴᠣᠮᠰᠣᡴᠣᠨ᠈ ᡥᡡᠯᠠᠮᠪᡳ。

ᡨᠠᠯᠠ ᡨᡝᠯᡝ與ᡨᠣᠯᠣ。

多多的寫 ᠯᠠᠪᡩᡠᡴᠠᠨ᠈ ᠠᡵᠠᠮᠪᡳ。

慢慢的走 ᡝᠯᡥᡝᡴᡝᠨ᠈ ᠶᠠᠪᡠᠮᠪᡳ。

ᡴᠠᠨ ᡴᡝᠨ ᡴᠣᠨ之意是些微

往下接字必用᠈

雖然會寫不會繙 ᠠᡵᠠᠮᡝ ᠮᡠᡨᡝᠴᡳᠪᡝ ᡠᠪᠠᠯᡳᠶᠠᠮᠪᡠᠮᡝ ᠮᡠᡨᡝᡵᠠᡴᡡ

見　來見

察　來察　喫　來喫

隨字添加須斟酌　看　來看

見　去見　字之意講來字

察　去察　喫　去喫

隨字添加須斟酌　看　去看

一齊興起 係

一齊幫助 係

大家站立 係

大家頑耍 係

與

大家之意內含着

漢子們、兄弟們、

哥哥們、

帝王們

朋友們、

與

俱講們字一樣說

儘着叩頭　挪移　儘着挪移

貪戀　儘着貪戀　叩頭

四個字　儘着之意內含着

字法舉一歌

目　録

導讀

王　碩

零　引言

《字法舉一歌》（*Zi Fa Giui I -I Bithe*），又名《滿漢合璧字法舉一歌》（*Manju Nikan Hergen Kamqifi Aqabure Zi Fa Giui I -I Bithe*），全一册，卷首有序，卷尾有跋。該書是清末出版的一部較爲重要的滿漢合璧滿語語法及滿漢翻譯理論著作。該書由京都文寶堂於光緒乙酉年（1885）刊行，又有京都隆福寺鏡古堂盜版者。徐隆泰撰，長白承蔭、蒙古壽榮校對。無論著者還是校者，均是清末無名之人，在歷史上未留下什麼痕迹。現有研究中，雖有如《論滿文翻譯觀》[1]等論文提及該書，但尚未見對該書著、校及内容的全面考述。

一　編著校等人員

據本書序、跋及相關文獻，我們可知本書從發源到撰寫再到謄抄、校對、付梓，共涉及十人，他們分别是：①全輯五、②徐隆泰、③廉浦旌、④萬福、⑤壽榮、⑥承蔭、⑦季中、⑧慶泰、⑨錫祉、⑩錫祐。這十人在本書的形成過程中所起作用不盡相同，列表如下：

1　吴雪娟，論滿文翻譯觀，《滿語研究》，2015年第2期，第29-35頁。

編號	姓名	字號	身份、籍貫	所起作用	備注
①	全～	号輯五	籍貫不詳	發源集注虛字歌，確定體例、規則	因病未撰寫
②	徐隆泰	字沃田	金州籍漢軍旗人	通過回憶，重新集注編	未予以刊行
③	廉～	号浦旌	籍貫不詳	介紹萬福給徐隆泰認識	
④	名萬福	字厚田	蒙古旗人	鼓勵徐隆泰補充自己著作的不足之處	《清文虛字指南編》作者
⑤	壽榮	字耀庭	蒙古旗人	抄録、校對、出版	
⑥	承蔭	字佩先	滿洲旗人	抄録、校對、出版	
⑦	徐季中	字蔭汀	金州籍漢軍旗人	抄録、整理	
⑧	慶泰	字體元	不詳	抄録、整理	
⑨	錫祉	字子如	不詳	抄録、整理	
⑩	錫祐	字贊廷	不詳	抄録、整理	

通過序、跋可知，該書的成書過程大致如下：

作者徐隆泰的老師全輯五，多年前想編寫一本滿語語法著作，但是由於健康和年齡原因未能撰寫，不過在謝世前已經確立了基本體例，即爲了方便學生學習語法，以歌訣的形式來呈現。其基本理論還是受漢語傳統的虛字理論影響的傳統滿語語法理論。

但徐隆泰是一名低級官員，他每日忙於工作，三十餘年未能實現老師的夙願。直到清光緒七年（1881）他退休後開始教授自己的次子徐季中及

1　奉寬，清文字法舉一歌提要，《續編四庫全書總目提要》（第六卷），齊魯書社，1996年，第141頁。

朋友的孩子滿語文，纔將當年全輯五所傳授的歌訣加以回憶、整理并補充注釋，最後形成了本書的草稿。但是由於性格的原因，他擔心這本書會受到非議，所以一直不肯出版，直到他的朋友廉浦旌將厚田（萬福）介紹給他。

厚田（萬福）與徐隆泰結識後，將其著作《清文虛字指南編》拿給徐隆泰审讀，獲得了徐隆泰的贊賞。厚田（萬福）同時也閱讀了徐隆泰的書稿，他認爲這部書稿很有出版價值，於是建議徐隆泰將其出版。同時，徐隆泰的學生壽榮、承蔭又從中鼓勵、推動，徐隆泰才答應出版此書。

之後的整個出版過程，應該主要是由壽榮主持的。徐隆泰的次子徐季中、壽榮友人慶泰及其二子錫祉、錫祐負責整理、抄録工作。本書出版的推動者承蔭也參與了整理、抄録工作。

可見，在當時北京地區的旗人社會中，存在着一個以師生、親友關係爲紐帶的滿語文研究群體，該群體主觀上以應對翻譯科舉考試或參加文官揀選爲目的，但客觀上促進了滿語語法的研究和探索，并形成了若干經典作品，爲後世研究當時的滿語文面貌留下了一份寶貴的資料。

二 本書結構與内容

本書分爲序、目録、正文、跋四部分，其中正文涉及虛字用法、固定搭配、翻譯理論、音變規則等内容。和清代大部分語法、虛字類書籍一樣，本書在對以上各部分的編輯中也存在相互混雜的現象。其具體内容大致可歸納如下：

（1）1—3：序

（2）1—2：目録

（3）1—76：正文

①1—51：滿語詞法

②52—76：翻譯理論，涉及固定搭配及音變規則

（4）76—77：跋

如果用今天的語言學視角來看，本書的編撰未免有些粗糙，但我們不能求全責備，應著眼于用現代語言學的理論看待該書，對此類圖書進行新

的解讀。通過這本書，一方面我們可以了解到當時人對於滿語語法體系的理解，另一方面也爲我們今天的滿語語法研究提供新的材料與思路。

本次整理，我們主要參照了德國柏林國家圖書館所藏的文寶堂本，受客觀條件所限，此次影印部分未能採用，本書後附影印本爲北京大學圖書館藏鏡古堂殘本。

重排本

如祉錫贊廷祐　先生之次子季蔭汀中分司筆

益於漢後以此書授諸承佩先蔭讀彼亦與予同志乃力請梓行　先生不獲已以原稿相付且有慶體元泰率二子錫子

先生不可後榮復理舊業覺腕下胸中發揮指趣於八股者深得舉一歌字法之力也則此歌之作不第有益於滿而且有

玩索既久深信良然竊惜其如此苦心久湮窗下故敢請付剞劂

聖諭廣訓入手以其大法二書具備故予注此歌專以二書爲證誠能熟此翻譯之堂可登口頭問答話條亦括其内矣榮

一歌一書發明用字之法窗下課讀多所成就榮入門時即以此歌授之曰學翻譯者無不從四書

漢學滿受業於　金州徐沃田先生之門　先生賦性孤介不合時宜甘屈下吏老隱書田每以翻譯入門不易嘗著舉

八股者榮家世守之業也榮將舞勺於山右隨任時即攻習之旋因　家大人捐館從此家務多艱以致前業荒廢乃棄

序

京都隆福寺鏡古堂發兑

字法舉一歌

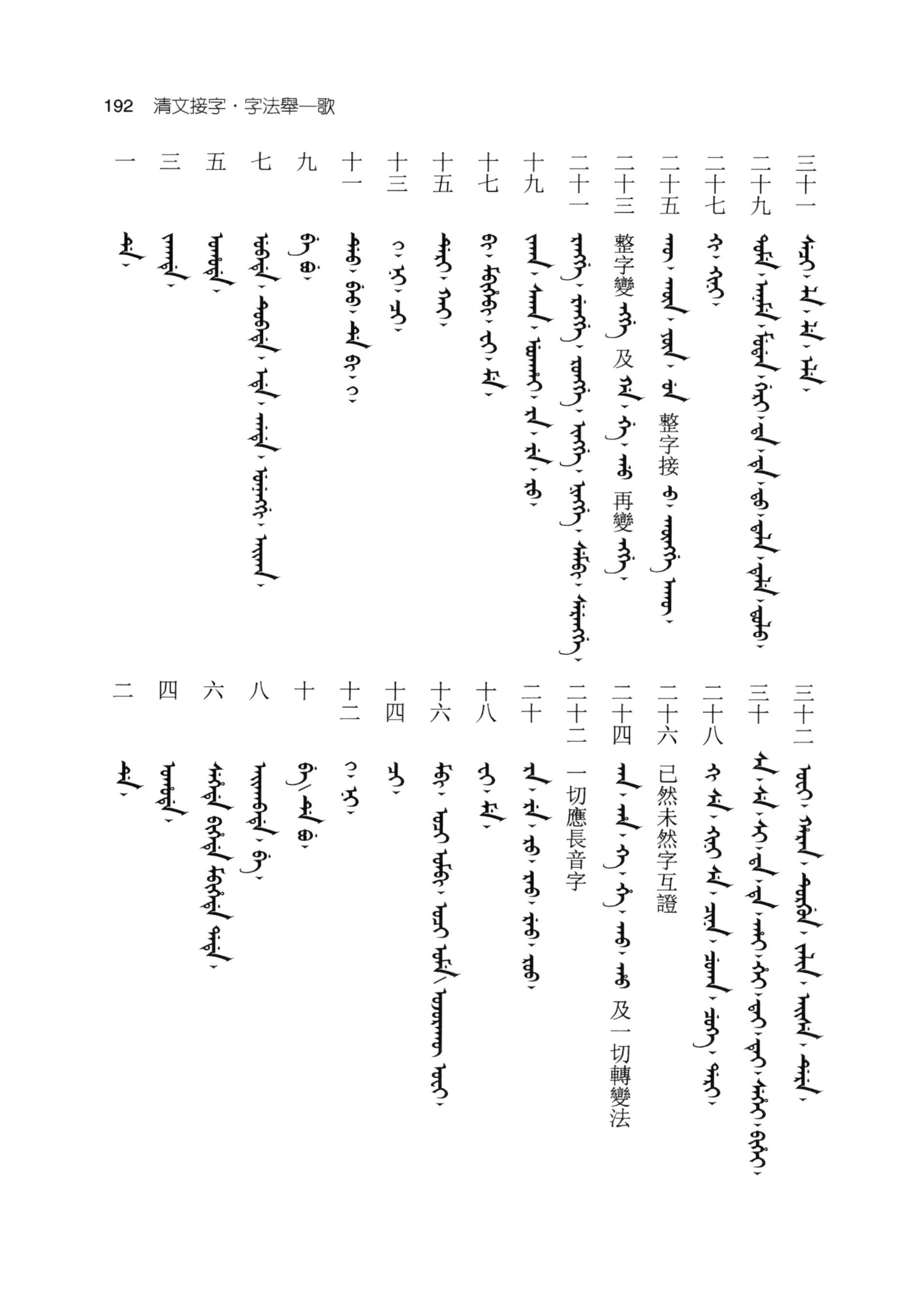

三十一 [illegible]

二十九 [illegible]

二十七 [illegible]

二十五 [illegible] 整字接 [illegible]

二十三 整字變 [illegible] 及 [illegible] 再變 [illegible]

二十一 [illegible]

十九 [illegible]

十七 [illegible]

十五 [illegible]

十三 [illegible]

十一 [illegible]

九 [illegible]

七 [illegible]

五 [illegible]

三 [illegible]

一 [illegible]

三十二 [illegible]

三十 [illegible]

二十八 [illegible]

二十六 已然未然字互證

二十四 [illegible] 及一切轉變法

二十二 一切應長音字

二十 [illegible]

十八 [illegible]

十六 [illegible]

十四 [illegible]

十二 [illegible]

十 [illegible]

八 [illegible]

六 [illegible]

四 [illegible]

二 [illegible]

六十一 翻法取意

六十二 翻法倒装

五十九 翻法減增法

六十 翻法正翻法

五十七 翻法本地風光

五十八 翻法減增法

五十五 翻法解題

五十六 翻法本地風光

五十三 實變虛。虛變實。[illegible]

五十四 微略。形容

五十一 插腰字

五十二 插腰字

四十九 使令字

五十 插腰字

四十七 [illegible]

四十八 [illegible] 套述

四十五 [illegible]

四十六 [illegible]

四十三 [illegible]

四十四 [illegible]

四十一 [illegible]

四十二 [illegible]

三十九 [illegible]

四十 [illegible]

三十七 [illegible]

三十八 [illegible]

三十五 [illegible]

三十六 [illegible]

三十三 [illegible]

三十四 [illegible]

七十七　體例

七十五　體例

七十三　體例

七十一　翻法體例

六十九　翻法起承轉合。斷連法

六十七　翻法名山高阜。起承轉合

六十五　翻法論氣脉

六十三　翻法論整破字

七十六　體例

七十四　體例

七十二　體例

七十　翻法斷連法。體例

六十八　翻法理弊功效

六十六　翻法論間架

六十四　翻法論氣脉

○ᠶᠠᠪᡠᡵᡝ ᡶᡠᠨᠴᡝᡥᡝ ᡥᡡᠰᡠᠨ ᡩᡝ［時候則字］᠉ ᠪᡳᡨᡥᡝ ᠪᡝ ᡨᠠᠴᡳᠮᠪᡳ᠈ 行有餘力。則以學文。

○ᠨᡳᠶᠠᠯᠮᠠ ᠠᠵᡳᡤᠠᠨ ᡩᡝ［時候字則字］᠉ ᠠᠮᠠ ᡝᠮᡝ ᡤᡡᠨᡳᠮᠪᡳ᠈ 人少則慕父母。

○ᠪᡳ ᡨᠣᡶᠣᡥᠣᠨ ᠰᡝ ᡩᡝ［時候字］᠉ ᡨᠠᠴᡳᠨ ᡩᡝ［于字］ᠮᡠᠵᡳᠯᡝᡥᡝ᠈ 吾十有五。而志于學。

○ᠪᡳᡤᠠᠨ ᡩᡝ［外字］ᠰᡠᠯᠠ ᠪᠠ ᠠᡴᡡ᠈ ᡥᠣᡨᠣᠨ ᡩᡝ［內字］ᠰᠠᠯᡳᠰᡳ ᡳᡵᡤᡝᠨ ᠠᡴᡡ᠈ 野無曠土。邑無游民。

○ᡥᡡᠴᡳᠨ ᡩᡝ［內字］ᡤᠣᠰᡳᠨ ᠪᡳ᠈ 井有仁焉。

○ᡳᠯᡳᠴᡳ ᡩᡠᠯᡳᠮᠪᠠᡩᡝ［下字］ᡳᠯᡳᡵᠠᡴᡡ᠈ 立不中門。

○ᠠᠪᡴᠠ ᡩᡝ［上字］ᠵᡠᠸᡝ ᡧᡠᠨ ᠠᡴᡡ᠈ ᡳᡵᡤᡝᠨ ᡩᡝ［間字］ᠵᡠᠸᡝ ᡥᠠᠨ ᠠᡴᡡ᠈ 天無二日。民無二王。

神亦是他。

ᡩᡝ 義深長用處多。「上」「下」「內」「外」「時候」「則」。「給」「與」「在」「于」「間」「處」「往」。「日」字虛

○此二十字用法神情大宜領會。爲初學入手工夫。

ᡳ᠈ ᠴᡳ᠈ ᠨᡳ᠈ ᠮᡝ 與 ᡩᡝ᠈ ᠪᡝ᠈ ᠪᡳ᠈ ᠪᡠ᠈ ᠴᡳ᠈ ᡩᡝ᠈ ᡨᡝ᠈ ᡨᡝ᠈ ᠪᡠ᠈ ᡨᡝ᠈ ᡨᡝ᠈ ᠨᡝ᠈ ᠨᡝ᠈ ᠮᡝ᠈ ᠮᡝ᠈ ᠪᡳ 二十個字要明白。

歌約三千有奇之字。叶韵順口。旬月可熟且讀且解。不經年則了然矣。

清文字法舉一歌。觸類旁通可悟百。翻譯雖深由此入。功多力省便初學。

長　白承蔭佩先　較刊

金州隆泰沃田徐氏著　受業蒙古壽榮耀庭　較正

清文字法舉一歌

内含 ᡩᡝ 義休加者。[illegible], [illegible], [illegible], [illegible],

○ᡩᡠᡳᠨ ᡝᡵᡳᠨ ᠶᠠᠪᡠᠮᠪᡳ, 四時行焉。

○ᡳᠨᡝᠩᡤᡳ ᡝᠯᠪᡝᠨ ᡤᠠᠨᠠᡶᡳ, ᡩᠣᠪᠣᡵᡳ ᡶᡠᡨᠠ ᡨᠣᡴᠣᠮᠪᡳ, 晝爾于茅。宵爾索綯。

○ᡳᠯᠠᠨ ᠪᡳᠶᠠ, ᡝᠵᡝᠨ ᠪᠠᡥᠠᡴᡡ ᠣᠴᡳ, ᡤᠠᠰᠠᠮᠪᡳ, 三月無君則吊。

○ᡝᠯᡤᡳᠶᡝᠨ ᠠᠨᡳᠶᠠ, ᠪᡝᠶᡝ ᠸᠠᠵᡳᡨᠠᠯᠠ ᡝᠪᡳᠮᠪᡳ, ᡥᠠᠵᡳ ᠠᠨᡳᠶᠠ, ᠪᡠᠴᡝᡵᡝ ᠴᡳ ᡤᡠᠸᡝᠮᠪᡳ, 樂歲終身飽。凶年免於死亡。

「年」「月」「日」「時」「無」「於」「在」。但非轉下莫接 ᡩᡝ,

○ᠪᡳᠶᠠᡳ ᡳᠴᡝ ᡩᡝ[日字]: ᡠᡵᡠᠨᠠᡴᡡ ᡩᠣᡵᠣᡳ ᡝᡨᡠᡴᡠ ᡝᡨᡠᡶᡳ ᡥᠠᡵᡤᠠᡧᠠᠮᠪᡳ, 吉月必朝服而朝。

○ᠴᡳ ᡳ ᠴᡳ ᡤᡠᡵᡠᠨ ᡩᡝ[往字] ᡤᡝᠨᡝᡵᡝ ᡩᡝ[時候字]: ᡨᠠᡵᡥᡡᠨ ᠮᠣᡵᡳᠨ ᠶᠠᠯᡠᡶᡳ, ᠸᡝᡳᡥᡠᡴᡝᠨ ᡶᡠᡵᡩᡝᡥᡝ ᡝᡨᡠᡥᡝᠪᡳ, 赤之適齊也。乘肥馬。衣輕裘。

○ᠠᠮᠪᠠᠰᠠ ᠰᠠᡳᠰᠠ ᡠᠪᠠᡩᡝ[於字處字] ᡳᠰᡳᠨᠵᡳᡵᡝᠩᡤᡝ ᠪᡝ, ᠪᡳ ᠠᠴᠠᡥᠠᡴᡡᠩᡤᡝ ᠠᡴᡡ, 君子之至於斯也。吾未嘗不得見也。

○ᠶᠣᠣ ᡥᠠᠨ ᠠᠪᡴᠠᡳ ᡶᡝᠵᡝᡵᡤᡳ ᠪᡝ, ᡧᡠᠨ ᡩᡝ[給與字] ᠪᡠᡥᡝᠩᡤᡝ, ᠪᡳᡥᡝᠨᡳᠣ, 堯以天下與舜。有諸。

字之則緊於 ᠣᠴᡳ。

○ᡝᠮᡠ ᡳᠨᡝᠩᡤᡳ ᡳᠯᠠᠨ ᠵᡝᡵᡤᡳ ᠪᡝ ᡠᡶᠠᡵᠠᡵᠠ ᡩᡝ[時候則字]: ᠸᠠᠯᡳᠶᠠᠮᠪᡳᠣ, ᠠᡴᡡ, 一日而三失伍。則去之否乎。按 ᡩᡝ

○ᠶᠣᠣ ᡳ ᠵᡠᡳ ᡳ ᠵᠠᡴᠠᡩᡝ ᡤᡝᠨᡝᡵᠠᡴᡡ᠈ ᡧᡠᠨ ᡳ ᠵᠠᡴᠠᡩᡝ ᡤᡝᠨᡝᠮᠪᡳ᠈ 不之堯之子而之舜。

○ᠪᡳ ᠶᠣᠣ ᡧᡠᠨ ᡳ ᡩᠣᡵᠣ ᠸᠠᡴᠠ ᠣᠴᡳ᠈ ᡤᡝᠯᡥᡠᠨ ᠠᡴᡡ ᠸᠠᠩ ᠨᡳ ᠵᠠᡴᠠᡩᡝ ᡤᡳᠰᡠᡵᡝᡵᠠᡴᡡ᠈ 我非堯舜之道。不敢以陳於王前。

ᠵᠠᡴᠠᡩᡝ 又作「根前」解。頭上 ᡳ ᠨᡳ 少不得。

○ᡤᡳᠨ ᡥᡳᠶᠠᠰᡝ ᠪᡝ ᡤᡳᠩᡤᡠᠯᡝᡵᡝ᠈ ᡴᡝᠮᡠᠨ ᡩᡠᡵᡠᠨ ᠪᡝ ᡴᡳᠮᠴᡳᡵᡝ᠈ ᠸᠠᠯᡳᠶᠠᡥᠠ ᡥᠠᡶᠠᠨ ᠪᡝ ᡩᠠᠰᠠᡵᠠ ᠵᠠᡴᠠᡩᡝ᠈ ᡩᡠᡳᠨ ᡝᡵᡤᡳ ᡩᠠᠰᠠᠨ ᠶᠠᠪᡠᡥᠠᠪᡳ᠈ 謹權量。審法度。脩廢官。四方之政行焉。

○ᠪᡳ ᠰᠠᡴᡩᠠᡴᠠ ᠪᠠᡳᡨᠠᠯᠠᠮᡝ ᠮᡠᡨᡝᡵᠠᡴᡡ ᠰᡝᡥᡝ ᠵᠠᡴᠠᡩᡝ᠈ ᡴᡠᠩᡩᡯᡳ ᠶᠠᠪᡠᡥᠠ᠈ 吾老矣。不能用也。孔子行。

「因爲」「時候」ᠵᠠᡴᠠᡩᡝ。未然轉入已然説。故用 ᡥᠠ ᡥᡝ ᡥᠣ 字照。煞尾須加 ᡥᠠ ᡥᡝ ᡥᠣ᠉

○ᠪᡝᠶᡝ ᠪᠣᠯᡤᠣ ᡩᡝ ᠠᠴᠠᠨᠠᡥᠠ᠈ ᠸᠠᠯᡳᠶᠠᡥᠠᠩᡤᡝ ᡨᠣᠣᠰᡝ ᡩᡝ ᠠᠴᠠᠨᠠᡥᠠ᠈ 身中清。廢中權。

○ᡨᠣᠨᡩᠣ ᡤᡳᠯᠵᠠᠨ ᡩᡝ ᠸᠠᠵᡳᡥᠠᠪᡳ᠈ 忠恕而已矣。

○ᡤᡡᠸᠠ ᡤᡠᡵᡠᠨ ᡩᡝ ᡳᠰᡳᠨᠠᡥᠠ᠈ 至於他邦。

○ᡨᠠᠴᡳᡵᡝ ᡩᡝ ᠠᠮᡠᡵᠠᠩᡤᠠ᠈ ᠮᡝᡵᡤᡝᠨ ᡩᡝ ᡥᠠᠨᠴᡳ᠈ 好學近乎知。

按常法接托照應之字不勝枚舉。如遇變翻有不可過拘者。不止 ᡳ ᠨᡳ ᠴᡳ ᡩᡝ 數字已也。

如遇 ᡩᡝᠯᡝ᠈ ᡶᡝᠵᡳᠯᡝ᠈ ᡩᠣᠯᠣ᠈ ᡨᡠᠯᡝ᠈ 四字。上必加 ᡩᡝ 字。餘者宜著可不著。

○ᠪᡝᡨᡝᠨ᠈ ᡩᡝᠯᡝ ᠣᠯᡥᠣᠪᠣ ᠪᠣᡳᡥᠣᠨ ᠪᡝ ᠵᡝᠮᠪᡳ᠈ ᡶᡝᠵᡳᠯᡝ ᠰᡝᠪᡳᠶᡝᠨ ᠮᡠᡴᡝ ᠪᡝ ᠣᠮᡳᠮᠪᡳ᠈ 夫蚓上食槁壤。下飲黃泉。

○ᡩᠣᠯᠣ ᡠᠨᡝᠩᡤᡳ ᠣᠴᡳ᠈ ᡨᡠᠯᡝ ᡳᠯᡝᡨᡠᠯᡝᠮᠪᡳ᠈ 誠於中。形於外。

或加「整字」ᠴᡳ᠈ ᠪᡝ᠈ ᠰᡝ᠉

○ᠠᡩᠠᡵᠠᠮᡝ ᠣᡥᠣᡩᡝ᠈ ᡨᡝᠨᡳ ᡥᠠᡶᡠᠩᡤᠠ ᠰᡝᠴᡳ ᠣᠮᠪᡳ᠈ 何如斯可謂之達矣。

「揣度前文慮後語」。「怎樣的時候」ᠠᡩᠠᡵᠠᠮᡝ ᠣᡥᠣᡩᡝ᠉

○ᡠᡨᡨᡠ ᠣᡥᠣᡩᡝ᠈ ᠠᠪᡴᠠᡳ ᡶᡝᠵᡝᡵᡤᡳ ᡩᡝ ᠪᠠᡨᠠ ᠠᡴᡡ ᠣᠮᠪᡳ᠈ 如此。則無敵於天下。

「總束前文領後語」。「如此的時候」ᡠᡨᡨᡠ ᠣᡥᠣᡩᡝ᠉

人人親其親。長其長。而天下平。

○ᠨᡳᠶᠠᠯᠮᠠ ᡨᠣᠮᡝ ᡳᠨᡳ ᠨᡳᠶᠠᠮᠠ ᠪᡝ ᠨᡳᠶᠠᠮᠠᠰᠠᠮᡝ᠈ ᡳᠨᡳ ᡠᠩᡤᠠ ᠪᡝ ᡠᠩᡤᠠᠰᠠᠮᡝ ᠣᡥᠣᡩᡝ᠈ ᠠᠪᡴᠠᡳ ᡶᡝᠵᡝᡵᡤᡳ ᠨᡝᠴᡳᠨ ᠣᠮᠪᡳ᠈

道之以政。齊之以刑。民免而無耻。道之以德。齊之以禮。有耻且格。

○ᡩᠠᠰᠠᠨ ᡳ ᠶᠠᡵᡥᡡᡩᠠᠮᡝ᠈ ᡝᡵᡠᠨ ᡳ ᡨᡝᡴᠰᡳᠯᡝᠮᡝ ᠣᡥᠣᡩᡝ᠈ ᡳᡵᡤᡝᠨ ᠵᠠᡳᠯᠠᡵᠠ ᠪᡝ ᠪᠣᡩᠣᠮᡝ᠈ ᡤᡳᡵᡠᡵᡝ ᠪᡝ ᠰᠠᡵᡴᡡ᠈ ᡝᡵᡩᡝᠮᡠ ᡳ ᠶᠠᡵᡥᡡᡩᠠᠮᡝ᠈ ᡩᠣᡵᠣᠯᠣᠨ ᡳ ᡨᡝᡴᠰᡳᠯᡝᠮᡝ ᠣᡥᠣᡩᡝ᠈ ᡤᡳᡵᡠᡵᡝ ᠪᡝ ᠰᠠᠮᡝ ᡨᠣᠪ ᠣᠮᠪᡳ᠈

加ᠴᡳ用功效自至。未然順轉已然說。

○ᠨᡳᠩᡤᡠᠨ ᠨᠠᡩᠠᠨᠵᡠ ᠪᠠ᠈ ᡝᠪᡠᡵᡳ ᠰᡠᠨᠵᠠᠨᠵᡠ ᠨᡳᠩᡤᡠᠨᠵᡠ ᠪᠠ᠈ ᡴᡳᠣ ᠪᡝ ᡩᠠᠰᠠᠮᡝ᠈ ᡳᠯᠠᠨ ᠠᠨᡳᠶᠠ ᠣᠴᡳ᠈ ᡳᡵᡤᡝᠨ ᠪᡝ ᡝᠯᡤᡠᠮᡝ᠈ 方六七十。如五六十。求也爲之。比及三年。可使足民。

○ᠸᡝᡳ ᡳ ᡝᠵᡝᠨ ᠰᡝᡶᡠ ᠪᡝ ᠠᠯᡳᠰᡳ ᡩᠠᠰᠠᠨ ᡩᠠᠰᠠᡵᠠ ᠣᡥᠣᡩᡝ᠈ ᠰᡝᡶᡠ ᠠᠶᡳᠨᡳ ᡠᠵᡠ ᠣᠮᠪᡳ᠈ 衛君待子而爲政。子將奚先。

已然逆轉未然說。

「了」「的」「時候」ᠣᡥᠣᡩᡝ。承上起下法極多。ᠣᡥᠣ「了」「也」承上文。ᡩᡝ一轉起下文。加ᠴᡳ述前期後效。

之憂。不能造朝。

○ 昔者有王命。有采薪

「說過時候」

以至爲帝。無非取於人者。

○ 自耕稼陶漁。

或作「爲了」單寫著。

焉。

○ 仁人之於弟也。不藏怒焉。不宿怨

狗彘之畜。無失其時。七十者可以食肉矣。

○ 雞豚

至於子都。天下莫不知其姣也。不知子都之姣者。無目者也。

天下期於易牙。是天下之口相似也。惟耳亦然。至於聲。天下期於師曠。是天下之耳相似也。惟目亦然。

○ 至於味。

○

○

○

「這裏」「在此」[Manchu]「那裏」「在彼」[Manchu]

○[Manchu] 加之以師旅。因之以饑饉。牛羊又從而牧之。是以若彼濯濯也。

「上頭且又」[Manchu]

○[Manchu] 邦有道。貧且賤焉。恥也。邦無道。富且貴焉。恥也。

「上頭而且」用 [Manchu]

○[Manchu] 勤。則男有餘粟。女有餘帛。

○[Manchu] 欲有謀焉。則就之。

○[Manchu] 有一於此。里閈靡寧。

「上功下效」[Manchu]「纔此便彼」快如梭。

○[Manchu] 有妻子則慕妻子。

設言「倘有」亦翻得。

「有的時候」[Manchu]

○[Manchu] 試思一蹈法網。百苦備嘗。

又「恐其中有變」說。

上六義相類。下一義迥別。

七解二義總翻 ᠪᡝ᠉「把」「將」「以」「使」「令」「叫」「説」。

○ᠠᡳᡴᠠᠪᠠᡩᡝ ᠮᡳᠮᠪᡝ ᠪᠠᡳᡨᠠᠯᠠᡵᠠ ᠪᡳᠴᡳ᠈ ᠪᡳ ᡩᡝᡵᡤᡳ ᠵᡝᠣ ᠶᡝᠨᡩᡝᠪᡠᠮᠪᡳ᠉ 如有用我者。吾其爲東周乎。

○ᠠᡳᡴᠠ ᠮᠠᡴᡨᠠᡥᠠᠩᡤᡝ ᠪᡳᠴᡳ᠈ ᡠᡵᡠᠨᠠᡴᡡ ᠪᡝ ᠴᡝᠨᡩᡝᡥᡝ ᠪᡳᠴᡳ᠈ 如有所譽者。其有所試矣。

○ᠠᡳᡴᠠ ᠮᡠᠵᡳᠯᡝᠨ ᡤᠣᠰᡳᠨ ᡩᡝ ᠰᡝᡵᡝ ᠪᡳᠴᡳ᠈ ᡝᡥᡝ ᠠᡴᡡ ᡴᠠᡳ᠉ 苟志於仁矣。無惡也。

ᡠᠨᡝᠩᡤᡳ᠈ ᠠᡳᡴᠠ᠈ ᠠᡳᡴᠠᠪᠠᡩᡝ「誠然」「如」「倘」應 ᠴᡳ ᠪᡳᠴᡳ᠉

○ᡤᡳᠩᡤᡠᠯᡝᡵᡝᠩᡤᡝ᠈ ᡝᡩᡝ᠈ ᠪᡝᠩᠰᡝᠨᡝᡵᡝᠩᡤᡝ᠈ ᡨᡝᡩᡝ᠉ 所敬在此。所長在彼。

下爲煞尾應 ᠠᡴᡡ᠉

○ᠸᠠᠩ᠈ ᡝᡩᡝ ᡤᠠᡳᡨᠠᡳ ᠴᡳᡵᠠ ᠠᠯᠵᠠᡥᠠ᠉ 王勃然變乎色。

ᠪᡝᠶᡝ ᠪᡝ ᠪᡝ ᠪᡳᠰᡳᡵᡝ ᠠᠯᡳᠪᡠᡥᠠ᠉ 終身讓畔。不失一段。可知禮讓之有得而無失也如此。

○ᡝᡩᡝ ᡨᡠᠸᠠᠴᡳ ᠠᠨᠠᠪᡠᡵᡝ᠈ ᡨᡝᡩᡝ᠈ ᠪᠠᡥᠠ ᠪᠠᡳᡨᠠ᠈ ᡠᡵᠠᡥᡳᠯᠠᠮᡝ ᡨᡝᡩᡝ ᠪᡳᡥᡝ ᠠᡴᡡ ᠠᡴᡡ ᠮᡠᠴᡳᠪᡠᡥᠠ

上作「過文」解「于是」。

ᠸᠠᠩ ᡤᡳᠰᡠᡵᡝᠮᡝ᠈ 王曰吾惛。不能進於是矣。子是之學。亦爲不善變矣。

○ᡝᡩᡝ ᡝᡴᡝ ᠪᡝ ᡝᡩᡝ᠈ ᡝᡩᡝ [於此字] ᡨᡝᡩᡝ ᠪᡳᠰᡳᡵᡝᠩᡤᡝ᠈ ᡨᡝ ᠪᡳ ᡨᡝᡩᡝ [於彼字] ᠪᡳᠰᡳᡵᡝ᠈ ᡨᡝᡩᡝ ᠪᡳᠰᡳᡵᡝ ᠪᡳᠰᡳᡵᡝᠩᡤᡝ

「這上頭」「於此」用 ᡝᡩᡝ᠉「那上頭」「於彼」用 ᡨᡝᡩᡝ᠉

○ᡨᡝᡩᡝ ᠪᡳᠰᡳᡵᡝ᠈ ᡝᡥᡝᠰᡝᡵᡝ ᠠᡴᡡ᠈ ᡝᡩᡝ ᠪᡳᠰᡳᡵᡝ᠈ ᡠᡵᡠᠮᡝᠰᡝᡵᡝ ᠠᡴᡡ᠈ 在彼無惡。在此無斁。

○ᠸᡝᡳ ᡤᡠᡵᡠᠨ ᡳ ᡝᠵᡝᠨ᠈ ᠰᡝᡶᡠ ᠪᡝ〔以使令叫字〕ᡩᠠᠰᠠᠨ ᡩᠠ ᡳᠯᡳᠪᡠᡶᡳ ᡩᠠᠰᠠᠮᠪᡠᡵᡝ᠈ ᠰᡝᡶᡠ ᠠᡳ ᠪᡝ〔把將字〕ᠨᡝᠨᡝᠮᡝ ᠣᠪᡠᠮᠪᡳ᠈ 衛君待子而爲政。子將奚先。

應上收煞説「是也」。

○ᡥᡳᠶᠠᠩ ᠰᡝᡵᡝᠩᡤᡝ᠈ ᡠᠵᡳᡵᡝ ᠪᡝ᠈ ᡥᡳᠶᠣᠣ ᠰᡝᡵᡝᠩᡤᡝ᠈ ᡨᠠᠴᡳᠪᡠᡵᡝ ᠪᡝ᠈ ᠰᡳᠣᡳ ᠰᡝᡵᡝᠩᡤᡝ᠈ ᡤᠠᠪᡨᠠᠪᡠᡵᡝ ᠪᡝ᠈ 庠者。養也。校者。教也。序者。射也。

○ᡠᡨᡨᡠ ᡤᡳᠰᡠᡵᡝᠩᡤᡝ᠈ ᡨᡝᡵᡝ᠈ ᠵᡠᠩᡴᡳᠨ ᠰᡝᡳᡥᡝᠨ ᠪᡝ᠈ 何以言之。曰以追蠡。

鈞下發端「夫」「若」說。

○ᠵᠠᠯᠠᠨ ᡳ ᡶᡠᠯᡠᠨ ᠪᡝ᠈ ᡨᡝᠩ ᡤᡠᡵᡠᠨ ᠠᡳᡶᡳᠨᡳ ᠶᠠᠪᡠᠪᡠᡥᠠᠪᡳ᠉ 夫世禄滕固行之矣。

○ᡝᠨᡩᡠᡵᡳᠩᡤᡝ ᠪᡝ᠈ ᡴᡠᠩᡩᡯᡳ ᠠᠯᡳᠮᡝ ᡤᠠᡳᡥᠠᡴᡡ ᠪᠠᡩᡝ᠈ ᡝᡵᡝ ᠠᡳ ᡤᡳᠰᡠᠨ᠈ 夫聖。孔子不居。是何言也。

○ᠪᠠ ᠨᠠ ᠪᡝ ᠪᠠᡩᠠᡵᠠᠮᠪᡠᡵᡝ᠈ ᡳᡵᡤᡝᠨ ᠪᡝ ᡤᡝᡵᡝᠨ ᠣᠪᡠᡵᡝ ᠪᡝ᠈ 廣土衆民。君子欲之。所樂不存焉。

「體用」「申叙」無 ᠪᡝ 字。

○ᠪᡳᡨᡥᡝ〔體用〕ᡥᡡᠯᠠᠮᠪᡳ᠈ 讀書。

○ᠠᡳᠨᡠ ᡠᡵᡠᠨᠠᡴᡡ ᠪᡳᡨᡥᡝ〔申叙字〕ᡥᡡᠯᠠᡥᠠ ᠮᠠᠩᡤᡳ᠈ ᡨᡝᠨᡳ ᡨᠠᠴᡳᠨ ᠣᠪᡠᠮᠪᡳ᠈ 何必讀書然後爲學。

○ᡝᡨᡠᡴᡠ〔體用〕ᡝᡨᡠᠮᠪᡳ᠈ 穿衣。

○ᡶᡠᡩᡯᡳ ᠰᡳᠨᠠᡥᡳ ᡝᡨᡠᡥᡝ〔申叙字〕ᠨᡳᠶᠠᠯᠮᠠ ᠮᠠᡥᠠᠯᠠ᠈ ᡝᡨᡠᡴᡠ ᡝᡨᡠᡥᡝ〔申叙字〕ᠨᡳᠶᠠᠯᠮᠠ ᠪᡝ ᠰᠠᠪᡠᠴᡳ᠈ 子見齊衰者。冕衣裳者。

○ᠶᠠᡩᠠᡥᡡᠩᡤᡝ ᡩᡝ ᠵᡝᡨᡝᡵᡝᠩᡤᡝ ᠵᠠ᠉ ᡴᠠᠩᡴᠠᡥᠠᠩᡤᡝ ᡩᡝ ᠣᠮᡳᡵᡝᠩᡤᡝ ᠵᠠ᠉ 飢者易爲食。渴者易爲飲。

「無力給與」字腰著。

○ᡨᡠᠯᡤᡳᠶᡝᠨ ᡳ ᠪᡠ᠈ 與之庾。

○ᡥᡡᠯᡥᡳᠶᠠᠩᡤᠠ ᡳ ᠪᡠ᠈ 與之釜。

ᠪᡠ 字「使人給與」說。

○ᠮᡠᠵᡳᠯᡝᠨ ᠪᡝ ᡠᠵᡳᡵᡝ ᡩᡝ᠈ ᠪᡠᠶᡝᠨ ᠪᡝ ᡴᠣᠮᠰᠣᠯᠣᡵᠣᠩᡤᡝ ᠴᡳ ᠰᠠᡳᠨ ᠨᡳᠩᡤᡝ ᠠᡴᡡ᠈ 養心莫善於寡欲。

○ᡳᠨᡳ ᡝᠨᡩᡝᠪᡠᡴᡠ ᠪᡝ ᡴᠣᠮᠰᠣᠯᠣᠮᡝ ᡤᡡᠨᡳᠴᡳᠪᡝ᠈ ᠮᡠᡨᡝᡥᡝᡴᡠ᠈ 欲寡其過而未能也。

○ᠨᡳᠶᠠᠯᠮᠠ ᠪᡝ ᠸᠠᡵᠠ ᡩᡝ ᠠᠮᡠᡵᠠᠨ ᠠᡴᡡᠩᡤᡝ ᠪᡝ᠈ ᡝᠮᡠ ᠣᠪᡠᠮᡝ ᠮᡠᡨᡝᠮᠪᡳ᠈ 不嗜殺人者能一之。

○ᡠᡵᡠᠨᠠᡴᡡ ᡩᠣᡵᠣᡳ ᡝᡨᡠᡴᡠ ᠪᡝ ᡝᡨᡠᡶᡳ᠈ ᡥᠠᡵᡤᠠᡧᠠᠮᠪᡳ᠈ 必朝服而朝。

○ᠰᡳ ᠶᠣᠣ ᡳ ᡝᡨᡠᡴᡠ ᠪᡝ ᡝᡨᡠᠴᡳ᠈ 子服堯之服。

○ᡨᡝᡵᡝᡳ ᠪᡳᡨᡥᡝ ᠪᡝ ᡥᡡᠯᠠᠮᠪᡳ᠈ 讀其書。

作用有力句加 ᠪᡝ᠉

○ᡨᡝᡵᡝᡳ ᠨᡳᠶᠠᠯᠮᠠ ᠪᡠᠶᡝᠨ ᡴᠣᠮᠰᠣ[申叙字] ᠣᠴᡳ᠈ ᡠᡩᡠ ᡨᠠᡴᠰᡳᡵᠠᡴᡡᠩᡤᡝ ᠪᡳ ᠰᡝᠮᡝ ᡴᠣᠮᠰᠣ᠉ 其爲人也寡欲。雖有不存焉者。寡矣。

○ᡝᠨᡩᡝᠪᡠᡴᡠ ᡴᠣᠮᠰᠣ[申叙字] ᠣᠴᡳ ᠪᠣᠣ ᠪᡝ ᡴᠠᡵᠮᠠᠴᡳ ᠣᠮᠪᡳ᠈ 可以寡過而保家。

○ᡤᡠ ᠰᡝᠣ ᠨᡳᠶᠠᠯᠮᠠ[申叙字] ᠪᡝ ᠸᠠᡥᠠ᠈ ᠠᡩᠠᡵᠠᠮᠪᡳ᠈ 瞽瞍殺人則如之何。

○ᡩᠠᠰᠠᠮᠪᡳ ᠪᡠ[叫字] ᡩᠠᠰᠠᠪᡠᠮᠪᡳ᠈ 使治國。

○ᡩᠠᠰᠠᠮᠪᡳ ᠪᡠ[有力字] ᡩᠠᠰᠠᠪᡠᠮᠪᡳ᠈ 治國。

假如

○ᠠᡴᡩᠠᠪᡠᠮᠪᡳ[自然] ᠠᡴᡩᠠᡵᠠ ᡠᠨᡩᡝ᠈ ᡩᡝ ᠵᠣᠪᠣᠪᡠᠮᠪᡳ[有力] ᠰᡝ ᠰᡝᠮᠪᡳ᠈ 未信。則以爲厲己也。

○ᠠᡴᡩᠠᠪᡠᠮᠪᡳ[自然] ᡨᡝᠨᡳ ᡳᡵᡤᡝᠨ ᠪᡝ ᠵᠣᠪᠣᠪᡠᠮᠪᡳ[有力]᠈ 信而後勞其民。

○ᠵᠣᠪᠣᠪᡠᠮᠪᡳ[自然] ᠵᠣᠪᠣᠪᡠᠴᡳᠪᡝ[自然]᠈ 勞而不怨。

自然「被」「叫」無 ᠪᡝ ᠪᡠ᠉

○ᡝᠮᡠ ᡶᡠᠨᡳᠶᡝᡥᡝ ᡳ ᡤᡝᠰᡝ ᠨᡳᠶᠠᠯᠮᠠ ᡩᡝ ᡤᡳᡩᠠᠪᡠᡵᡝ ᠪᡝ᠈ ᡥᡡᡩᠠᡳ ᠪᠠᡩᡝ ᡨᠠᠨᡨᠠᠪᡠᡵᡝ ᠠᡩᠠᠯᡳ ᡤᡡᠨᡳᠮᠪᡳ᠉ 思以一毫挫於人。若撻之於市朝。

ᡩᡝ 上加 ᠪᡝ 爲「被」字。

○ᠨᡳᠶᠠᠯᠮᠠ ᠪᡝ ᠪᡝᠶᡝ ᠪᡝ ᡩᠠᠰᠠᠪᡠᠮᠪᡳ᠈ 使人修身。

○ᡳᡵᡤᡝᠨ ᠪᡝ ᡥᡡᠰᡠᠨ ᠪᡝ ᠠᡴᡡᠮᠪᡠᠪᡠᠮᠪᡳ᠈ 使民盡力。

ᠪᡠ ᡩᡝ 加 ᠪᡠ「轉令他」。

○ᡥᡡᠰᡠᠨ ᡳ ᠨᡳᠶᠠᠯᠮᠠ ᠪᡝ ᡩᠠᡥᠠᠪᡠᡵᡝᠩᡤᡝ᠈ ᠮᡠᠵᡳᠯᡝᠨ ᡳ ᡩᠠᡥᠠᠪᡠᡥᠠᠩᡤᡝ ᠸᠠᡴᠠ᠉ 以力服人者。非心服也。

ᡩᡝ 上加 ᠪᡠ 乃「叫」字。

○ᡥᠠᠨᠴᡳᡴᡳ ᠪᡝ᠈ ᡠᡵᡤᡠᠨᠵᡝᠪᡠᠮᡝ᠈ ᡤᠣᡵᠣᡴᡳ ᠪᡝ᠈ ᠵᡳᠪᡠᠮᡝ᠉ 近者說。遠者來。

○ᡤᠣᠰᡳᠩᡤᠠ ᠨᡳᠶᠠᠯᠮᠠ᠈ ᡤᠣᠰᡳᠨ ᡩᡝ ᡝᠯᡥᡝ ᠣᠪᡠᠮᠪᡳ᠈ ᠮᡝᡵᡤᡝᠨ ᠨᡳᠶᠠᠯᠮᠠ᠈ ᡤᠣᠰᡳᠨ ᠪᡝ ᠠᡳᠰᡳ ᠣᠪᡠᠮᠪᡳ᠈ 仁者安仁。知者利仁。

○ᠸᡝᠰᡳᡥᡠᠨ ᠪᡝ ᠠᠰᡥᡡᡶᡳ᠈ ᡶᡠᠰᡳᡥᡡᠨ ᡩᡝ ᡨᡝᠮᠪᡳ᠈ ᠪᠠᠶᠠᠨ ᠪᡝ ᠠᠰᡥᡡᡶᡳ᠈ ᠶᠠᡩᠠᡥᡡᠨ ᡩᡝ ᡨᡝᠮᠪᡳ᠈ 辭尊居卑。辭富居貧。

○ᡝᡨᡝᠩᡤᡳ ᡩᡝ ᡝᡵᡨᡠᡶᡳ᠈ ᠶᠠᡩᠠᠯᡳᠩᡤᡡ ᠪᡝ ᡤᡳᡩᠠᡧᠠᠮᠪᡳ᠈ 倚强凌弱。

○ᠸᡝᠰᡳᡥᡠᠨ ᡩᡝ ᡝᡵᡨᡠᡶᡳ᠈ ᡶᡠᠰᡳᡥᡡᠨ ᠪᡝ ᡤᡳᡩᠠᡧᠠᠮᠪᡳ᠈ 挾貴凌賤。

○ᠪᠠᠶᠠᠨ ᡩᡝ ᡝᡵᡨᡠᡶᡳ᠈ ᠶᠠᡩᠠᡥᡡᠨ ᠪᡝ ᡶᡠᠰᡳᡥᡡᠯᠠᠮᠪᡳ᠈ 恃富侮貧。

○ᡩᠣᠷᠣ ᠪᡝ ᡤᡡᠨᡳᠮᠪᡳ᠈ ᡝᡵᡩᡝᠮᡠ ᠪᡝ ᡨᡠᠸᠠᡴᡳᠶᠠᠮᠪᡳ᠈ ᡤᠣᠰᡳᠨ ᡩᡝ ᠨᡳᡴᡝᠮᠪᡳ᠈ ᠮᡠᡨᡝᠨ ᡩᡝ ᠰᠠᡵᡤᠠᡧᠠᠮᠪᡳ᠈ 志於道。據於德。依於仁。游於藝。

○ᡤᠣᠯᠮᡳᠨ ᠪᡝ ᠮᡝᡳᡨᡝᡶᡳ᠈ ᡶᠣᡥᠣᠯᠣᠨ ᡩᡝ ᠨᡳᠶᡝᠴᡝᠮᠪᡳ᠈ 截長補短。

○ᡝᡥᡝ ᠪᡝ ᠸᠠᠯᡳᠶᠠᡶᡳ᠈ ᠰᠠᡳᠨ ᡩᡝ ᡤᡠᡵᡳᠨᡝᠮᠪᡳ᠈ 改惡遷善。

ᡩᡝ ᠪᡝ 相互用。籥似 ᡩᡝ 吸 ᠪᡝ 鼓橐。

ᠪᡝ 有「翻出」「勉去」意。「施爲」「用力」那們著。ᡩᡝ 含「翻入」「安居」意。「無爲」「自致」這們著。每見

按 ᡩᡝ ᠪᡝ ᡳ 三字其義極微。其用極廣。最易眩人。若不辨別清楚。勢必反入爲出。以主作客矣。

○ᡥᠣᠯᡨᠣᠪᡠᡥᠠ「自然字」᠈ 被欺哄了。

○ᠨᡳᠶᠠᠯᠮᠠ ᡩᡝ「被字」ᡥᠣᠯᡨᠣᠪᡠᠮᠪᡳ᠈ 被人欺哄。

○ᡥᠣᠯᡨᠣᠮᠪᡳ᠈ 欺哄。

○ᡤᡠᡵᡠᠨ ᡩᠠᠰᠠᠪᡠᠮᠪᡳ᠈「自然字」國治。

○ᠨᡳᠶᠠᠯᠮᠠ ᠪᡝ「轉字」ᡤᡠᡵᡠᠨ ᠪᡝ「使字」ᡩᠠᠰᠠᠪᡠᠮᠪᡳ᠈ 使人治國。

ᡳ 義「之」「的」「以」「用」多。

○ᡤᡠᡵᡠᠨ ᡩᡝ[在字] ᠪᡳᠴᡳ: ᡤᠠᠰᠠᠴᡠᠨ ᠠᡴᡡ᠈ 在邦無怨。

○ᡤᡡᠸᠠ ᡩᡝ ᠪᡳᠣ[在乎字]: ᠪᡝᠶᡝ ᠪᡳᠰᡳᡵᡝ ᡩᡝ ᠪᡳᠰᡳᡵᡝ[在乎字] ᡩᠠᠪᠠᠯᠠ᠈ 豈有他哉。於己取之而已矣。

實在之「在」「在乎」字。ᡩᡝ ᠪᡝ 接用莫聯著。

○ᡨᡝᡵᡝ ᠪᡝ᠈ ᡨᡝᡵᡝ ᠪᡝ᠈ 彼哉。彼哉！

○ᠵᡠᠯᡤᡝ ᡳᠯᠠᠨ ᠮᡠᠴᡳᡥᡳᠶᠠᠨ᠈ ᠠᠮᠠᠯᠠ ᠰᡠᠨᠵᠠ ᠮᡠᠴᡳᡥᡳᠶᠠᠨ ᠪᡝ᠈ 前以三鼎。而後以五鼎與。

○ᡳᠰᡥᡠᠨ ᠠᡳᠰᡳᠯᠠᠴᡠᡵᡝ ᠠᡴᡡ ᠮᡠᠰᡝ᠈ 爲其爲相與。

變作 ᡨᡝᠪᡝ᠈ ᠪᡝ 義帶「麼」。

○ᡠᡥᡝᡳᠯᡝᠮᠪᡳ ᠰᡝᡵᡝᠩᡤᡝ᠈ ᠪᡝ᠈ ᡠᡥᡝᡳᠯᡝᠮᠪᡳ ᠰᡝᡵᡝᠩᡤᡝ᠈ ᠠᡳᠰᡳᠯᠠᠮᠪᡳ ᠪᡝ᠈ 徹者。徹也。助者。藉也。

○ᡤᡠᠩᡤᡝ ᠪᡝ ᠸᡝᠰᡳᡥᡠᠨ ᠣᠪᡠᡵᡝᠩᡤᡝ᠈ ᠮᡠᠵᡳᠯᡝᠨ ᡩᡝ᠈ ᡶᠠᡳᡨᠠᠨ ᠪᡝ ᠪᡝᠶᡝᡴᡝᠨ ᠣᠪᡠᡵᡝᠩᡤᡝ᠈ ᡤᡳᠩᡤᡠᠨ ᡩᡝ᠈ 功崇惟志。業廣惟勤。

○ᡶᡠᡩᡯᡳ ᡳ ᠣᠯᡥᠣᡧᠣᡵᠣᠩᡤᡝ᠈ ᠪᠣᠯᡤᠣᠮᡳᡵᡝ᠈ ᡩᠠᡳᠨ ᠨᡳᠮᡝᡴᡠ ᡩᡝ᠈ 子之所慎。齊。戰。疾。

ᡩᡝ᠈ ᠪᡝ 應上常煞尾。

○ᠨᡝᠨᡩᡝᠨ ᡠᠯᡥᡳᡥᡝᠩᡤᡝ ᠪᡝ᠈ ᠠᠮᠠᠯᠠ ᡠᠯᡥᡳᡵᡝᠩᡤᡝ ᡩᡝ ᡠᠯᡥᡳᠪᡠᡵᡝ: 使先覺覺後覺。

輕者而比之。取食之重者。奚翅食重。

○ᠵᡝᡨᡝᡵᡝᠩᡤᡝ ᡳ ᡠᠵᡝᠨ ᡝᠮᡠ ᠪᡝ᠈ ᡩᠣᡵᠣᠨ ᡳ ᠵᡝᡴᡠ ᡩᡝ ᡩᡠᠪᡳᡥᡳᠶᠠᠯᠠᠴᡳ᠈ ᠵᡝᡨᡝᡵᡝᠩᡤᡝ ᡳ ᡠᠵᡝᠨ ᡳ ᡩᠠᠪᠠᠯᠠ᠈ 與禮之

○ᠵᡠᠯᡤᡝᡳ ᡨᠠᠴᡳᡵᡝᠩᡤᡝ᠈ ᠪᡝᠶᡝᡳ ᠵᠠᠯᡳᠨ᠈ ᡨᡝ ᡳ ᡨᠠᠴᡳᡵᡝᠩᡤᡝ᠈ ᠨᡳᠶᠠᠯᠮᠠᡳ ᠵᠠᠯᡳᠨ᠈ 古之學者爲己。今之學者爲人。

○ᡨᡝ ᡳ ᠮᡝᠨᡨᡠᡥᡠᠨ ᠨᡳᠩᡤᡝ᠈ ᡥᠣᠯᠣ ᡳ ᡨᡝᡳᠯᡝ᠈ 今之愚也。詐而已矣。

○ᡶᡠᡯᡳ ᡯᡟ ᡥᡳᠶᠠ ᡩᡝ ᡥᡝᠨᡩᡠᠮᡝ᠈ 子謂子夏曰

○ᠪᡳ ᡥᡡᡳ ᡳ ᠪᠠᡵᡠ ᡳᠨᡝᠩᡤᡳ ᡩᡠᠪᡝᠨᡨᡝᠯᡝ᠈ ᡤᡳᠰᡠᡵᡝᠴᡳ᠈ ᡳ ᠪᠠᡵᡠ᠈ 吾與回言終日。不違如愚。
ᡩᡝ᠈ ᡶᡠᡩᠠᡵᠠᡴᡡ᠈ ᠪᡝ᠈ ᠠᡩᠠᠯᡳ᠈ ᠵᠠᠯᡳᠨ᠈ ᠮᡝᠨᡨᡠᡥᡠᠨ᠉ 其上 ᡳ ᠨᡳ 皆可用。或用 ᠠᡳ ᡝᡳ ᡳᡳ ᠣᡳ ᡠᡳ᠉

○ᠵᠠᠯᠠᠨ ᡳ ᠰᡝᠪᠵᡝᠨ᠈ 世俗之樂。

○ᡰᠠᠨ ᡴᡳᠣ ᡳ ᠮᡠᡨᡝᠨ᠈ 冉求之藝。

○ᠠᠪᡴᠠ ᠨᠠ ᡳ ᠠᠮᠪᠠ᠈ 天地之大。

○ᠠᠮᠠ ᡝᠮᡝ ᡳ ᡝᡵᡩᡝᠮᡠ᠈ 父母之德。

○ᠮᠣᠣ ᡶᠠᡴᠰᡳ᠈ 木匠。

四頭音呢單用是。頭十頭下或聯著。

○ᡤᡠᠸᠠᠨ ᠵᡠᠩ ᠨᡳ ᡨᡝᡨᡠᠨ᠈ ᠸᡝᠨ ᠸᠠᠩ ᠨᡳ ᡝᡵᡩᡝᠮᡠ᠈ 管仲之器。 文王之德。

第五頭下 ᡳ 代他。

○ᡩᠣᡵᠣᠯᠣᠨ ᡳ[以用字] ᠶᠠᠪᡠᠮᠪᡳ᠉ ᡤᡳᠩᡤᡠᠨ ᡳ ᡨᡠᠴᡳᠪᡠᠮᠪᡳ᠈ ᠠᡴᡩᡠᠨ ᡳ ᠮᡠᡨᡝᠪᡠᠮᠪᡳ᠈ 禮以行之。孫以出之。信以成之。

○ᠠᠪᡴᠠ ᡳ[之的字] ᠵᡠᡳ᠈ 天子。

○ᡶᡠᡯᡳ ᡳ[之的字] ᡶᡠ᠈ 夫子之墻。

[满文] 翻「以」「用」應[满文]

○[满文] 不學禮。無以立。

○[满文] 以文會友。以友輔仁。

[满文]「以」「用」非叫應。

○[满文] 其何以行之哉。

嘆想「呢」「哉」口氣合。

○[满文]「以用字」何謂也。

○[满文]「以用字」[满文] 由此觀之。

○[满文]「之的字」[满文] 子之君。

[满文] 亦「之」「的」「以」「用」格。

○[满文]

何必高宗。古之人皆然。

○[满文]

作翕如也。從之純如也。皦。如也。繹如也。以成。

○[满文] 始

○[满文] 鞠躬如也。

○[满文] 祭如在。祭神如神在。

○ 吾聞之也。君子周急不繼富。

自抒己見將發論。憑吾「聞」「見」這們著。

○ [離字] 忠恕違道不遠。

○ [第字] 右傳之十章。

歲。則誰敬。

○ [比字] [若則字] 鄉人長於伯兄一

○[自從由字] 奚自。

乃「自」「從」「由」「第」「則」。「離」「若」「比」字字尾托。

○ 如之何其可也。

○ 王欲行之。則盍反其本矣。

○ 何事於仁。

字必承 又承

壑。

○ 禹以四海爲壑。今吾子以鄰國爲

責難於君。謂之恭。陳善閉邪。謂之敬。吾君不能。謂之賊。

○

○[illegible] 我則異於是。

○[illegible] 君子平其政。行辟人可也。

○[illegible] 賢者辟世。其次辟地。其次辟色。其次辟言。

○[illegible] 何必去父母之邦。

○[illegible] 行遠必自邇。

○[illegible] 不願乎其外。

○[illegible] 由周而來。七百有餘歲矣。

○[illegible] 上總須他。

○[illegible] 孟子見梁惠王。王立於沼上。

○[illegible] 館人求之弗得。

○[illegible] 王問臣。臣不敢不以正對。

○[illegible] 則吾進退。豈不綽綽然有餘裕哉。

「懸揣」「摩擬」神寬泛。似「既」似「或」似[illegible]

○[illegible] 望之不似人君。

[illegible] 乃自信決斷語。實解「哉」「焉」「也」「矣」「啊」。

○[illegible] 賜之墻也及肩。

「那路兒」「將及」「差不多」。

○[illegible] 下旬。

○[illegible] 中旬。

○[illegible] 上旬。

○[illegible] 隱察其行蹤。

○[illegible] 以季孟之間待之。

「夾間」「暗中」「旬日」也。

○[illegible] 自牖執其手。

○[illegible] 不揣其本。而齊其末。

[illegible]「從」「由」實際說。[illegible] 雖同解義虛活。

○數字加 [illegible] 成法也。宜詳其講義。文氣。神情。方爲定論。如 [illegible] 上或用。或不用。可以悟矣。

○[illegible] 會計當而已矣。

○[illegible] 當務。

○[illegible] 可謂孝矣。

恭則不侮。寬則得衆。信則人任焉。

○ᡤᡠᠩᠨᡝᠴᡠᡴᡝ ᠣᠴᡳ᠈ ᡤᡳᡵᡠᠪᡠᡵᠠᡴᡡ ᠣᠮᠪᡳ᠉ ᠣᠨᠴᠣ ᠣᠴᡳ᠈ ᡤᡝᡵᡝᠨ ᠪᡝ ᠪᠠᡥᠠᠮᠪᡳ᠉ ᠠᡴᡩᡠᠨ ᠣᠴᡳ᠈ ᠨᡳᠶᠠᠯᠮᠠ ᠠᡴᡩᠠᠮᠪᡳ᠉

ᠣᠴᡳ 下用 ᠣᠮᠪᡳ 托。此感彼應中一折。

詩可以興。可以觀。可以群。可以怨。邇之事父。遠之事君。多識於鳥獸草木之名。

ᡳᡵᡤᡝᠪᡠᠨ ᠣᠴᡳ ᠨᡳᠶᠠᠯᠮᠠ ᠪᡝ ᠶᡝᠨᡩᡝᠪᡠᠮᠪᡳ᠉ ᡨᡠᠸᠠᠪᡠᠮᠪᡳ᠈ ᠠᠴᠠᠪᡠᠮᠪᡳ᠈ ᡤᠠᠰᠠᠪᡠᠮᠪᡳ᠈ ᡥᠠᠨᠴᡳᡴᡳ ᡩᡝ ᠠᠮᠠ ᠪᡝ ᡠᡳᠯᡝᠮᠪᡳ᠉

○ᡤᠣᡵᠣᡴᡳ ᠣ ᡝᠵᡝᠨ ᠪᡝ ᡠᡳᠯᡝᠮᠪᡳ᠈ ᡤᠠᠰᡥᠠ ᠣᠮᠪᡳ᠈ ᡤᡠᡵᡤᡠ ᠣᠮᠪᡳ᠉ ᠣᡵᡥᠣ ᠣᠮᠪᡳ᠈ ᠮᠣᠣ ᡳ ᡤᡝᠪᡠ ᠪᡝ ᠰᠠᠮᠪᡳ᠈

間或接連用許多。

○ᠪᡠᠴᡝᡥᡝ ᠮᠠᠩᡤᡳ ᡨᡝᠨᡳ ᠨᠠᡴᠠᠮᠪᡳ᠈ ᡳᠨᡠ ᡤᠣᡵᠣ ᠠᡴᡡ ᠰᡝᠮᡝᠣ᠈ 死而後已。不亦遠乎。

○ᠨᡳᠶᠠᠯᠮᠠ ᡳ ᠪᠠᡵᡠ ᡤᡠᠴᡠᠯᡝᡵᡝ ᠰᠠᡳᠨ᠈ ᡤᠣᡳᡩᠠᡨᠠᠯᠠ ᡤᡳᠩᡤᡠᠯᡝᠮᠪᡳ᠈ 善與人交。久而敬之。

用煞章句屬虛活。有時煞住猶接叙。

○ᡤᡳᠰᡠᠨ᠈ 話[整字]。ᡤᡳᠰᡠᡵᡝᠮᠪᡳ᠈ 說話[破字]。

○ᠶᠠᠪᡠ᠈ 行[整字]。ᠶᠠᠪᡠᠮᠪᡳ᠈ 行之[破字]。

破字無 ᠪᡳ 不成格。

○ᠵᡠᠯᡤᡝᡳ ᡩᠣᡵᠣ ᡴᠠᡳ᠈ ᠵᠠ ᠠᡴᡡ ᡴᠠᡳ᠈ 古之道也。末之難矣。

○ᡥᡝᡥᡝ ᠨᡳᠶᠠᠯᠮᠠ ᠪᡳᡥᡝ᠈ 有婦人焉。

○ᡶᠣᠨᠵᡳᡥᠠᠩᡤᡝ᠈ ᠠᠮᠪᠠ ᡴᠠᡳ᠈ 大哉問。

ᠣᡶᡳ ᡴᠠᡳ ᠣᡶᡳ 托。「因爲可以那們著」。

○ᡝᠨᡩᡠᡵᡳᠩᡤᡝ ᠨᡳᠶᠠᠯᠮᠠ ᠪᡝ ᡥᠠᡶᠠᠨ ᠣᠪᡠᡥᠠᠩᡤᡝ᠂ ᡠᡵᡠᠨᠠᡴᡡ ᡝᡵᡩᡝᠮᡠ ᡥᠠᡶᠠᠨ ᠣᠴᡳ ᠣᠮᠪᡳ ᠣᡶᡳ ᡴᠠᡳ᠉ 其爲父子兄弟足法。而后民法之也。

○ᡝᠨᡩᡠᡵᡳᠩᡤᡝ ᠨᡳᠶᠠᠯᠮᠠ ᡥᠠᡶᠠᠨ ᠣᠪᡠᡥᠠᠩᡤᡝ᠂ ᡠᡵᡠᠨᠠᡴᡡ ᡝᡵᡩᡝᠮᡠ ᡥᠠᡶᠠᠨ ᠣᠴᡳ ᠣᠮᠪᡳ ᠣᡶᡳ ᡴᠠᡳ᠉ 聖人使之仕。必其材可以仕矣。

去 ᠣᡶᡳ 加 ᠣᠵᠣᡵᠠᡴᡡ「因爲不可那們著」。

○ᡝᠪᡳᡥᡝᡴᡡᠩᡤᡝ ᠠᡴᡡ ᠠᡳᠨᠴᡳ ᡝᠪᡳᡵᡝᡴᡡ ᠣᠴᡳ ᠣᠵᠣᡵᠠᡴᡡ ᠣᡶᡳ ᡴᠠᡳ᠉ 未嘗不飽。蓋不敢不飽也。

ᡴᠠ᠂ ᡥᠠ᠂ ᡴᡝ᠂ ᡥᡝ᠂ ᡴᠣ᠂ ᡥᠣ᠂ 字聯 ᠪᡳ。「實煞近事」格。

○ᡳᠰᡳᠨᠠᠴᡳ ᡤᡝᠨᡝᡥᡝᠪᡳ᠉ 至。則行矣。

○ᡨᠠᡵᡥᡡᠨ ᠮᠣᡵᡳᠨ ᠶᠠᠯᡠᡥᠠᠪᡳ᠂ ᠸᡝᡳᡥᡠᡴᡝᠨ ᡶᡠᡵᡩᡝᡥᡝ ᡝᡨᡠᡥᡝᠪᡳ᠉ 乘肥馬。衣輕裘。

○ᡥᡡᡩᡠᠨ ᡤᡝᠨᡝᡶᡳ ᡨᡠᠸᠠᠴᡳ᠂ ᠵᡝᡴᡠ ᠣᠯᡥᠣᡥᠣᠪᡳ᠉ 趨而往視之。苗則槁矣。

ᡴᠠ᠂ ᡥᠠ᠂ ᡴᡝ᠂ ᡥᡝ᠂ ᡴᠣ᠂ ᡥᠣ᠂ ᡴᡡ᠉ 聯 ᠪᡳ「虛煞往事」格。

○ᡩᠣᠰᡳ ᠰᡝᡥᡝᡩᡝ ᡩᠣᠰᡳᠮᠪᡳ᠉ ᡨᡝ ᠰᡝᡥᡝᡩᡝ ᡨᡝᠮᠪᡳ᠉ ᠵᡝᡶᡠ ᠰᡝᡥᡝᡩᡝ ᠵᡝᠮᠪᡳ᠉ 入云則入。坐云則坐。食云則食。

○ᠠᠪᡴᠠᡳ ᠰᠣᠣᡵᡳᠨ ᠪᡝ ᡠᡥᡝᠯᡝᡥᡝᡴᡡᠪᡳ᠉ ᠠᠪᡴᠠᡳ ᡨᡠᡧᠠᠨ ᠪᡝ ᡩᠠᠰᠠᡥᠠᡴᡡᠪᡳ᠉ ᠠᠪᡴᠠᡳ ᡶᡠᠯᡠᠨ ᠪᡝ ᠵᡝᡴᡝᡴᡡᠪᡳ᠉ 弗與共天位也。弗與治天職也。弗與食天祿也。

若用「實煞古事」字。ᡥᡝᠪᡳ 定無挪。

○[illegible] 古者易子而教之。

○[illegible] 一人衡行於天下。
武王耻之。

ᡶᡳ字翻「了」ᠮᡝ翻「著」。句内承接斷不得。ᡶᡳ是站不住的「了」。

○[illegible] 殺雞爲黍而食之。

○[illegible] 浴乎沂。風乎舞雩。詠而歸。

○[illegible] 子聞之曰再斯可矣。

ᠮᡝ是站不住的「著」。

○[illegible] 顧鴻雁麋鹿。

○[illegible] 曰。言悖而出者。亦悖
而入。貨悖而入者。亦悖而出。」

此「著」彼「了」層疊起。句中只管用ᡶᡳ、ᠮᡝ。

○[illegible] 填然鼓之。兵刃既
接。棄甲曳兵而走。

字句平排魚貫處。任用ᡶᡳ ᡶᡳ ᠮᡝ ᠮᡝ ᠮᡝ。

○[illegible]

ᡶᡝᠵᡝᡵᡤᡳ ᡩᡝ ᠠᠴᠠᠪᡠᠯᠠ᠈ 王赫斯怒。爰整其旅。以遏徂莒。以篤周祜。以對於天下。

○ᡩᠣᠯᠣ ᡳᠨᡳ ᠮᡠᠵᡳᠯᡝᠨ ᠪᡝ ᠠᡴᡡᠮᠪᡠᠯᠠ᠈ ᡨᡠᠯᡝᡵᡤᡳ ᡳᠨᡳ ᡥᡡᠰᡠᠨ ᠪᡝ ᠮᡠᡨᡝᠯᡝ᠈ ᠪᡝᠶᡝ ᠪᡝ ᡤᡳᠩᡤᡠᠯᡝᠯᡝ᠈
ᠪᠠᡳᡨᠠᠯᠠᠨ ᠪᡝ ᠮᠠᠯᡥᡡᡧᠠᠯᠠ᠈ ᡤᡡᠯᡳᠮᡝ ᡴᡳᠴᡝᠯᡝ᠈ ᡥᡳᠶᠣᠣᡧᡠᠯᠠᠮᡝ ᠪᡝ ᡠᠵᡳᠯᠠ᠈ 自當內盡其心。外竭其力。謹身節用。以勤服勞。
以隆孝養。

ᠰᡠᡵᡝᠯᠠᡴᡡ 上必有 ᠠᡳ᠉

○ᠠᡳ ᡩᡝ ᠰᡠᡵᡝᠯᠠᡴᡡ᠈ 何以文爲。

ᠮᡠᡨᡝᠮᠪᡳ 上不離 ᠯᠠ᠉

○ᠨᡳᠶᠠᠯᠮᠠ ᠪᡝ ᡤᠣᠰᡳᠯᠠ ᠮᡠᡨᡝᠮᠪᡳ᠉ 能愛人。

○ᠰᠠᡳᠰᠠ ᠪᡝ ᠰᠠᠪᡠᠯᠠ ᡨᡠᡴᡳᠶᡝᠯᡝ ᠮᡠᡨᡝᡵᠠᡴᡡ᠉ 見賢而不能舉。

二破接連成一事。上 ᠯᠠ 下必用 ᠯᡝ᠈ ᠯᡝ᠉ ᠯᡝ᠈ ᠯᡝ 爲「竪」連下用。

○ᡝᠯᡤᡝ[ᠯᠠ] ᡠᠵᡳ[ᠯᡝ] ᠪᠠᡳᠴᠠ[ᠯᠠ] ᡤᡡᠨᡳ[ᠯᡝ] ᠣᠶᠣᠩᡤᠣ᠈ 存養省察之要。

○ᡝᠵᡝ[ᠯᠠ] ᡥᡡᠯᠠ[ᠯᡝ] ᠪᡳᡨᡥᡝ[ᠯᠠ] ᠰᡝᡵᡝ[ᠯᡝ] ᡨᠠᠴᡳᠨ᠈ 記誦詞章之習。

ᠯᠠ 字爲「橫」平頓著。

○ᡳᠨᡳ ᠰᠣᠣᡵᡳᠨ ᡩᡝ ᡳᠯᡳᠯᠠ᠈ ᡳᠨᡳ ᡩᠣᡵᠣᠯᠣᠨ ᠪᡝ ᠶᠠᠪᡠᠯᠠ᠈ ᡳᠨᡳ ᡴᡠᠮᡠᠨ ᠪᡝ ᡩᡝᡵᡳᠪᡠᠯᡝ᠈ ᡳᠨᡳ ᠸᡝᠰᡳᡥᡠᠯᡝᡥᡝᠩᡤᡝ ᠪᡝ ᡤᡳᠩᡤᡠᠯᡝᠯᡝ᠈ ᡳᠨᡳ
ᠨᡳᠶᠠᠮᠠᠩᡤᠠ ᠪᡝ ᡤᠣᠰᡳᠯᠠ᠉ 踐其位。行其禮。奏其樂。敬其所尊。愛其所親。

ᠯᠠ᠈ ᠯᡝ᠈ ᠯᠠᠮᡝ᠉ 「才」「將就」緊加 ᠯᠠ᠉

「指示」「嗔責」「質問」語。

恰。

○「啊」「呀」。乃三字口氣。辭完意未盡。乃三字神情。有餘音繞梁之妙。須從象外得之。否。則用必不又屬辭完意未盡。「啊」「呀」口氣最靈活。

○ᡨᡠᡧᠠᠨ ᠠᡴᡡ ᡩᡝ ᡠᠮᡝ ᠵᠣᠪᠣᡧᠣᡵᠣ᠉ 不患無位。

○ᡠᠮᡝ ᠵᡠᡵᠴᡝᡵᡝ᠉ 無违。

○ᡩᠣᡵᠣᠯᠣᠨ ᠸᠠᡴᠠ ᠪᡝ ᡠᠮᡝ ᠠᡧᡧᠠᡵᠠ᠉ 非禮勿動。

有時亦可煞尾用。ᡠᠮᡝ 無他使不得。

○ᡝᠵᡝᠨ ᠣᠵᠣᡵᠣ ᠮᠠᠩᡤᠠ᠉ 爲君之難。

○ᠵᡠᡤᡡᠨ ᠶᠠᠪᡠᡵᡝ ᠨᡳᠶᠠᠯᠮᠠ᠉ 行路之人。

○ᠠᡥᡡᠨ ᠪᡝ ᡤᠣᠰᡳᡵᡝ ᡩᠣᡵᠣ᠉ 愛兄之道。

未然「之」「的」ᡵᠠ᠈ ᡵᡝ᠈ ᡵᠣ᠉ 串下虛文斷不得。

○[illegible] [illegible] ᡠᡨᡥᠠᡳ [illegible]᠈ [illegible] [illegible] [illegible]᠈ 寇退則反。殆於不可。

○ᡩᠣᠨᠵᡳᠴᡳ ᡠᡨᡥᠠᡳ ᠶᠠᠪᡠ᠉ 聞斯行之。

○[illegible]᠈ [illegible]᠈ 二字通用。

○[illegible] [illegible] [illegible]᠈ [illegible]᠈ [illegible] [illegible]᠈ 使浚井。出。從而掩之。

○[Manchu] 可得聞與。

○[Manchu] 毀諸已乎。

○[Manchu] 事齊乎。事楚乎。

○[Manchu] 執御乎。執射乎。

又作「未然疑問」語。[Manchu] 字亦翻「麼」。

○[Manchu] 君請擇於斯二者。

○[Manchu] 請必無歸。而造於朝。

○[Manchu] 陳恒弑其君。請討之。

[Manchu] 字下接 [Manchu]「懇請」「求祈」叶韵著。

○[Manchu]［顛奪］[Manchu] 吾何執。

○[Manchu]［自任］[Manchu] 寡人願安承教。

○[Manchu]［驚疑］[Manchu] 惡。是何言也。

○[Manchu]［質問］[Manchu] 吾何以識其不才而舍之。

「驚疑」「自任」「自顛奪」。

○[Manchu]［嗔責］[Manchu] 於予與何誅。

○[Manchu]［指示］[Manchu] 居吾語女。

○ᠪᠠᡥᠠᡶᡳ ᠰᠠᠪᡠᠴᡳ ᠣᠮᠪᡳᠣ᠉ 可得見乎。

未然「之」「的」ᡵᠠ᠈ ᡵᡝ᠈ ᡵᠣ᠉ 變「者」變「也」接 ᠩᡤᡝ᠉ 體變長音義亦變。串下變爲「叫下」格。

○ᠪᡝᠶᡝ ᠪᡝ ᠶᠠᠪᡠᡵᡝ[串下] ᡤᡠᠩᡤᡝᠴᡠᡴᡝ᠈ ᡨᡝᡵᡝᡳ ᠪᡝᠶᡝ ᠪᡝ ᠶᠠᠪᡠᡵᡝᠩᡤᡝ[叫下]᠉ ᡤᡠᠩᡤᡝᠴᡠᡴᡝ᠈ ᡩᡝᡵᡤᡳ ᠪᡝ ᡠᡳᠯᡝᡵᡝ[串下] ᡤᡳᠩᡤᡠᠨ᠈ ᡨᡝᡵᡝᡳ ᡩᡝᡵᡤᡳ ᠪᡝ ᡠᡳᠯᡝᡵᡝᠩᡤᡝ[叫下]᠉ ᡤᡳᠩᡤᡠᠨ᠉ 行己之恭。其行己也恭。事上之敬。其事上也敬。

○ᡳᡵᡤᡝᠨ ᠪᡝ ᡠᠵᡳᡵᡝ[串下] ᡴᡝᠰᡳ᠈ ᡨᡝᡵᡝᡳ ᡳᡵᡤᡝᠨ ᠪᡝ ᡠᠵᡳᡵᡝᠩᡤᡝ[叫下]᠉ ᡴᡝᠰᡳ᠈ ᡳᡵᡤᡝᠨ ᠪᡝ ᡨᠠᡴᡡᡵᠠᡵᠠ[串下] ᠵᡠᡵᡤᠠᠩᡤᠠ᠈ ᡨᡝᡵᡝᡳ ᡳᡵᡤᡝᠨ ᠪᡝ ᡨᠠᡴᡡᡵᠠᡵᠠᠩᡤᡝ[叫下]᠉ ᠵᡠᡵᡤᠠᠩᡤᠠ᠉ 養民之惠。其養民也惠。使民之義。其使民也義。

ᡳ ᠶᡳ「之」「的」似 ᠨᡳ᠈ ᠨᡳ᠉ 實字之下總須他。體變 ᠩᡤᡝ 用亦變。接下忽爲「應上」格。

○ᠸᡝᡳ[接下] ᡤᡳᡩᠠ ᠯᠣᡥᠣ᠈ ᡤᡳᡩᠠ ᠯᠣᡥᠣ ᠮᡳᠨᡳᠩᡤᡝ[應上]᠉ 誰的干戈。干戈朕。

○ᠰᡳᠨᡳ[接下] ᡴᡳᡨᡠᡥᠠᠨ ᠨᡳᠣ᠈ ᡴᡳᡨᡠᡥᠠᠨ ᠮᡳᠨᡳᠩᡤᡝ[應上]᠉ 你的琴麽。琴朕。

○ᡨᡝᡵᡝᡳ[接下] ᠪᡝᡵᡳ ᠸᠠᡴᠠᠣ᠈ ᠪᡝᡵᡳ ᠮᡳᠨᡳᠩᡤᡝ[應上]᠉ 不是他的弓麽。張朕。

○ᠪᡝᠶᡝᡳ ᠪᡝ ᠸᠠᠯᡳᠶᠠᡶᡳ᠈ ᠨᡳᠶᠠᠯᠮᠠ ᠪᡝ ᡩᠠᡥᠠᠮᠪᡳ᠉ 舍己從人。

○ᡝᠮᡝ ᠪᡝ ᠣᠴᡳ᠈ ᠵᡝᡨᡝᡵᠠᡴᡡ᠈ ᠰᠠᡵᡤᠠᠨ ᠪᡝ ᠣᠴᡳ᠈ ᠵᡝᠮᠪᡳ᠉ 以母則不食。以妻則食之。

○ᠮᡠᡩᠠᠩᡤᠠ ᠨᡳᠩᡤᡝ ᠪᡝ ᡨᠣᠨᡩᠣ ᠣᠪᡠᠮᡝ ᠮᡠᡨᡝᠮᠪᡳ᠉ 能使枉者直。

ᠰᡝᠮᠪᡳ 是「說」又是「謂」。

○ᡠᡵᡥᡠ ᡥᠠᡵᡧᠠᡵᠠᡴᡡᠩᡤᡝ ᠪᡝ ᡩᡠᠯᡳᠮᠪᠠ ᠰᡝᠮᠪᡳ᠈ ᡥᠠᠯᠠᡵᠠᡴᡡᠩᡤᡝ ᠪᡝ ᠠᠨ ᠰᡝᠮᠪᡳ᠉ 不偏之謂中。不易之謂庸。

所謂「之」「者」ᠰᡝᡵᡝᠩᡤᡝ᠉

[满文] 以大事小者。樂天者也。以小事大者。畏天者也。樂天者。保天下。畏天者。保其國。

[满文]

○[满文]

仁。人之安宅也。義。人之正路也。

○[满文]

或用整字 [满文] 應。

○[满文] 不遇故去。豈予所欲哉。

○[满文] 履之相似。天下之足同也。

[满文] 亦可托。

○[满文] 洚水者。洪水也。

仁義者。必子之言夫。

○[满文] 率天下之人而禍

○[满文] 正唯弟子不能學也。

[满文] 字。

一般「者」字有四體 [满文] 接 [满文] 已然「者」字同一法。應他之字有多多。[满文]

○[满文] 孝弟也者。其爲仁之本與。

○ᠪᠣᠴᠣᠩᡤᠣ ᡨᡠᡤᡳ᠉ 彩雲。

○ᡩᠣᡵᠣᠩᡤᠣ ᠨᡳᠶᠠᠯᠮᠠ᠉ 有禮者。

○ᡤᡝᠪᡠᠩᡤᡝ ᠰᠠᡳᠰᠠ᠉ 名士。

○ᠰᠠᡵᠠᠩᡤᡝ ᠨᡳᠶᠠᠯᠮᠠ᠉ 知者。

○ᠵᡠᡵᡤᠠᠩᡤᠠ ᡩᡠᡴᠠ᠉ 義門。

○ᡤᠣᠰᡳᠩᡤᠠ ᠨᡳᠶᠠᠯᠮᠠ᠉ 仁人。

本字上下夾「有者」。本字尾加 ᠩᡤᡝ᠈ ᡳ᠈ ᡩᡝ᠉

○[illegible] 言近而指遠者。善言也。守約而施博者。善道也。

○[illegible] 如此者。災及其身者也。

○[illegible] 如此者。不見而章。

「者」字不便他求者。整字破了接 [illegible]

○[illegible] 力不足者。中道而廢。

[illegible] 孝者。所以事君也。弟者。所以事長也。慈者。所以使衆也。

○[illegible]

繳還上意 [illegible]

○ᠴᠣᠯᡤᠣᡵᠣᡴᠣᠣ᠉ 出衆了麼。

○ᡤᡝᠨᡝᡥᡝᠣ᠉ 去了麼。

○ᡨᡠᠴᡳᡴᡝᠣ᠉ 出去了麼。

○ᠮᡠᡨᡝᠪᡠᡥᡝᠣ᠉ 成了麼。

○ᡳᠯᡳᡥᠠᠪᡳᠣ᠉ 起了身了麼。

下接 ᠣ 尾爲「疑問」。「過了的麼」「了的麼」。

○ᠸᠠᠵᡳᡥᠠ ᠪᠠᡳᡨᠠ ᠪᡝ ᡨᠠᡶᡠᠯᠠᡵᠠᡴᡡ᠉ 遂事不諫。

○ᡩᡠᠸᠠᠯᡳ ᠴᡳ ᡨᡠᠴᡳᡴᡝ᠉ ᡶᡝᠨᡳᠶᡝᠨ ᠴᡳ ᠴᠣᠯᡤᠣᡵᠣᡴᠣ᠉ 出於其類。拔乎其萃。

○ᠸᡝᡳ ᡯᡳ ᡤᡝᠨᡝᡥᡝ᠉ 微子去之。

○ᡶᡠᡯᡳ ᡨᡠᠴᡳᡴᡝ᠉ 子出。

○ᡧᠠᠩᡤᠠᡥᠠ ᠪᠠᡳᡨᠠ ᠪᡝ ᡤᡳᠰᡠᡵᡝᡵᠠᡴᡡ᠉ 成事不說。

○ᡴᡠᠩᡯᡳ ᠶᠠᠪᡠᡥᠠ᠉ 孔子行。

ᡥᠠ᠈ ᡥᡝ᠈ ᡴᠣ᠈ ᡴᡝ᠈ ᡴᠠ 與 ᡥᠣᠣ᠉「過了」「了的」已然格。

○ᡥᡡᠰᡳᡥᠠᠩᡤᠠ᠈ ᡥᡡᠰᡳᡥᠠᠩᡤᠠ ᠠᡴᡡ᠉ ᡥᡡᠰᡳᡥᠠᠩᡤᠠ ᠨᡳᠣ᠉ ᡥᡡᠰᡳᡥᠠᠩᡤᠠ ᠨᡳᠣ᠉ 觚不觚。觚哉觚哉。

○ᠪᡠᠶᠠ ᠨᡳᠶᠠᠯᠮᠠ ᠪᡳᠮᡝ ᡤᠣᠰᡳᠩᡤᠠ ᠨᡳᠩᡤᡝ ᠠᡴᡡ᠉ 未有小人而仁者也。

「有者」再變「有有者」。ᡴᠣ᠈ ᡥᡝ᠈ ᡥᠣᠣ᠈ 再接 ᡥᠣᠣᠩᡤᡝ᠉

六字聯 ᠪᡳᠣ 用四字。內除 ᠪᡳ 字代 ᡥᠠᡴᡡ、ᡥᡝᡴᡡ、ᡥᠣᡴᡡ、ᡴᠠᡴᡡ、ᡴᡝᡴᡡ、ᡴᠣᡴᡡ᠉「不曾」「没有」「未曾」說。

○ᡨᠣᡴᡨᠣᠪᡠᡥᠠᠪᡳᠣ᠉ 先定過了者與。

○ᠴᠣᠯᡤᠣᡵᠣᡴᠣᠪᡳᠣ᠉ 已出衆者與。

○ᡤᡝᠨᡝᡥᡝᠪᡳᠣ᠉ 去過了的乎。

○ᡨᡠᠴᡳᡴᡝᠪᡳᠣ᠉ 已出去者乎。

○ᡧᠠᠩᡤᠠᡥᠠᠪᡳᠣ᠉ 先成過了的麽。

○ᠵᡠᡵᠠᡴᠠᠪᡳᠣ᠉ 曾起了身的麽。

去 ᠪᡳ 加 ᠣ 作追問。「曾了之者」「先過了麽」。

○ᡨᠣᡴᡨᠣᠪᡠᡥᠠᠣ᠉ 定了者。

○ᠴᠣᠯᡤᠣᡵᠣᡴᠣᠣ᠉ 出衆者。

○ᡤᡝᠨᡝᡥᡝᠣ᠉ 去了者。

○ᡨᡠᠴᡳᡴᡝᠣ᠉ 出去的。

○ᡧᠠᠩᡤᠠᡥᠠᠣ᠉ 已成了者。

○ᠵᡠᡵᠠᡴᠠᠣ᠉ 已起程者。

再加 ᠨᡳᠣ 去 ᠣ 尾。「已過了者」「了之者」。

○ᡨᠣᡴᡨᠣᠪᡠᡥᠠᠨᡳᠣ᠉ 定了麽。

○ᠰᡳ ᠪᠠᡨᡠᡵᡠ ᡩᡝ ᠠᠮᡠᡵᠠᠩᡤᡝᠣ᠉ 子好勇乎。

○ᡠᠨᡝᠩᡤᡳᠣ᠉ 信乎。

○ᠯᠣ ᠵᡝᠩ ᡩᠽ ᡥᡡᠰᡠᠩᡤᡝᠣ᠉ 樂正子强乎。

麼字難安變 ᠨᡳᠣ᠈ ᠣ᠉

○ᠰᡠ ᠰᡳ ᡤᡝᠨᡝᠴᡳ ᠣᠵᠣᡵᠠᡴᡡᠨᡳᠣ᠉ 子未可以去乎。

ᠣ 接 ᡴᡡ 尾乃「不麼」。

○ᠪᡳ ᠮᡠᡨᡝᡵᠠᡴᡡ᠈ ᠰᡝᠮᠪᡳ ᠶᠠᡵᡤᡳᠶᠠᠨ ᡳ ᠮᡠᡨᡝᡵᠠᡴᡡᠩᡤᡝ ᡴᠠᡳ᠉ 我不能。是誠不能也。

ᠣ 變 ᡴᡡᠩᡤᡝ 講「不者」。

○ᠠᠮᠪᠠᠨ ᠣᠮᡝ ᠣᠴᡳ᠈ ᡨᡠᠸᠠᡵᠠᡴᡡ᠉ 不爲臣不見。

○ᡨᡠᡴᡨᠠᠨ ᡳᠨᡳ ᠪᡝ ᠣᠩᡤᠣᡵᠠᡴᡡ᠉ 不忘其初。

○ᡤᠠᠪᡨᠠᡵᠠ ᡩᡝ᠈ ᠰᡠᡴᡡ ᡩᠣᡥᠣᠯᠣᠨ ᠪᡝ ᠣᠪᡠᡵᠠᡴᡡ᠉ 射不主皮。

○ᡝᠵᡝᠯᡝᡵᠠᡴᡡ ᠣᠴᡳ ᠸᠠᠵᡳᡥᠠ᠉ 不占而已矣。

○ᡤᡝᠨᡝᡥᡝᡴᡡ᠉ 没去。

○ᡨᡠᠴᡳᡥᡝᡴᡡ᠉ 没出去。

○ᡧᠠᠩᡤᠠᡥᠠᡴᡡ᠉ 未曾成。

○ᠶᠠᠪᡠᡥᠠᡴᡡ᠉ 不曾走。

整字接 ᠣ 亦翻「麼」。

○ᠰᡳᠨᡩᡝ ᡝᠯᡥᡝᠣ᠉ 於女安乎。

○ᠵᡠᠯᡤᡝᡳ ᡩᠣᠷᠣᠣ᠉ 古之道乎。

○ᡩᠣᡵᠣᠯᠣᠨ ᠠᠮᠠᠯᠠᠣ᠉ 禮後乎。

○ᡨᡠᡨᡨᡠ ᠣᠴᡳ ᠰᡟ ᡶᡠᠯᡠᠣ᠉ 然則師愈與。

○ᠯᠠᠪᡩᡠ ᡩᠣᠨᠵᡳᡶᡳ ᡝᠵᡝᡥᡝᠩᡤᡝᠣ᠉ 多聞識乎。

○ᡠᡨᡨᡠ ᠵᡝᡵᡤᡳᠣ᠉ 若是班乎。

整下「不」字用 ᠠᡴᡡ。

○ᡤᠣᠰᡳᠨ ᠠᡴᡡ ᠮᡝᡵᡤᡝᠨ ᠠᡴᡡ ᡝᠰᡝᠴᡳ᠈ ᡩᠣᡵᠣᠯᠣᠨ ᠠᡴᡡ ᠵᡠᡵᡤᠠᠨ ᠠᡴᡡ ᠪᡳ ᠨᡳᠶᠠᠯᠮᠠ᠈ ᠰᡠᡵᡝ ᡩᡝ ᡨᠠᡴᡡᡵᠠᠪᡠᡥᡝᠩᡤᡝ᠉ 不仁不智。無禮無義。人役也。

「莫不有」上加 ᠠᡴᡡᠩᡤᡝ。

○ᠨᡳᠶᠠᠯᠮᠠᡳ ᠮᡠᠵᡳᠯᡝᠨ ᡳ ᠰᡠᡵᡝ ᡩᡝ᠈ ᠰᠠᡵᠠᠩᡤᡝ ᠠᡴᡡᠩᡤᡝ ᠠᡴᡡ᠈ ᠠᠪᡴᠠᡳ ᡶᡝᠵᡝᡵᡤᡳ ᡳ ᠵᠠᡴᠠ ᡩᡝ᠈ ᡤᡳᠶᠠᠨ ᠠᡴᡡᠩᡤᡝ ᠠᡴᡡ᠉ 人心之靈。莫不有知。而天下之物。莫不有理。

未然面與已然反。ᡵᠠ᠈ ᡵᡝ 從略省文多。ᡴᠠ᠈ ᡥᠠ᠈ ᡴᡝ᠈ ᡥᡝ᠈ ᡴᠣ᠈ ᡥᠣ 六字。俱是已然字面。與 ᡵᠠ᠈ ᡵᡝ᠈ ᡵᠣ 三個未然字面相反。若一一反證。似覺眩目。不如從略爲得。但知 ᡴᠠ᠈ ᡥᠠ 與 ᡵᠠ 字反。ᡴᡝ᠈ ᡥᡝ 與 ᡵᡝ 字反。ᡴᠣ᠈ ᡥᠣ 與 ᡵᠣ 字反便了。

○ᠸᠠᠩ ᠪᠣᡩᠣᡴᡳᠨᡳ᠉ 王請度之。

單行廿字略詳説。互證雙行尚餘多。[illegible] 字解爲「請」「欲」「罷」。聯於字尾最謙和。和羹之味。在鹽梅。翻譯之要。在虚字。以上二十個字。及轉變之法。用字要訣。殆過半矣。

二十個連轉變字。翻譯雖深半殆過。

○[illegible] [illegible] [illegible]᠉ 難定的事。

○[illegible] [illegible] [illegible]᠉ 一定之理。

○[illegible] [illegible]᠉ 出衆之才。

○[illegible] [illegible]᠉ 超出於衆之才。

○ᡤᡝᠨᡝᡵᡝ ᠪᠠ᠉ 去的地方。

○ᡤᡝᠨᡝᡥᡝ ᠪᠠ᠉ 去過的地方。

○[illegible] ᡝᡵᡳᠨ᠉ 出去的時候。

○[illegible] ᡝᡵᡳᠨ᠉ 出去了的時候。

○[illegible] [illegible] ᠪᠠᡳᡨᠠ᠉ 難成之事。

○[illegible] ᠪᠠᡳᡨᠠ᠉ 已成的事。

○[illegible] ᡳᠨᡝᠩᡤᡳ᠉ 起程之日。

○[illegible] ᡳᠨᡝᠩᡤᡳ᠉ 起了身之日。

○ᠨᠠᡴᠠᡴᡳ ᠰᡝᠴᡳ ᠣᠵᠣᡵᠠᡴᡡ᠉ 欲罷不能。

○ᠪᡳ ᡤᡳᠰᡠᡵᡝᡵᠠᡴᡡ ᠣᡴᡳ ᠰᡝᠮᠪᡳ᠉ 子欲無言。

ᡴᡳ ᠪᡝ「自己欲如此」。

○ᡳᠯᡩᡠᠨ ᠠᡴᡡ ᠣᠵᠣᡵᠣ ᠠᠩᡤᠠᠯᠠ᠈ ᠮᠠᠩᡤᠠ ᠣᡴᡳᠨᡳ[不能聯]᠉ 與其不孫也寧固。

○ᡠᠯᡳᠨ ᡳᠰᠠᠪᡠᡵᡝ ᠠᠮᠪᠠᠨ ᠪᡝ ᠪᡳᠰᡳᡵᡝ ᠠᠩᡤᠠᠯᠠ᠈ ᡥᡡᠯᡥᠠ ᠠᠮᠪᠠᠨ ᠪᡳᠴᡳ ᠣᡴᡳᠨᡳ᠉ 與其有聚斂之臣。寧有盜臣。

「寧可」字尾俱聯寫。不能聯處上接 ᠣᡴᡳ᠉

ᠨᡳᠶᠠᠯᠮᠠ ᡥᡳᠶᠣᠣᡧᡠᠯᠠᡵᠠᡴᡡ ᠣᡴᡳᠨᡳ᠉ 人不知孝父母。獨不思父母愛子之心乎。

○ᡤᡡᠨᡳᠮᡝ ᠠᠮᠠ ᡝᠮᡝ ᡳ ᠵᡠᠰᡝ ᠪᡝ ᡤᠣᠰᡳᡵᡝ ᠣᡴᡳᠨᡳ[就便字任憑怎麼字]、ᠠᠮᠠ ᡝᠮᡝ ᠈ ᡳᠯᡳᡥᠠ ᠪᡝ ᠮᡠᠵᡳᠯᡝᠨ ᠮᡠᠵᡳᠯᡝᠨ ᠪᡝ

寧以固陋遺譏。

○ᠮᡠᡴᡝᠨ ᠰᡳᠮᡝᡵᡝ ᠮᡠᠵᡳᠯᡝᠨ ᡩᡝ ᠪᡳᡴᡳᠨᡳ᠈ ᠪᡳᡴᡳᠨᡳ[去罷]᠉

「去罷」「就便」「任憑怎麼」。

所以動心忍性。曾益其所不能。

○ᡨᡝᡵᡝ ᠮᡠᠵᡳᠯᡝᠨ ᠪᡝ ᠠᡧᡧᠠᠪᡠᠮᡝ᠈ ᠪᠠᠨᡳᠨ ᠪᡝ ᡴᡳᡵᡳᠮᡝ᠈ ᠮᡠᡨᡝᡵᠠᡴᡡ ᠪᡝ ᠨᡝᠮᡝᡴᡳᠨᡳ ᠰᡝᠮᠪᡳ᠉

ᡴᡳᠨᡳ「使令」口氣硬。

○ᠪᡳ ᠰᡝᠵᡝᠨ ᠪᡝ ᠵᠠᡶᠠᡴᡳ᠉ 吾執御矣。

○ᡶᡠᡯᡳ ᡠᠶᡠᠨ ᠠᡳᠮᠠᠨ ᡩᡝ ᡨᡝᡤᡝᡴᡳ᠉ 子欲居九夷。

○ᡳᠨᡝᠩᡤᡳᡩᠠᡵᡳ ᡴᡳᠮᠴᡳᠮᡝ᠈ ᠪᡳᠶᠠᡩᠠᡵᡳ ᠪᡳᠶᠠᠯᠠᠮᠪᡳ᠉ 日省月試。

「重上」ᡩᡝ 有二格。年月日時下聯著。

○ᡥᠠᡴᠰᠠᠨ ᡥᠠᡶᡳᡵᠠᡥᡡᠨ ᠠᡳᡶᡳᠨᡳ ᡤᠣᡵᠣ᠉ 險阻既遠。

○ᠪᡠᠶᡝᠴᡠᡴᡝ ᠪᡝ ᠰᠠᡳᠨ ᠰᡝᠮᠪᡳ᠉ 可欲之謂善。

「可者」ᠪᡠᠶᡝᠴᡠᡴᡝ 與 ᠪᡠᠶᡝᠴᡠᡴᠠ᠉

○ᠰᠠᡳᡧᠠᠴᡠᡴᠠ ᠰᡝᠪᠵᡝᠩᡤᡝ ᠠᠮᠪᠠᠰᠠ ᠰᠠᡳᠰᠠ᠉ 嘉樂君子。

ᠴᡠᡴᠠ᠈ ᠴᡠᡴᡝ 皆是「可」。

○ᡤᡠᠩᠨᡝᠴᡠᡴᡝ᠈ ᡩᠣᡵᠣᠯᠣᠨ ᡩᡝ ᡥᠠᠨᠴᡳ᠈ ᡤᡳᡵᡠᠴᡠᠨ ᡤᡳᡵᡠᡧᠠᠨ ᠠᠯᡩᠠᠩᡤᠠ ᠣᠮᠪᡳ᠉ 恭近於禮。遠耻辱也。

破字接 ᠴᡳ 「作整」格。「事兒」之意暗藏著。

○ᠰᠠᡴᡩᠠᡵᠠᠩᡤᡝ ᡳᠰᡳᠨᠵᡳᡵᡝ ᠪᡝ ᠰᠠᡵᡴᡡ ᠰᡝᡥᡝᠩᡤᡝ᠉ 不知老之將至云爾。

○ᠰᡳᠨᡳ ᠠᡩᠠᡴᡳ ᡶᠠᠯᡤᠠ ᡤᠠᡧᠠᠨ ᡩᡝ ᠪᡠᠴᡳ᠉ 與爾鄰里鄉黨乎。

ᠴᡳ 「使令」與 ᠪᡳᠴᡳ 仿。「罷咱」「是呢」帶商酌。

○ᡩᠣᠰᡳᠮᠪᡠᡴᡳ ᠰᡝᠮᡝ ᡩᡠᡴᠠ ᠪᡝ ᡝᠮᡴᡝᠯᡝᠴᡝᡵᡝ ᡤᡳᠰᡠᠨ᠈ ᡩᠣᠰᡳᠮᠪᡠᡴᡳ᠈ ᠰᡝᠮᡝ ᠪᡝ ᡩᠣᡵᠣ ᠰᡝᠮᠪᡳ᠉
以其道。猶欲其入而閉之門也。

○ᠮᡝᡵᡤᡝᠨ ᠪᡝ ᠪᠠᡳᠴᠠᠮᡝ ᠰᠠᡳᠰᠠ ᠪᡝ ᡩᠣᡵᠣ ᡩᡝ ᠠᠴᠠᠮᡝᡵᡝ ᠪᡝ ᠠᡳᠰᡳᠯᠠᡵᠠ ᠪᡝ ᠪᠠᡳᠰᡳ ᡩᠣᡵᠣ᠉ 欲見賢人而不以其道。

○ᠪᡠᠶᡝᠮᠪᡳ ᠪᡝ ᠸᡝᠰᡳᡥᡠᠨ ᠰᡝᠮᡝ ᠪᡠᡳᠮᠪᡳ᠉ ᠪᡠᠶᡝᠮᠪᡳ ᠪᡝ ᠪᠠᠶᠠᠨ ᠰᡝᠮᡝ ᠪᡠᡳᠮᠪᡳ᠉ 親之欲其貴也。愛之欲其富也。

「欲人如此」ᠴᡳ ᡴᡳ᠉

○ 人一能之。五就湯。五就桀。

○ 「遭」「次」「盪」。變音不變有成格。

○ 排鄰比户。

○ 單詞隻字。

疊用

○ 念念。

○ 事事。

○ 人人。

「事物重上」用

○ 舉動相猜。

○ 則曰。古之人古之人。

「虛下」 須整用。上非整字必

○ 時時。

○ 年年。

○ 坐以待旦。

○ 可立而待也。

心專不少活。「直然」「竟爾」没回折。

○ 先王之道。

○ 子孫保之。兄弟怡怡。

「們」等 單聯用法按成格。

○整字下用

○[整字下]、 年四十而見惡焉。其終也已。

○ 由湯至於武丁。賢聖之君六七作。

與 「直到」三字尾聯著。

○ 各十五。

○ 皆有聖人之一體。

○ 公侯皆方百里。

「每個」字用 「每人」「每分」「各該」得。

己百之。人十能之。己千之。

委棄 [Manchu] 「盡力」格。并無迴護不斟酌。

○[Manchu] 守死善道。

○[Manchu]

事君能致其身。

[Manchu] 「只顧這們著」。貪前忘後過失多。

○[Manchu]

[Manchu] 始以合歡。而俱入醉鄉則一言不合。至操刀而相向。

○[Manchu] 造釁以傾人。究之布阱以自陷。

[Manchu] 與 [Manchu] 差不多。只知有此不知他。

○[Manchu] 所患習焉不察。至自離於人倫

之外。

○[Manchu]

[Manchu] 若視爲具文。怠忽從事。至於被盜者失財。連坐者受累。

[Manchu] 是「固」是「若」說。援上證下兩顛奪。

○[Manchu] [固字] [Manchu]

愈疏不孝也。不可磯。亦不孝也。

○ᡤᡝᠯᡥᡠᠨ ᠠᡴᡡ ᠠᠮᠠᠷᡳᠯᠠᠷᠠᠩᡤᡝ ᠸᠠᡴᠠ᠈ ᠮᠣᡵᡳᠨ ᡳᠪᡝᡩᡝᡵᠠᡴᡡ ᠣᡶᡳ ᡴᠠᡳ᠉ 非敢後也。馬不進也。

○ᡶᡠᡯᡳ ᡳ ᡩᠣᠷᠣ ᠪᡝ ᠪᡠᠶᡝᡵᠠᡴᡡᠩᡤᡝ ᠸᠠᡴᠠ᠈ ᡥᡡᠰᡠᠨ ᡳᠰᡳᡵᠠᡴᡡ ᠣᡶᡳ ᡴᠠᡳ᠉ 非不說子之道。力不足也。

ᠣᡶᡳ「因爲」語虛活。

○[illegible] [未然凡所字] [illegible] 所識窮乏者。

○[illegible] [凡所字] [illegible] 相逢多語怪之人。皆睿慮之所周。

○[illegible] [凡所字] [illegible] 凡民情之所習。

或難聯寫或單用。不必[illegible] 接[illegible]

○[illegible] [未然字] [illegible] 凡有血氣者。莫不尊親。

○[illegible] [已然字] [illegible] 率土之濱。莫非王臣。

○[illegible] [已然字] [illegible] 聞者莫不興起也。

○[illegible] [已然字] [illegible] 所過者化。所存者神。

○[illegible] [凡字] [illegible] 唯其言而莫予違也。

「凡」「所」應翻[illegible]與[illegible] 已加[illegible] 未[illegible]

○[illegible] [若說] [illegible] 君而知禮。孰不知禮。

○[illegible] [固字] [illegible] 舜人也。我亦人也。

若作「蓋」字用。可托可不托。

○天將以夫子爲木鐸。

「想必」也加得。

○君子人與。君子人也。

○或問之曰。若是乎從者之廋也。

「敢情」「罷」

○仕非爲貧也。以爲爲無禮也。

○不知者以爲爲肉也。其知者

「因爲」「爲什麼」。

○文獻不足故也。何爲也哉。

「因爲」「因緣故」。

○果在外。非由内也。

○大凡子弟之率不謹。皆由父兄之教不先。

「因爲」過失多。

夫民今而後得反之也。君無尤焉。

○[illegible]

[illegible]「該當是」輪著。

率。

○[illegible]

[illegible]「理該如此」。

○[illegible] 可食而食之矣。

[illegible]「該當」是「理合」。

○[illegible] 宜以和輯之風。爲一方表

○[illegible] 宜乎百姓之謂我愛也。

○[illegible] 夫子之云。不亦宜乎。

[illegible] 字「該當」「據理」說。

○[illegible] 天不言。以行與事示之而已矣。

○[illegible] 述而不作。

[illegible]「決斷罷咧」說。不比 [illegible] 口氣活。

○[illegible] 君子於其所不知。蓋闕如也。

○[illegible] 蓋人心之靈。莫不有知。

一般「恐」字兩般說。聯用 ᡵᠠᡥᡡ 單 ᠠᠶᠣᠣ：

○ᡯᡳ ᠯᡠ ᡩᠣᠨᠵᡳᡥᠠ ᠪᡝ ᠪᡳᡥᡝ ᠶᠠᠪᡠᠮᡝ ᠮᡠᡨᡝᡵᡝᠩᡤᡝ，ᡤᡝᠯᡳ ᡩᠣᠨᠵᡳᡥᠠ ᠪᡝ ᠶᠠᠪᡠᡵᠠᡴᡡ ᠣᠵᠣᡵᠠᡥᡡ[接 ᠰᡝ]：子路有聞。未之能行。唯恐有聞。

○ᠠᠮᠠ ᡝᠮᡝ ᡩᠠᠮᡠ ᠨᡳᠮᡝᡴᡠ ᠣᠵᠣᡵᠠᡥᡡ[接 ᠰᡝ] ᠵᠣᠪᠣᠮᠪᡳ：父母唯其疾之憂。

○ᡳᡵᡤᡝᠨ ᡩᠠᠮᡠ ᠸᠠᠩ ᠪᡝ ᠪᠠᡨᡠᡵᡠ ᡩᡝ ᠠᠮᡠᡵᠠᠨ ᠠᡴᡡ ᠣᠵᠣᡵᠠᡥᡡ[接 ᠰᡝ]：民惟恐王之不好勇也。

○ᠪᡳ ᡤᡳᠰᡠᠨ ᡳ ᠵᠣᠪᠣᠯᠣᠨ ᠵᡠᠸᠠᠨ ᡳᡠᡳ ᡩᡝ ᠠᡴᡡ，ᡶᠠᡩᠠᡵᠠᠨ ᡳ ᡩᠣᠯᠣ ᡩᡝ ᠪᡳ ᠣᠵᠣᡵᠠᡥᡡ[接 ᠰᡝ]：吾恐季孫之憂。不在顓臾。而在蕭墻之內也。

ᡵᠠᡥᡡ 接串用。口氣難斷緊接 ᠰᡝ：

○ᠰᡳᡵᡩᠠᠨ ᠸᡝᡳᠯᡝᡵᡝᠩᡤᡝ，ᡩᠠᠮᡠ ᠨᡳᠶᠠᠯᠮᠠ ᠪᡝ ᡶᡝᠶᡝᠯᡝᠮᡝ ᠮᡠᡨᡝᡵᠠᡴᡡ ᠣᠵᠣᡵᠠᡥᡡ[接 ᠰᡝ]：ᡠᡴᠰᡳᠨ ᠸᡝᡳᠯᡝᡵᡝᠩᡤᡝ，ᡩᠠᠮᡠ ᠨᡳᠶᠠᠯᠮᠠ ᠪᡝ ᡶᡝᠶᡝᠯᡝᡵᡝ ᠣᠵᠣᡵᠠᡥᡡ[接 ᠰᡝ]：矢人惟恐不傷人。函人惟恐傷人。

ᠠᠶᠣᠣ 作「恐其」疑問語。其下 ᠰᡝ 字不須托。

○ᠨᡳᠶᠠᠯᠮᠠᡳ ᠵᠠᠯᡳᠨ ᠪᠣᡩᠣᡵᠣ ᡩᡝ ᡨᠣᠨᡩᠣ ᠠᡴᡡ ᠠᠶᠣᠣ：為人謀而不忠乎。

○ᡤᡠᠴᡠ ᡤᠠᡵᡤᠠᠨ ᡳ ᠪᡝ ᡤᡠᠴᡠᠯᡝᡵᡝ ᡩᡝ ᠠᡴᡩᡠᠨ ᠠᡴᡡ ᠠᠶᠣᠣ：與朋友交而不信乎。

「倘曾」「倘有」ᠪᡳᠴᡳ 托。

○ᠠᠪᡴᠠ ᡝᡵᡝ ᡧᡠ ᠪᡝ ᡤᡠᡴᡠᠪᡠᡵᡝ ᠪᡳᡥᡝ ᠪᡳᠴᡳ[實際指論]，ᠠᠮᠠᡤᠠ ᠪᡠᠴᡝᡵᡝᠩᡤᡝ ᡩᡝ，ᡝᡵᡝ ᡧᡠ ᠪᡝ ᠪᠠᡥᠠᠮᠪᡳ ᠪᡳᡥᡝ[應]：天之將喪斯文也。後死者。不得與於斯文也。

○ᠮᡝᠨᡳ ᠸᠠᠩ ᠰᠠᡵᡤᠠᡧᠠᡵᠠᡴᡡ ᠪᡳᠴᡳ[空處設想]、ᠮᡝᠨᡳ ᠠᡩᠠᡵᠠᠮᡝ ᡨᡝᠶᡝᠮᠪᡳᡥᡝ[應]᠉ ᠮᡝᠨᡳ ᠸᠠᠩ ᠰᡝᠪᠵᡝᠯᡝᡵᠠᡴᡡ ᠪᡳᠴᡳ᠈ ᠮᡝᠨᡳ ᠠᡩᠠᡵᠠᠮᡝ ᠠᡳᠰᡳᠯᠠᠮᠪᡳᡥᡝ[應]᠉ 吾王不游。吾何以休。吾王不豫。吾何以助。

○ᠠᡳᡴᠠ ᡩᠠᠰᠠᠨ ᠪᡳᡥᡝ ᠪᡳᠴᡳ[實際指論]、ᠮᡳᠮᠪᡝ ᠪᠠᡳᡨᠠᠯᠠᡵᠠᡴᡡ ᠣᡴᡳᠨᡳ᠈ ᠪᡳ ᡳᠨᡠ ᠪᠠᡥᠠᡶᡳ ᡩᠣᠨᠵᡳᠮᠪᡳᡥᡝ[應]᠉ 如有政。雖不吾以。吾其與聞之。

○ᡨᡠᡨᡨᡠ ᠣᡶᡳ ᠮᡝᡵᡤᡝᠰᡝ ᠠᡴᡡ ᠪᡳ᠉ ᠪᡳᠴᡳ[空處設想] ᠪᡳ ᠪᡳ ᡠᡵᡠᠨᠠᡴᡡ ᠰᠠᠮᠪᡳᡥᡝ[應]᠉ ᠪᡳᠴᡳ[空處設想]、ᠪᡳ ᡨᡝᠮᡤᡝᡨᡠᠯᡝᠮᡝ ᠮᡠᡨᡝᠮᠪᡳᡥᡝ[應]᠉ 是故無賢者也。有。則髡必識之。足。則吾能徵之矣。

○ᠠᠪᡴᠠᡳ ᡥᡝᠰᡝ ᠪᡝ ᠠᠯᡳᡥᠠ ᡥᠠᡶᠠᠨ ᠪᡳᠴᡳ[空處設想]、ᡨᡝᠨᡳ ᡩᠠᡳᠯᠠᠴᡳ ᠣᠴᡳ᠈ ᡨᡝᠨᡳ ᡩᠠᡳᠯᠠᠮᡝ ᠮᡠᡨᡝᠮᠪᡳᡥᡝ[應]᠉ 彼如曰。孰可以伐之。則將應之曰。爲天吏則可以伐之。

ᠠᡴᡡ ᠪᡳᠴᡳ 是「倘無」說。

○ᠵᡠᠯᡤᡝ ᠯᡠ ᡤᡠᡵᡠᠨ ᡳ ᠮᡠ ᡤᡠᠩ᠈ ᡩᡷ ᠰᡟ ᡳ ᡩᠠᠯᠪᠠᡩᡝ ᠨᡳᠶᠠᠯᠮᠠ ᠠᡴᡡ ᠪᡳᠴᡳ[實際指論]、ᡩᡷ ᠰᡟ ᠪᡝ ᡝᠯᡥᡝ ᠣᠪᡠᠮᡝ ᠮᡠᡨᡝᡵᠠᡴᡡ ᠪᡳᡥᡝ[應]᠉ ᠰᡳᡝ ᠯᡳᠣ᠈ ᡧᡝᠨ ᠰᡳᠶᠠᠩ᠈ ᠮᡠ ᡤᡠᠩ ᠨᡳ ᡩᠠᠯᠪᠠᡩᡝ ᠨᡳᠶᠠᠯᠮᠠ ᠠᡴᡡ ᠪᡳᠴᡳ[實際指論]、ᡳᠴᡝ ᠪᡝᠶᡝ ᠪᡝ ᡝᠯᡥᡝ ᠣᠪᡠᠮᡝ ᠮᡠᡨᡝᡵᠠᡴᡡ ᠪᡳᡥᡝ[應]᠉ 昔者魯繆公無人乎子思之側。則不能安子思。泄柳、申詳無人乎繆公之側。則不能安其身。

○ᡤᡠᠸᠠᠨ ᠵᡠᠩ ᠠᡴᡡ ᠪᡳᡥᡝ ᠪᡳᠴᡳ[實際指論]、ᠮᡠᠰᡝ ᡶᡠᠨᡳᠶᡝᡥᡝ ᠰᡳᠨᡩᠠᡶᡳ ᠠᡩᠠᠰᡠᠨ ᡥᠠᡧᡥᡡ ᠣᠪᡠᠮᠪᡳᡥᡝ[應] ᡴᠠᡳ᠉ 微管仲。吾其披髮左衽矣。

勿論「指實」與「設想」。追叙當初應 ᠪᡳᡥᡝ᠉

○ᠪᡳᠴᡳ 作「倘曾」「倘有」「追叙已然口氣」解。故句尾以ᠪᡳᡥᡝ字應之。然有「空虛設想」「實際指論」之分。惟於ᠪᡳᠴᡳ上有ᠪᡳᡥᡝ字。無ᠪᡳᡥᡝ字辨之。

ᠪᡳᠴᡳ 若作「如有」用。ᠪᡳᡥᡝ字斷應不得。

○ [illegible] 朕躬有罪。無以萬方。萬方有罪。罪在朕躬。

自古從前應ᠪᡳᡥᡝ、總結往事講「來著」。

○ᠵᡠᠯᡤᡝᡳ ᠨᡳᠶᠠᠯᠮᠠ ᡤᡝᠮᡠ ᡠᡨᡨᡠ ᠪᡳᡥᡝ᠉ 古之人皆然。

○ᠪᡳ [illegible] ᠪᡳᡥᡝ᠉ 吾他日未嘗學問。好馳馬試劍。

ᠰᡝᠮᡝ᠈ ᡠᡩᡠ᠈ ᠣᠴᡳᠪᡝ 三揆「雖而」義差多。ᠰᡝᠮᡝ 單用神活泛。「縱然」「就便」與「雖說」。

○ᠨᡳᠶᠠᠯᠮᠠ ᠰᠠᡵᡴᡡ ᠰᡝᠮᡝ᠈ [illegible] 人不知而不慍。不亦君子乎。

○ᠠᠵᡳᡤᡝ ᡩᠣᡵᠣ ᠰᡝᠮᡝ᠈ ᡠᡵᡠᠨᠠᡴᡡ ᡨᡠᠸᠠᠴᡳ ᠣᠵᠣᡵᠣ ᠪᠠᠪᡳ᠉ 雖小道必有可觀者焉。

○ᡝᡴᡧᡝᡵᡝ ᡥᠠᡥᡳᠯᠠᡵᠠ ᡩᡝ ᠰᡝᠮᡝ᠈ ᡠᡵᡠᠨᠠᡴᡡ ᡝᡩᡝ᠈ ᡨᡠᡥᡝᡵᡝ ᠠᡶᠠᠨᠠᡵᠠ ᡩᡝ ᠰᡝᠮᡝ᠈ ᡠᡵᡠᠨᠠᡴᡡ ᡝᡩᡝ᠉ 造次必於是。顛沛必於是。

○ᠮᡝᠨᡨᡠᡥᡠᠨ ᡥᠠᡥᠠ ᠮᡝᠨᡨᡠᡥᡠᠨ ᡥᡝᡥᡝ ᠰᡝᠮᡝ᠈ ᠰᠠᡵᠠ ᡩᡝ ᠣᠮᠪᡳ᠉ ᡨᡝᠨ ᡩᡝ ᡳᠰᡳᠨᠠᠴᡳ᠈ ᡝᠨᡩᡠᡵᡳᠩᡤᡝ ᠨᡳᠶᠠᠯᠮᠠ ᠰᡝᠮᡝ᠈ ᡳᠨᡠ ᠰᠠᡵᡴᡡ ᠪᠠᠪᡳ᠉ 夫婦之愚。可以與知焉。及其至也。雖聖人亦有所不知焉。

○ᡠᡩᡠ ᠨᡳᠶᠠᠮᠠᠨ ᠪᡳᠴᡳ ᠰᡝᠮᡝ᠈ ᡤᠣᠰᡳᠩᡤᠠ ᠨᡳᠶᠠᠯᠮᠠ ᡩᡝ ᡳᠰᡳᡵᠠᡴᡡ᠉ 雖有周親。不如仁人。

○ᡠᡩᡠ ᠵᡝᡴᡠ ᠪᡳᠴᡳ ᠰᡝᠮᡝ᠈ ᠪᡳ ᠪᠠᡥᠠᡶᡳ ᠵᡝᠮᠪᡳᠣ᠉ 雖有粟。吾得而食諸。

「雖有」「縱有」「即便有」。ᡠᡩᡠ 下接 ᠪᡳᠴᡳ ᠰᡝᠮᡝ᠉

○ᡤᠠᡧᠠᠨ ᡳ ᡤᡠᠪᠴᡳ [illegible] ᠨᡳᠶᠠᠯᠮᠠ᠈ ᠰᡝᠮᡝ[倒裝] [illegible]᠉ 一鄉皆稱愿人焉。

○ᠠᡳ ᡤᡠᠩ᠈ ᡧᠠᠪᡳ ᠸᡝ [illegible] ᡩᡝ [illegible] ᠰᡝᠮᡝ[倒裝] [illegible]᠉ 哀公問弟子孰爲好學。

簞食壺漿。以迎王師。豈有他哉。避水火也。

[illegible]᠉ [illegible]᠉ 民以爲將拯己於水火之中也。

○[illegible] ᠰᡝᠮᡝ[以爲]、[illegible]

○ᡨᡠᠰᠠ ᠠᡴᡡ ᠰᡝᠮᡝ[以爲] [illegible]᠈ [illegible] ᠵᡝᡴᡠ ᠪᡝ [illegible]᠉ 以爲無益而舍之者。不耘苗者也。

[等因]與「爲此」同義。但於奏章咨文内用。

教。則近於禽獸。聖人有憂之。

○[illegible] ᠰᡝᠮᡝ[爲此]、[illegible] ᠵᠣᠪᠣᠮᠪᡳ᠉ 逸居而無

○ᠪᡳ [illegible] ᠰᡝᠮᡝ[爲此]、[illegible] ᠵᠣᠪᠣᠮᠪᡳ᠉ 我由未免爲鄉人也。是則可憂也。

倒裝「承上起下」字。「等因」「爲此」「以爲」説。

○ᠰᡝᠮᡝ 口氣虛活。雖有。縱然。就便。雖説。等義。其實相通。」

○ᡝᠨᡩᡠᡵᡳᠩᡤᡝ ᠨᡳᠶᠠᠯᠮᠠ ᡩᠠᠰᠠᠮᡝ ᡨᡠᠴᡳᡴᡝ ᠰᡝᠮᡝ᠈ ᡠᡵᡠᠨᠠᡴᡡ ᠮᡳᠨᡳ ᡤᡳᠰᡠᠨ ᠪᡝ ᡩᠠᡥᠠᠮᠪᡳ᠉ 聖人復起。必從吾言矣。

○[Manchu] 宜若無罪焉。薄乎云爾。

「雖然說」是 ᠰᡝᠴᡳᠪᡝ᠉

○[Manchu] 雖在縲紲之中。非其罪也。

○[Manchu] 性也。有命焉。

○[Manchu] 冉牛、閔子、顏淵則具體而微。

ᠪᡳᠴᡳᠪᡝ 「雖有」與「雖在」。

○[Manchu] 死徙無出鄉。

○[Manchu] 擇焉而不精。語焉而不詳。

○[Manchu] 樂而不淫。哀而不傷。

[Manchu] 聯用義板重。不帶挑剔必貶駁。

○[Manchu] 養其一指。而失其肩背。

○[Manchu] 大義雖明。而微言未析。

○[Manchu] 盡美矣。未盡善也。

[Manchu] 「能此不能彼」。上正下反方用得。

○[Manchu] 雖曰未學。吾必謂之學矣。

「雖說」「縱說」「即便說」。[Manchu] 下接 [Manchu]

○敬事而信。節用而愛人。

○貧而無諂。富而無驕。

○仁且智。

「而且」「而又」用：整下單用破聯著。

○於此有人焉。

是「譬如説」。

○於此有人焉。

○今夫天。

「今夫」是比語。

○君子無入而不自得焉。

○無所往而不爲原人。

「無往」「無入」

○左右逢其原。

○故事半古之人。功必倍之。

「雖爲」與「雖或」。

○今之所謂良臣。古之所謂民賊也。

○ᠪᡳᠴᡳᠪᡝ᠈ ᡴ᠋ᠣ ᠪᡳ᠈ ᡨᡝᡵᡝᡳ ᠮᡠᠸᠠ ᠪᠠᠪᡝ ᡩᠣᠨᠵᡳᡥᠠ ᠪᡳᡥᡝ᠉ 然而軻也。嘗聞其略也。

○ᠪᡳ ᡠᡩᡠ ᡨᡠᡨᡨᡠ ᠪᡳᠴᡳᠪᡝ᠈ ᠸᠠᠩ ᠪᡝ ᠸᠠᠯᡳᠶᠠᠮᠪᡳᠣ᠉ 予雖然。豈舍王哉。

○ᡨᡠᡨᡨᡠ ᠪᡳᠴᡳᠪᡝ᠈ ᠪᡳ ᡩᠣᠨᠵᡳᡥᠠ ᠪᡳᡥᡝ᠉ 雖然。吾嘗聞之矣。

ᡨᡠᡨᡨᡠ ᠪᡳᠴᡳᠪᡝ 雖然也。大轉「雖則」「那樣」說。

○ᡯᡝᠩᡯᡳ᠈ ᡯ᠈ ᠰᡟ᠈ ᠪᠠ ᠪᡝ ᡥᡡᠯᠠᡧᠠᠴᡳ᠈ ᡤᡝᠮᡠ ᡨᡠᡨᡨᡠ᠉ 曾子子思易地則皆然。

○ᡤᡠᠸᠠᠨ ᠵᡠᠩ᠈ ᡝᠵᡝᠨ ᠪᡝ ᠪᠠᡥᠠᠩᡤᡝ ᡨᡠᡨᡨᡠ ᠴᠣᡥᠣᡨᠣᡳ᠈ ᡤᡠᡵᡠᠨ ᡳ ᡩᠠᠰᠠᠨ ᠪᡝ ᠶᠠᠪᡠᠪᡠᡥᠠᠩᡤᡝ ᡨᡠᡨᡨᡠ ᡤᠣᡳᡩᠠᠮᡝ᠈ ᡤᡠᠩᡤᡝ ᡶᠠᡧᡧᠠᠨ ᡨᡠᡨᡨᡠ ᡶᡠᠰᡳᡥᡡᠨ ᡴᠠᡳ᠉ 管仲得君如彼其專也。行乎國政如彼其久也。功烈如彼其卑也。

ᡨᡠᡨᡨᡠ「如彼」「那們著」。

○ᡶᡠᠯᡝᡥᡝ ᠪᡳᠰᡳᡵᡝᠩᡤᡝ᠈ ᡠᡨᡨᡠ᠈ ᡨᡠᡨᡨᡠ ᡨᡠᡨᡨᡠ ᡝᡵᡝ ᡤᠠᡳᡥᠠᠩᡤᡝ ᡩᠠᠪᠠᠯᠠ᠉ 有本者如是。是之取耳。

○ᡩᠠᠮᡠ ᡝᡵᡝ ᡝᡵᡳᠨ ᡝᡵᡝ ᡨᡠᡨᡨᡠ ᡩᠠᠪᠠᠯᠠ᠉ 惟此時爲然。

○ᡠᡨᡨᡠ ᠣᠴᡳ᠈ ᠮᡠᠵᡳᠯᡝᠨ ᠠᡧᡧᠠᠮᠪᡳᠣ ᠠᡴᡡ᠉ 如此。則動心否乎。

ᡠᡨᡨᡠ「如此」「這們著」。

○ᡩᠣᡵᠣ ᡥᠠᠨᠴᡳ ᠪᡳᠮᡝ[在而且]᠈ ᡤᠣᡵᠣ ᡩᡝ ᠪᠠᡳᠮᠪᡳ᠉ ᠪᠠᡳᡨᠠ ᠵᠠ ᠪᡳᠮᡝ[在而且]᠈ ᠮᠠᠩᡤᠠ ᡩᡝ ᠪᠠᡳᠮᠪᡳ᠉ 道在邇而求諸遠。事在易而求諸難。

○ᠵᡠᡤᡡᠨ ᡩᡝ ᠶᡠᠶᡠᡵᡝ ᠪᡠᠴᡝᡥᡝᠩᡤᡝ ᠪᡳᠮᡝ[有而且又]᠈ ᠨᡝᡳᡴᡝ ᠪᡝ ᠰᠠᡵᡴᡡ᠉ 塗有餓莩。而不知發。

「有而且又」「在而且」「承上起下」ᠪᡳᠮᡝ᠉

○ᡨᡠᡨᡨᡠ ᠣᡶᡳ᠈ ᡤᠣᡵᠣᡴᡳ ᠨᡳᠶᠠᠯᠮᠠ ᡩᠠᡥᠠᡵᠠᡴᡡ᠉ 夫如是。故遠人不服。

○ᡨᡠᡨᡨᡠ ᠣᡶᡳ᠈ ᠠᠩᡤᠠᠯᡳᠩᡤᡡ ᠪᡝ ᡠᠪᡳᠶᠠᠮᠪᡳ᠉ 是故惡夫佞者。

○ᡨᡠᡨᡨᡠ ᠣᡶᡳ᠈ ᠠᠮᠪᠠᠰᠠ ᠰᠠᡳᠰᠠ ᡩᡝ ᠠᠮᠪᠠ ᡩᠣᡵᠣ ᠪᡳ᠉ 是故君子有大道。

○ᡨᡠᡨᡨᡠ ᠣᡶᡳ᠈ ᡠᠯᡳᠨ ᡳᠰᠠᠴᡳ ᡳᡵᡤᡝᠨ ᠰᠠᠮᠰᡳᠮᠪᡳ᠉ 是故財聚則民散。

ᡨᡠᡨᡨᡠ ᠣᡶᡳ 「是故」也。粗解「因爲那們」著。

○ᡨᡠᡨᡨᡠ ᠣᠴᡳ᠈ ᡧᠠᠪᡳᠰᠠ ᡳ ᡥᡡᠯᡳᠮᠪᡠᡵᡝ ᡝᠯᡝ ᠯᠠᠪᡩᡠ᠉ 若是。則弟子之惑滋甚。

○ᡨᡠᡨᡨᡠ ᠣᠴᡳ᠈ ᠠᡩᠠᠯᡳ ᠪᡳᠣ᠉ 然則有同與。

○ᡨᡠᡨᡨᡠ ᠣᠴᡳ᠈ ᡨᡝᠰᡝ ᡤᡝᠮᡠ ᠸᠠᡴᠠᠣ᠉ 然則彼皆非與。

ᡨᡠᡨᡨᡠ ᠣᠴᡳ 「若那樣」。文氣大轉乃「然則」。

ᡨᡠᡨᡨᡠ᠈ ᡨᡠᡨᡨᡠ 本可互用。但有翻入翻出之別。宜詳漢文口氣用之。

○ᡨᡠᡨᡨᡠ ᠪᡳᠮᡝ ᠸᠠᠩ ᠣᠵᠣᡵᠠᡴᡡᠩᡤᡝ᠈ ᠠᡴᡡ ᡴᠠᡳ᠉ 然而不王者。未之有也。

○ᡨᡠᡨᡨᡠ ᠪᡳᠮᡝ᠈ ᡝᡨᡝᡥᡝᡴᡡᠩᡤᡝ᠈ ᡝᠨᡝ ᠠᠪᡴᠠᡳ ᡝᡵᡳᠨ᠈ ᠨᠠ ᡳ ᠠᡳᠰᡳ ᡩᡝ ᡳᠰᡳᡵᠠᡴᡡ᠉ 然而不勝者。是天時不如地利也。

○ᡨᡠᡨᡨᡠ ᠪᡳᠮᡝ᠈ ᠸᡝᠨ ᠸᠠᠩ ᡥᠣᠨᠣ ᡨᠠᠩᡤᡡ ᠪᠠ ᠴᡳ ᠶᡝᠨᡩᡝᡥᡝ᠈ ᡨᡠᡨᡨᡠ ᠮᠠᠩᡤᠠ ᡴᠠᡳ᠉ 然而文王由方百里起。是以難也。

ᡨᡠᡨᡨᡠ ᠪᡳᠮᡝ 「然而又」「那們著而又這們著」。說口氣。故舍字取神。而用 ᡨᡠᡨᡨᡠ ᠰᡝᠮᡝ 是也。倘泥漢而用 ᡨᡠᡨᡨᡠ ᠪᡳᠮᡝ。大錯矣。

○翻譯之道。斷不可爲漢字所縛。如此條「然而」二字。是上承不聞其詳之由。下起嘗聞其略之旨。乃雖

○且以文王之德。百年而後崩。

○且爾言過矣。

句首著。「況且」一轉別提說。

○今之君子豈徒順之。又從而爲之辭。

○非徒無益。而又害之。

「豈但」說。整字盡加得。

○二注見前。

○與其媚於奧。寧媚於竈。

下文遇「寧」或「指派」。使令著。

○與其追悔於事後。孰若嚴訓於平時。

「與其」說。「不如」托。

○行吾敬。故謂之內也。

○吾不試。故藝。

○吾少也賤。故多能鄙事。

上度下。窮源「故」字倒裝著。

自然「既」字用 ᠪᡝ ᡩᡝᡵᡝ᠈ 猶水趨東順下格。未然上用 ᠴᡳ᠈ ᠴᡳ᠈ ᡩᡝ᠉

○ᡝᠨᡩᡠᡵᡳᠩᡤᡝ ᠨᡳᠶᠠᠯᠮᠠ ᠸᠠᡴᠠ ᠣᠴᡳ᠈ ᡠᡨᡨᡠ ᠮᡠᡨᡝᠮᠪᡳᠣ᠉ ᡨᡝᡵᡝ ᠠᠩᡤᠠᠯᠠ ᠪᡝ ᠪᡳ ᡩᡝᡵᡝ᠉ 非聖人而能若是乎。而況於親炙之者乎。

○ᠵᡠᠯᡤᡝ ᡤᡳᠰᡠᠨ ᠪᡝ᠈ ᠪᡝᠶᡝ ᡨᡠᠮᡝᠨ ᠠᠩᡤᠠᠯᠠ ᠪᡝ᠈ ᡨᡝᡵᡝ ᠪᡝ ᠪᡳ ᡩᡝᡵᡝ᠉ 仁智。周公未之盡也。而況於王乎。

不爲管仲者乎。

○ᡤᡠᠸᠠᠨ ᠵᡠᠩ ᠪᡝ ᡥᠣᠨᠣ ᠰᡝ ᠰᡝᠮᡝ ᠠᠩᡤᠠᠯᠠ ᠪᡝ᠈ ᠪᡳ ᡩᡝᡵᡝ ᠪᡝ ᡨᡝᡵᡝ ᠠᠩᡤᠠᠯᠠ ᠪᡝ ᠪᡳ ᡩᡝᡵᡝ᠉ 管仲且猶不可召。而況否用 ᠪᡝ ᠰᡝ ᡩᡝᡵᡝ᠉

而況可召與。

○ᡨᡠᠮᡝᠨ ᠰᡝᠵᡝᠨ ᡳ ᡝᠵᡝᠨ᠈ ᡤᠠᠴᡳᡴᠠ ᡤᡳᠰᡠᠨ᠈ ᡥᠣᠨᠣ ᠪᠠᡥᠠᠮᡝ ᠪᡝ᠈ ᠰᡝ ᠰᡝᠮᡝ ᡥᠣᠨᠣ᠉ 千乘之君求與之友。而不可得。

○ᡨᡠᠸᠠᡵᠠ ᠵᠠᡴᠠ ᡳ ᡥᠣᠨᠣ ᠪᠠᡥᠠᠮᡝ ᠠᠩᡤᠠᠯᠠ ᠪᡝ᠈ ᠪᠠᡥᠠ ᠠᠮᠪᠠᠯᠠ ᡥᠠᠯᠠᠨ ᡥᠣᠨᠣ᠉ 見且猶不得亟。而況得而臣之乎。

疑兼「而況」常加 ᠣ᠉

○ᠪᡳᠮᡝ ᠪᡳ᠈ ᡳ ᡥᠣᠨᠣ ᡝᠮᡠᠰᡝᠮᡝ ᠪᡝ ᠠᡴᡡᠨᡳᠩᡤᡝ᠉ 二。吾猶不足。如之何其徹也。

實「尚且」字照 ᡥᠣᠨᠣ᠉

○ᡝᠨᡩᡠᡵᡳ ᠣ ᡳᠰᡳᠨᠵᡳᡵᡝᠩᡤᡝ᠈ ᠪᠣᠳᠣᠴᡳ ᠠᠮᠪᠠᠯᠠ ᠪᡝ᠈ ᠮᡠᠵᡳᠯᡝᠨ ᡥᠣᠨᠣ᠉ 神之格思。不可度思。矧可射思。

「尚且還」字用 ᠪᠣᠶᠣ᠉

○ᡥᠣᠨᠣ ᠠᠯᡳᠮᠪᡠᠮᡝ ᠣᠮᠪᡳ ᠪᡝ ᡥᠣᠨᠣ ᠠᠯᡳᠮᠪᡠᠮᡝ ᠣᠮᠪᡳᡵᡝᠣ᠉ 是可忍也。孰不可忍也。

「既而」「既令」說。使令之字上加著。由是入非然不果。連環反套義方合。

○ 二老者。天下之大老也。而歸之。是天下之父歸之也。

○ 君子平其政。行辟人可也。

有力「既」字上加字定無訛。設言「若既肯如此」與反大格。

○ 不仁不智。無禮無義。人役也。

○ 王好戰。請以戰喻。

整字字「將然」下。可不著。

○ 不遠千里而來。亦將有以利吾國乎。

已然上加

耕也餒在其中矣。學也祿在其中矣。君子憂道不憂貧。

○

○ᠰᡳᡴᠰᡝ ᠨᡳᠮᡝᡴᡠ ᠰᡝ ᠮᠠᡵᠠᡥᠠ᠂ ᡝᠨᡝᠩᡤᡳ ᠰᡝ ᠠᠴᠠᠨᠠᠴᡳ᠂ ᠠᡳᠨᠴᡳ ᠣᠵᠣᡵᠠᡴᡡ ᡩᡝᡵᡝ᠉ 昔者辭以病。今日吊。或者不可乎。

ᠮᠠᠩᡤᡳ 亦「既而」「既令」說。使令字亦上加著。由淺及深進一步。連環正套義方合。

○ᠪᠠᠨᠵᡳᡴᡳᠨᡳ ᠰᡝ ᠮᠠᠩᡤᡳ᠂ ᡤᡝᠯᡳ ᠪᡠᠴᡝᡴᡳᠨᡳ ᠰᡝᠮᠪᡳ᠉ 既欲其生。又欲其死。

○ᠮᡝᡳᡨᡝᠮᡝ ᠮᠠᠩᡤᡳ᠂ ᡤᡝᠯᡳ ᡥᡡᠰᡥᡡᠮᠪᡳ᠉ ᡩᡠᡩᡠ ᠮᠠᠩᡤᡳ ᡤᡝᠯᡳ ᠨᡳᡵᡠᠮᠪᡳ᠉ 既切之而復磋之。既琢之而復磨之。

○ᡤᡡᠨᡳᠨ ᠮᡠᠵᡳᠯᡝᠨ ᠪᡝ ᠠᡴᡡᠮᠪᡠᡥᠠ ᠮᠠᠩᡤᡳ᠂ ᠨᡳᠶᠠᠯᠮᠠ ᡩᡝ ᠵᡝᠨᡩᡝᡵᠠᡴᡡ ᡩᠠᠰᠠᠨ ᠪᡝ ᠰᡳᡵᠠᠪᡠᡥᠠᠪᡳ᠉ 既竭心思焉。繼之以不忍人之政。

○ᠨᡳᠶᠠᠯᠮᠠᡳ ᡤᡳᠰᡠᠨ ᠪᡝ ᡤᡳᠰᡠᡵᡝᡥᡝ ᠮᠠᠩᡤᡳ᠂ ᠪᡝᠶᡝᡳ ᡤᡡᠨᡳᠨ ᠪᡝ ᡤᡝᡨᡠᡴᡝᠯᡝᠮᠪᡳ᠉ 既述人言。復明己志。

若作「然後」「而后」用。不加使令用 ᠮᡝ᠂ ᡨᡝᠨᡳ᠉

○ᡤᡳᠩᠨᡝᡥᡝ ᠮᠠᠩᡤᡳ᠂ ᡨᡝᠨᡳ ᡠᠵᡝᠨ ᠸᡝᡳᡥᡠᡴᡝᠨ ᠪᡝ ᠰᠠᠮᠪᡳ᠉ ᡤᡳᠩᡤᡠᠯᡝᡥᡝ ᠮᠠᠩᡤᡳ᠂ ᡨᡝᠨᡳ ᠣᡳᠮᠪᠣ ᡤᠣᠯᠮᡳᠨ ᠪᡝ ᠰᠠᠮᠪᡳ᠉ ᡳᠯᡳᠨᠠᡵᠠ ᠪᡝ ᠰᠠᡥᠠ ᠮᠠᠩᡤᡳ᠂ ᡨᡝᠨᡳ ᡨᠣᡴᡨᠣᡵᠣ ᠪᠠ ᠪᡳ᠉ ᡨᠣᡴᡨᠣᡥᠣ ᠮᠠᠩᡤᡳ᠂ ᡨᡝᠨᡳ ᠴᡳᠪ ᠰᡝᠮᠪᡳ᠉ ᠴᡳᠪ ᠰᡝᡥᡝ ᠮᠠᠩᡤᡳ ᡨᡝᠨᡳ ᡝᠯᡥᡝ ᠣᠮᠪᡳ᠉ 權。然後知輕重。度。然後知長短。知止而后有定。定而后能靜。靜而后能安。

「引經」「據典」 ᡥᡝᠨᡩᡠᡥᡝᠩᡤᡝ᠉

○ᡳᡵᡤᡝᠪᡠᠨ ᡳ ᠨᠣᠮᡠᠨ ᡩᡝ ᡥᡝᠨᡩᡠᡥᡝᠩᡤᡝ᠂ ᡤᡝᡨᡠᡴᡝᠨ ᠪᡳᠮᡝ᠂ ᡤᡝᠯᡳ ᠮᡝᡵᡤᡝᠨ᠂ ᠪᡝᠶᡝ ᠪᡝ ᡤᡝᡨᡠᡴᡝᠯᡝᠮᡝ ᠪᠠᡥᠠᠪᡠᠮᠪᡳ᠉ 詩曰。既明且哲。以保其身。

○ᡤᡳᡠ ᡶᠠᠨ ᡳ ᡥᡝᠨᡩᡠᡥᡝᠩᡤᡝ᠂ ᡠᡴᠠᡴᠠ ᠨᡳᠶᠠᠯᠮᠠ ᡩᡝ᠂ ᠵᠠᡴᠠ ᠪᡝ ᠪᠣᠣᠪᠠᡳ ᠣᠪᡠᡵᡝ ᠠᡴᡡ᠂ ᠨᡳᠶᠠᠯᠮᠠ ᠪᡝ ᡤᠣᠰᡳᠨ ᠪᡝ ᠪᠣᠣᠪᠠᡳ ᠣᠪᡠᠮᠪᡳ᠉ 舅犯曰。亡人無以爲寶。仁親以爲寶。

旁插「所謂」ᡥᡝᠨᡩᡠᡥᡝᠩᡤᡝ᠉

○ᠶᠠᠩ ᡧᡳ ᡳ ᡥᡝᠨᡩᡠᡥᡝᠩᡤᡝ᠈ ᡝᠮᡠ ᡶᡳᠶᡝᠯᡝᠨ ᡳ ᠣᠶᠣᠩᡤᠣ ᡨᡠᠯᡝᡵᡤᡳ ᠰᡝᡥᡝᠩᡤᡝ᠈ ᡝᡵᡝ᠉ 楊氏所謂一篇之體要是也。

「有言曰」ᡥᡝᠨᡩᡠᡥᡝ ᡤᡳᠰᡠᠨ 也。

○ᠵᡠᠯᡝᡵᡤᡳ ᠪᠠ ᡳ ᠨᡳᠶᠠᠯᠮᠠᡳ ᡥᡝᠨᡩᡠᡥᡝᠩᡤᡝ᠈ ᠨᡳᠶᠠᠯᠮᠠ ᡩᡝ ᡝᠨᡨᡝᡥᡝᠨ ᠠᡴᡡ ᠣᠴᡳ᠈ ᠰᠠᠮᠠᠨ ᡩᠠᡳᡶᡠ ᠰᡝᠮᡝ ᠣᠵᠣᡵᠠᡴᡡ ᠰᡝᡥᡝᠩᡤᡝ᠈ ᠰᠠᡳᠨ

ᡴᠠᡳ᠉ 南人有言曰。人而無恒。不可以作巫醫。善夫。

「諺語」乃 ᡩᡝᡴᡩᡝᠨᡳ ᡥᡝᠨᡩᡠᡥᡝᠩᡤᡝ᠉

○ᡨᡠᡨᡨᡠ ᡩᡝᡴᡩᡝᠨᡳ ᡥᡝᠨᡩᡠᡥᡝᠩᡤᡝ᠈ ᠨᡳᠶᠠᠯᠮᠠ ᡳᠨᡳ ᠵᡠᡳ ᡳ ᡝᡥᡝ ᠪᡝ ᠰᠠᡵᡴᡡ᠈ ᡳᠨᡳ ᠵᡝᡴᡠ ᡳ ᠠᠮᠪᠠ ᠪᡝ ᠰᠠᡵᡴᡡ ᠰᡝᡥᡝᠪᡳ᠉ 故諺有之

曰。人莫知其子之惡。莫知其苗之碩。

「暗引」不言經與典。

○ᡤᡡᠨᡳᠴᡝᡵᠠᡴᡡ ᠪᠠᡳᡵᠠᡴᡡ ᠣᠴᡳ᠈ ᠠᡳᠨᡠ ᠪᠠᡳᡨᠠᠯᠠᠴᡳ ᠰᠠᡳᠨ ᠠᡴᡡ ᠰᡝᡥᡝᠪᡳ᠉ 不忮不求。何用不臧。

○ᡝᡵᡩᡝᠮᡠᠩᡤᡝ ᠮᠠᠩᡤᠠ ᠰᡝᡥᡝᠩᡤᡝ᠈ ᡨᡝᡵᡝ ᡠᡨᡨᡠ ᠠᡴᡡᠨ᠉ 才難。不其然乎。

「舊聞追述」ᠪᡳᡥᡝᠩᡤᡝ᠉

○ᠪᡳ ᡧᠠᠩ ᡩᠣᠨᠵᡳᡥᠠᠩᡤᡝ᠈ ᠪᡠᠴᡝᡵᡝ ᠪᠠᠨᠵᡳᡵᡝ ᡥᡝᠰᡝᠪᡠᠨ ᡩᡝ ᠪᡳ᠉ ᠪᠠᠶᠠᠨ ᠸᡝᠰᡳᡥᡠᠨ ᠠᠪᡴᠠ ᡩᡝ ᠪᡳ᠉ 商聞之矣。死生有

命。富貴在天。

引述既完當「斷住」。ᠰᡝᡥᡝᠪᡳ 字語終托。

○凡引述經典之言畢。以 ᠰᡝᡥᡝᠪᡳ 字托之。

ᠰᡝᠮᠪᡳ[傳述]᠉ 子張曰。子夏云何。對曰。子夏曰。可者與之。其不可者拒之。

○ᡯᡳ ᠵᠠᠩ ᡥᡝᠨᡩᡠᠮᡝ᠈ ᡯᡳ ᡥᡳᠶᠠ ᠠᡳ ᠰᡝᠮᠪᡳ᠉ ᠵᠠᠪᡠᠮᡝ᠈ ᡯᡳ ᡥᡳᠶᠠ ᡳ ᡤᡳᠰᡠᠨ᠈ ᠣᠵᠣᡵᠣᠩᡤᡝ ᡩᡝ ᡤᡠᠴᡠᠯᡝ᠈ ᠣᠵᠣᡵᠠᡴᡡᠩᡤᡝ ᠪᡝ ᠠᠯᠠ

「面述傳述記筆述」。每逢述畢便加 ᠰᡝ᠉

ᠠᠯᠠᡵᠠᡴᡡ ᠪᡝ ᡩᠣᠨᠵᡳᡥᠠ᠉ 子曰。不知也知其說者之於天下也。其如示諸斯乎。指其掌。

○ᡶᡠᡯᡳ ᡥᡝᠨᡩᡠᠮᡝ᠈ ᠰᠠᡵᡴᡡ᠈ ᡨᡝᡵᡝᡳ ᡤᡳᠰᡠᠨ ᠪᡝ ᠰᠠᡵᠠᠩᡤᡝ᠈ ᠠᠪᡴᠠᡳ ᡶᡝᠵᡝᡵᡤᡳ ᠪᡝ᠈ ᡨᡠᠸᠠᠪᡠᡵᡝ ᡩᡝ ᡨᡝᡵᡝ᠈ ᡨᡠᠸᠠᡵᠠ ᡩᡝ᠈ ᡨᡝᡵᡝ

邠人曰。仁人也。不可失也。從之者如歸市。

○ᠪᡳᠨ ᡳ ᠪᠠ ᡳ ᠨᡳᠶᠠᠯᠮᠠ᠈ ᡤᠣᠰᡳᠩᡤᠠ ᠨᡳᠶᠠᠯᠮᠠ ᡴᠠᡳ᠈ ᡠᡶᠠᡵᠠᠴᡳ ᠣᠵᠣᡵᠠᡴᡡ ᠰᡝᡥᡝᠩᡤᡝ᠈ ᡩᠠᡥᠠᠯᠠᡵᠠᠩᡤᡝ ᡥᡡᡩᠠᡳ ᠪᠠ ᡩᡝ ᡤᡝᠨᡝᡵᡝ ᡤᡝᠰᡝ ᠰᡝᠮᠪᡳ᠉

○ᡤᡳᠰᡠᡵᡝᠮᡝ᠈ ᠮᡠᠰᡝᡳ ᠠᠮᠪᠠᠨ ᠴᡠᡳ ᡯᡳ ᡳ ᠠᡩᠠᠯᡳ ᠰᡝᡥᡝ᠈ ᠵᠠᠯᡠᡥᠠ ᠰᡝᡥᡝ᠉ 曰。猶吾大夫崔子也。違之。

○ᠮᡠᠶᡝᠨ ᠰᡝᠮᡝ᠈ ᡳᠯᡳᠮᡝ ᡳ ᠵᡳᠪᡝ ᠪᡝ ᡳᠯᡳᠪᡠᡶᡳ ᡝᡩᡝ ᠪᡝ ᠪᡠᠴᡝᠪᡠᡥᡝ ᠪᡝ ᠰᡳᠪᡠᡥᡝ

ᠰᠠᠪᠰᡳᠮᠪᡳ᠉ 四體不勤。五穀不分。孰爲夫子。植其杖而芸。

議論既完「接叙事」。不插 ᠰᡝᠮᡝ 即 ᠰᡝᡥᡝ᠉

ᠰᡝᠮᡝᡥᡝᡴᡠ ᠪᡝ ᡤᡝᠮᡠᡥᡝᡩᡝ ᠰᡝᡥᡝ᠉ 詩云。鳶飛戾天。魚躍于淵。言其上下察也。

○ᡳᡵᡤᡝᠪᡠᠨ ᡳ ᠨᠣᠮᡠᠨ ᡩᡝ᠈ ᡩᡝ ᡥᡳᠶᡝᠪᡝᠯᡝ ᡩᡝ ᠰᡝᠮᡝᡥᡝ᠈ ᠰᡝᠮᠪᡳ ᡥᡝᠰᡠᡥᡝᠩᡤᡝ᠈ ᠰᡝᡥᡝ ᠰᡝᡥᡝᠩᡤᡝ ᡩᡝ

ᠰᡝᡥᡝ᠉ 詩云。如切如磋。如琢如磨。其斯之謂與。

○ᡳᡵᡤᡝᠪᡠᠨ ᡳ ᠨᠣᠮᡠᠨ ᡩᡝ᠈ ᠮᡝᡳᡨᡝᡵᡝ᠈ ᡤᡳᠯᡳᡵᡝ᠈ ᡩᡠᡴᡩᡝᡵᡝ᠈ ᠮᡠᡩᡠᡵᡝ᠈ ᡤᡳᠯᡳᡵᡝ᠈ ᠰᡝᡥᡝᠩᡤᡝ᠉ ᠰᡝᠮᠪᡳ ᡨᡝᡵᡝ ᠪᡝ ᡤᡝᠰᡠᡥᡝ

引書作證「附斷論」。ᡩᡝᡥᡝ ᠰᡝ 應 ᠰᡝᡥᡝᠩᡤᡝ᠈ ᠰᡝᠮᠪᡳ 承上煞經典。起下斷論用 ᠰᡝᠮᠪᡳ᠉

對曰。不嗜殺人者能一之。孰能與之。對曰。天下莫不與也。

卒然問曰。天下惡乎定。吾對曰。定于一。誰能一之。

「應」

「應」」：伯夷辟紂。居北海之濱。聞文王作。興曰。盍歸乎來。吾聞西伯善養老者。

「應」

得其所哉。

「應子產曰」「應」：校人出曰。孰謂子產知。予既烹而食之。曰。得其所哉。

「引述之中套引述」。「收科之外再收科」。

「傳述」：君曰。告夫三子者。

「記述」：志曰。喪祭從先祖。

易使也。

「面述」：昔者偃也聞諸夫子曰。君子學道則愛人。小人學道則

○條中三個 [illegible] 用 ᠰᡝᠮᡝ 字。[illegible], [illegible] 字起下 [illegible] 至章末共三 [illegible] 字。應 [illegible]。三述問答。似乎破碎。用 [illegible], [illegible], [illegible] 字聯絡之。如一綫穿成。章法自然嚴整。

○[illegible]

[illegible]

[illegible]

[illegible]「應王曰字」

[illegible]「應 [illegible]」：曰。臣聞之胡齕曰。王坐於堂上。有牽牛而過堂下者。王見之。曰。牛何之。對曰。將以釁鐘。王曰。舍之。吾不忍其觳觫。若無罪而就死地。對曰。然則廢釁鐘與。曰。何可廢也。以羊易之。

使令頭頭整字多。

○[illegible], [illegible], 先之勞之。

○[illegible] ᡳ ᠪᡠ, 與之釜。

○當面使令字。與去 ᠮᠪᡳ 留 ᠪᡠ 不同。

破字插腰作用格。去 ᠮᠪᡳ 留腰叫作用。

○ᡩᠠᠰᠠᠨ, 治。ᡩᠠᠰᠠᠮᠪᡳ, 修治。ᡩᠠᠰᠠᠪᡠ： 使修治。

○ᡥᡳᠶᠣᠣᡧᡠᠨ, 孝。ᡥᡳᠶᠣᠣᡧᡠᠯᠠᠮᠪᡳ, 行孝。ᡥᡳᠶᠣᠣᡧᡠᠯᠠᠪᡠ： 使行孝。

○[illegible] 子使漆雕開仕。使上去。

○[illegible] 食云則食。求爲可知也。

破字不便變使令。去 [illegible] 聯 [illegible]

○[illegible] 女爲君子儒。

○[illegible] 敬事而信。

[illegible] 語言必順。步趨必徐行。坐立必居下。

○[illegible] 主忠信。頒示訓諭有曰。息誣告以全善良。

○[illegible]

「整作使令」接 [illegible] 字。不加 [illegible] 即 [illegible]

○[illegible] 直之。 [illegible] 輔之。 [illegible] 翼之。

○[illegible] 勞之。 [illegible] 來之。 [illegible] 匡之。

留 [illegible] 使叫這們著。

○[illegible] 話。 [illegible] 説話。 [illegible] 使説。

○[illegible] 使告訴。 [illegible] 去告訴。 [illegible] 使去告訴。

○[illegible] 弟。 [illegible] 行弟。 [illegible] 使行弟。

○ᡤᡠᠪᠴᡳᠩᡤᡝ ᡳᠨᡝᠩᡤᡳᡧᡠᠨ ᡨᡝᠴᡝᠮᠪᡳ᠉ 群居終日。

○ᡳᠨᡝᠩᡤᡳᠰᡳ ᠰᠠᡵᡳᠯᠠᠴᠠᠮᡝ᠈ ᠠᠮᠠᠰᡳ ᠰᠠᡵᡳᠯᠠᠴᠠᠮᠪᡳ᠉ 群飲聚博。

○ᡶᡠᡵᡠᠨ ᠨᠣᡧᡳ ᡶᡝᠨᡳᠶᡝᠨᡩᡠᠮᡝ ᠰᡝᠪᠵᡝᠨᡩᡠᠮᡝ ᠵᡠᠩᡤᠠ᠉ 聞者莫不興起也。

「大家」「彼此」「一齊」說。腰插 ᠨᡩᡠ᠈ ᠨᡠ᠈ ᠴᠠ᠈ ᠴᡝ᠈ ᠴᠣ᠉

○ᠠᠨᠵᡳᠨ ᡶᡠᠯᡥᡠᡵᡝᠮᠪᡳ ᠪᡝ᠈ ᡳᠯᡥᠠᠯᠠᡵᠠᡴᡡ ᡝᡵᡝ ᡳᠯᡥᠠᠯᠠᠮᡝ ᠠᡵᡤᠠᠩᡤᡝ ᠪᡳ᠉ 苗而不秀者有矣夫。秀而不實者有矣夫。

「生成」「結」「長」亦 ᠯᠠ᠈ ᠯᡝ᠉

○ᠠᡴᡡᠨᠠ ᠪᡳᠯᡝ ᡤᡳᠰᡠᡵᡝᠨᡠᠮᠪᡳ᠉ 必親迎乎。

○ᠵᡠ ᠪᡝ᠈ ᡨᠠᠨᠠ ᡨᡝᠨᡝ᠈ ᡨᠠᠨᠠ᠈ ᡨᡝᠨᡝ ᡤᡝᠨᡝᠮᡝ ᡤᡝᠯᡝᡵᡝᠩᡤᡝ᠉ ᡨᡝᠨᡝ ᡨᠠᠨᠠ ᡨᡝᠨᡝ ᡶᠠᡶᡠᠨ 克告於君。君為來見也。不陷於法律之內。

「去」字插腰 ᠨᠠ᠈ ᠨᡝ᠈ ᠨᠣ᠉

○ᡤᡝᠨᡝ᠈ ᡤᡝᠨᡝ᠈ ᠪᡝ᠈ ᠪᡳ 使令字見前。

○ᡨᠠᠨᠠ ᠸ ᡤᠠᠨᠠ ᠵᡳ[單著] ᡤᡝᠨᡝ᠈ ᡤᠠᠨᠠ ᠮᡠᡨᡝᠮᡠ ᠪᡝ ᠮᡠᠰᡝᠮᡠ ᡤᡝᠨᡝᠮᡝ᠉ 君命召。不俟駕而行。

○ᠮᡳᠨᡳ ᠵᡠ[下] ᠵᡳᡩᡠᠯᡝᠮᡠ[下]᠈ 來咨來茹。

○ᡝᡵᡝᠮᡠ ᡤᡝᡵᡝᠨ ᠪᡝ ᠵᡳᡩᠣ[破字]᠉ 來百工也。

○ᠵᡠᡳ᠈ ᠵᡳᡥᡝ ᠵᡳᡥᡝ ᡨᠠᠨᠠᠨᠠ[插腰] ᠵᡳᡩᡠᡥᡝ᠉ 子亦來見我乎。

ᠵᡳ 字翻「來」有五法。「插腰」「上」「下」「破」「單著」。

「微略」「頻頻」「不定」格。

○ 吃驚。 打冷戰。 ○ 平。 平撫。

○ 算計。 自言自語算計。 ○ 蒙蓋。 撣拂灰塵。

○ 缺。 損之也。損耗。 ○ 等候。 且走且等。

○ 話。 說話。 ○ 蒙古。 效蒙古。

○ 喜。 喜歡。 ○ 漢。 說漢話。

○ 依。照。 仿照。 ○ 清。净。 齋戒。

○ 鞭子。 打鞭子。 ○ 顯露。 顯露出來。

○ 假。謊 虛假。撒謊。 ○ 愚拙。 拙笨兒。

○ 補。 估補。 ○ 怠。 懈怠。

○ 治。 修治。 ○ 計策。 用計。

○ 難。 爲難。 ○ 是。 是之也。

格。破了本體加腰 自爲體用字虛活。

與 插腰「待用」

○ 字可通用。

○ 相泣於中庭而良人未知之也。

民莫非其臣也。

○[illegible] 尺地莫非其有也。

○[illegible] 其所厚者薄。而其所薄者厚。未之有也。

○[illegible] 天下大説。

○[illegible] 舜僞喜者與。

○[illegible] 喜。[illegible] 喜歡。[illegible] 衆喜。[illegible] 大衆喜歡了。[illegible] 共喜矣。

又有叠插三二者。神情口氣始包羅。

○[illegible] 自脱落。[illegible] 自破壞。[illegible] 透出眼孔。

[illegible] 是「自損壞」。與前人力不同科。

○[illegible] 忽然驚怕。[illegible] 小兒睡着一驚一驚。

○[illegible] 盼望。[illegible] 盼望不休。

○[illegible] 凡物令攙合處。[illegible] 共一處攙合之。

○[illegible] 震動。[illegible] 震動不止。

○[illegible] 憂。愁。[illegible] 憂戚。憂愁。

○[illegible] 磕頭。[illegible] 連叩。

○[illegible] 鞭子。[illegible] 亂打鞭子。

加 [illegible] [illegible] [illegible] 則實。

[illegible] [illegible] [illegible] 彼此。同。共。衆虛口氣。加 [illegible] [illegible] [illegible] [illegible] 則實。[illegible] [illegible] 倘曾追叙虛口氣。

加 [illegible] 字則實。[illegible] [illegible] [illegible] 凡所虛字。加 [illegible] [illegible] 則實。[illegible] 來著口氣。加 [illegible] [illegible] 則實。[illegible] [illegible]

辭虛口氣。加 [illegible] 則實。[illegible] 嘆想虛口氣。加 [illegible] [illegible] [illegible] 則實。[illegible] [illegible] [illegible] 虛直到字。

虛則字。若是字。加 [illegible] [illegible] [illegible] 則實。[illegible] [illegible] 虛恐字。加 [illegible] 則實。[illegible] [illegible] 疑

○[illegible] [illegible] [illegible] 虛雖字。加 [illegible] 則實。[illegible] 虛還字。加 [illegible] 則實。[illegible] [illegible] [illegible] [illegible] [illegible] [illegible]

虛字加照作「實格」。

○ᡥᡝᡶᡝᠯᡳ 肚子。 ᡥᡝᡶᡝᠯᡳᠶᡝᠮᠪᡳ 揣之。懷之。

○ᠵᡳᠵᡠᠨ 畫。爻。 ᠵᡳᠵᡠᠮᠪᡳ 畫道子。

○ᡨᠠᠯᡴᡳᠶᠠᠨ 閃。 ᡨᠠᠯᡴᡳᠶᠠᠮᠪᡳ 打閃。

○ᠪᠣᠨᠣ 雹。 ᠪᠣᠨᠣᠮᠪᡳ 下雹。

○ᠠᡤᠠ 雨。 ᠠᡤᠠᠮᠪᡳ 下雨。

○破體爲用。變實爲虛。如 [illegible] [illegible] 畫畫。[illegible] [illegible] 雨雨。

實死字作破「虛活」。

○[illegible] 如奴僕一樣差使。

○ᡝᠵᡝᠯᡝᠮᠪᡳ 專主。佔據

○[illegible] 多多的。

三字下再加ɔ字。「重上」之辭定不訛。

○[illegible]［慢慢的些］[illegible] 是

猶或紾其兄之臂。子謂之姑徐徐云爾。

○[illegible]［多着些］[illegible] 必留有餘之財。

而後可供不時之用。

○[illegible] 略少着些兒。

○[illegible] 微生点兒。

○[illegible] 略新鮮些。

「著点」「著些」亦是他。

○[illegible]

[illegible] 齊一變。至於魯。魯一變。至於道。

○[illegible] 略顯明。

○[illegible] 以前些。

○[illegible] 微多。

[illegible]「些須」與「略薄」。

○[illegible] [illegible] [illegible] [illegible]。蹡蹡涼涼。

○[illegible] [illegible] [illegible] [illegible] [illegible] [illegible]。勿視其巍巍然。

[illegible] [illegible] [illegible] [illegible] [illegible] 字等。都是形容狀兒説。

○[illegible] [illegible] [illegible]。王笑而不言。

○[illegible] [illegible] [illegible] [illegible] [illegible] [illegible]。吾豈若是小丈夫然哉。

○[illegible]。略支擱。

○[illegible]。微腫。

○[illegible]。小些的。

○[illegible]。略軟些。

○[illegible]。大些的。

○[illegible]。略斜。

[illegible] [illegible] [illegible] [illegible] 字。[illegible] [illegible] 微略格。

○[illegible] [illegible] [illegible] [illegible] [illegible] [明白的] [illegible]。坐我明告子。

○[illegible] [illegible] [illegible] [illegible] [illegible] [illegible] [illegible] [悄悄的] [illegible]。蚤起。施從良人之所之。

○[illegible]。明明的。

○[illegible]。少少的。

○[illegible] 憮然爲閑曰。

○[illegible] 悖悖然。

○[illegible] 郁郁乎文哉。

不是清文變化多。題式由來無定格。譬諸瞽者隨明杖。宜避宜趨自選擇。

○前輩云。翻譯之隨漢文。猶瞽者之隨明杖。此喻最爲切當。蓋路之紆迴曲直。塗之泥水坑坎。原無板定。瞽者無所覩。而平夷者趨之。危險者避之。端賴杖明而擇審也。翻譯之道如之。漢文千變。滿文亦千變。是漢文有定法而無定格。滿文有成規而無成見。

細文先當粗文解。由粗再作口頭說。段落不清氣不順。信口粗言再揣摩。每逢者也之乎矣。便作呢呀咧罷麼。真脉自出得把握。審題此外別無他。

○吾輩平日所讀之書。即當日聖賢所說之話。說話時。原與我等無異。記載成書不能不文耳。書內之乎者也矣。即當日呢呀咧罷麼也。假如當日微生高有直名。一日人來尋醋。他不說他沒有。轉望街坊尋來給了。是他拿著人家的東西。他去討好。如何算得直人。因此夫子說。誰說微生高是直人。有人尋醋。他向街坊尋來給了。記事者書曰。孰謂微生高直。或乞醯焉。乞諸其鄰而與之。又如非諸侯而何。乃翻曰ᡤᠣᠯᠣᡳ ᠪᡝᡳᠰᡝ ᠸᠠᡴᠠ ᠣᠴᡳ ᠠᡳ即不是諸侯是什麼。「而非邦也者」。乃翻曰ᡤᡠᡵᡠᠨ ᠸᠠᡴᠠ ᠣᠴᡳ ᠠᡳ即不是國是什麼。再如「如追放豚。既入其苙。又從而招之」乃翻曰[illegible]即是彷彿把跑脱了的猪拿來了。圈在圈裏。而且又綁上一樣啊。學者當本著書上

○ᡝᡵᡝ ᡝᡨᡝᡵᡝᡴᡡ ᠪᡝ ᡝᡨᡝᡥᡝ ᠰᡝᠮᡝ ᡤᡳᠰᡠᠨ ᠰᡝᠮᠪᡳ᠉ 曰。視不勝猶勝也。語終托以 ᠰᡝᠮᠪᡳ 字。

子曰。有父兄在。求也問。聞斯行之。子曰。聞斯行之。

ᡩᠣᠨᠵᡳᡥᠠ ᡠᡨᡥᠠᡳ ᠶᠠᠪᡠᠮᠪᡳᠣ ᠰᡝᠮᡝ ᡶᠣᠨᠵᡳᡥᠠ᠈ ᡥᡝᠨᡩᡠᠮᡝ ᡩᠣᠨᠵᡳᡥᠠ ᡠᡨᡥᠠᡳ ᠶᠠᠪᡠ ᠰᡝᡥᡝ[曰]᠉ 公西華曰。由也問。聞斯行諸。

○ᡤᡠᠩ ᠰᡳ ᡥᡡᠸᠠ ᡥᡝᠨᡩᡠᠮᡝ᠈ ᡳᠣ ᡩᠣᠨᠵᡳᡥᠠ ᡠᡨᡥᠠᡳ ᠶᠠᠪᡠᠮᠪᡳᠣ ᠰᡝᡥᡝ[述時語]᠉ ᠪᡳ

○ᡶᡠᡩᡷᡳ ᡥᡝᠨᡩᡠᡥᡝᠩᡤᡝ[引述]᠈ ᡩᠣᡵᠣ ᠶᠠᠪᡠᡵᠠᡴᡡ ᠣᡥᠣᠪᡳ ᠰᡝᠮᠪᡳ[經典]᠉ 子曰。道其不行矣夫。

○ᡴᡠᠩᡩᡷᡳ ᠵᠠᠪᡠᠮᡝ[答也]᠈ ᡩᠣᡵᠣᠯᠣᠨ ᠪᡝ ᠰᠠᠮᠪᡳ᠉ 孔子曰。知禮。

○ᡩᠣᠰᡳᡶᡳ ᡶᠣᠨᠵᡳᠮᡝ[問也]᠈ ᠪᡝ ᡳ᠈ ᡧᡠ ᠴᡳ ᠠᡳ ᠨᡳᠶᠠᠯᠮᠠ᠉ 入曰。伯夷叔齊何人也。

○ᡠ ᠸᠠᠩ ᡳ ᡥᡝᠰᡝ[旨也]᠉ 武王曰。

○ᠶᠣᠣ ᡥᡝᠰᡝ ᠣ ᡥᡝᠰᡝ[旨也]᠉ 堯曰。

「本地風光」要辨白。「曰」字不僅 ᠰᡝᠮᠪᡳ᠉

在時勢上分別。亦變法也。是正法之中。多寓變法。

如有有餘者。減之。不足者。增之。文意不合。口氣不順者。或取意。或倒裝。變法也。然本地風光。

○翻文之法雖多。不出正變二法之外。如題意平順。切定本地風光。逐字翻之。即能意透辭明者。正法也。

翻法先從變法學。「減增」「取意」「倒裝」著。正法之中常寓變。「本地風光」亦變格。

則脉絡出焉。解題至此。別無他道。

字句。仿著當日神情。自然無微不顯。翻之何難。如段落不清。口氣不順。再讀文。再粗解。再口頭。

○ᠵᠠᡳ ᡳᠨᡝᠩᡤᡳ[問陳第二天] ᡠᡨᡥᠠᡳ ᡤᡝᠨᡝᡥᡝ᠉ 明日遂行。

○ᠵᠠᡳ ᡳᠨᡝᠩᡤᡳ[遇文人答]᠈ ᡯᡳ ᠯᡠ ᡤᡝᠨᡝᡶᡳ ᠠᠯᠠᡥᠠ᠉ 明日子路行以告。

ᠴᡳᠮᠠᡵᡳ 定指「明日」否。

○兄稱。書中用 ᠠᡥᡡᠨ 又叟稱。先生之稱。兄稱。口稱用 ᠠᡤᡝ 又皇子。

ᠠᡥᡡᠨ ᠠᡤᡝ 總稱「哥」。

○ᠴᠠᠯᡠ ᡴᡠ ᠠᠮᠠ ᡝᠨᡳᠶᡝ 倉廩父母。[當面稱呼]。

○ᠠᠮᠠ ᡝᠮᡝ[非當面稱] ᠮᡠᠵᡳᠯᡝᠨ᠉ 父母之心。

ᡝᠮᡝ᠈ ᡝᠨᡳᠶᡝ 俱是「母」。

○ᠰᡝᡶᡠ ᠮᡳᠩ ᡩᠣᠣ ᠰᡝᡶᡠ᠉ 明道先生。[泛稱文人學士]。

○ᠠᡤᡠ[平稱也] ᠠᡤᡠ ᡤᡝᠨᡝᠮᠪᡳ᠉ 先生將何之。

○ᠰᡝᡶᡠ[師也]᠈ ᠰᡝᡶᡠ ᠠᡳᠨᡠ ᡝᡵᡝ ᡤᡳᠰᡠᠨ ᡨᡠᠴᡳᠪᡠᠮᠪᡳ᠉ 先生何爲出此言也?

○ᠠᡳᠰᡝᠩᡤᡝ[長輩也] ᡝᠯᡝ ᠵᡝᠪᡠᡥᡝ᠉ 先生饌。

「先生」要看謂誰何。

也」 ᠠᡥᡡᠨ ᡩᡝᠣ᠉ 魯衛之政。兄弟也。彌子之妻與子路之妻兄弟也。

○ᡨᡝ ᠠᡥᡡᠨ ᡩᡝᠣ ᠪᡝ ... [同姓諸侯] ... [姊妹

「兄弟」須分稱那位。

ᠰᡝᡳᠪᡝᠨᡳ 都翻「昔者」麽。

○ᠰᡝᡳᠪᡝᠨᡳ[昔者] ᠮᡳᠨᡳ ᡤᡠᠴᡠ᠉ 昔者吾友。

○[illegible]᠉ [illegible]᠈ ᠴᠠᠨᠠᠩᡤᡳ[前日也]᠉ 子來幾日矣。曰昔者。

○ᠰᡳᡴᠰᡝ[昨日也] [illegible]᠈ ᡝᠨᡝᠩᡤᡳ [illegible]᠉ 昔者疾。今日愈。

「有」「曾」稱「子」因何也。

○[illegible]᠈ [illegible][聯寫尊稱也] ᡳ [illegible]᠈ [illegible] 論語之書。成於有子曾子之門人。故其書。獨二子以子稱。

「舜」「紂」非「[illegible]」爲甚麽。

○[illegible][未得位時] [illegible]᠉ 舜相堯。

○[illegible]᠈ [illegible][已得位時] [illegible]᠉ 禹相舜。

○[illegible][已得位時] ᡳ [illegible]᠈ [illegible][失位時] [illegible]᠉ 及紂之身。天下又大亂。聞誅一夫紂矣。

「古者酒」無 [illegible]。「今時酒」却有 [illegible]᠉

○貼切之字雖多。但得其道極易。不得其道極難。道者何。理也。無成章。無定法。惟在用之者。神而明之。故曰。「本地風光」。亦變格也。

○[illegible][補不但字]、[illegible]：視其所以。觀其所由。察其所安。人焉廋哉。

○[illegible][補轉文]、[illegible]

知之爲知之。不知爲不知。是知也。

○[illegible][補令説字]、[illegible][補令説字]、[illegible][補似的字][illegible]：不如諸夏之亡也。

○[illegible][補尚且字]、夷狄之有君。[illegible][補反倒字][illegible]

○[illegible][補神字][illegible]：雖欲勿用。山川其舍諸。

神氣不足當補綴。

滿足圓和。必以爲尋常鋪叙已也。孰意翻時。始見非多即欠。故設減增之法。至一翻。則疵累生焉。由此觀之。滿文之法。尤嚴於漢文。吾輩不可不知也。假令一題入手。詳其文氣不但不知滿文之妙。而漢文之妙亦不知也。嘗見人自書一篇議論。或節取幾段文章。乍觀之似乎通順。滿圓和。而不露減增痕迹。是詳略之法同。而所以爲法異也。人或將漢文看得極難。滿文看得極易。彼使人豁目。故雖增而不嫌多。漢文每用襯墊。襯墊則調響。滿文每用擇脱。擇脱則神清。俱能令文氣足

○漢文。有詳略之法。滿文亦有之。漢文法在空處傳神。使人會意。故雖略而不嫌欠。滿文法在空處補神。

漢文足滿又圓和。翻時嫌欠或嫌多。

肥時削榫始合格。

○　我必不仁也。必無禮也。此物奚宜至哉。［與補綴小異］

○　［加楔］　流水之爲物也。

○　［加楔］　再。斯可矣。

鬆處加楔不見縫。

○　朝廷立法之意［擇脱］。無非禁民爲非。導民［擇脱］爲善。

○　不有博弈者乎。爲之［擇脱］猶賢乎矣。

辭情太贅要擇脱。

○　然後之中國。踐天子位焉。而居堯之宫。逼堯之子。是篡也。

○　［補若不避就字］　格君心之非。

○　［補爲要字］　惟大人爲能　仁義充塞。則率獸食人。人將相食。

○[illegible] 誠欲使四海九州閭閻安堵。

目豁。方爲老手。如不用成語。妄施小巧。意近燈謎。斯道大忌。

○宜取意者。多係典故堆疊之文。正翻之不明。不翻則不可。宜虛擬全神。毫無遺義。使理明辭暢。字省

逐字直翻義扞格。「捨詞取意」却明白。但能達義則可矣。吹求太過反穿鑿。

令人不解。

平淡。遍覽怪異閑文。以其與性分相近也。久而合一。便遇常題。亦必立異翻新。而自以爲得意。孰知

索隱鈎深。致坑坎波瀾。令人厭棄。嘗見一等好奇人。以 聖諭廣訓。四書。五经。古文淵鑒。諸書爲

○正翻者。一大法也。其中不免隱伏他義。故正法固當詳慎。不宜輕易。然過猶不及。斷不可自逞臆造。

但當詳慎得之矣。太過不及恐覆車。

正法雖宜防變格。亦休臆造妄搜羅。鈎深平地千重坎。索隱安瀾萬丈波。虛實抑揚隨彼式。正直反側順原轍。

○宜補不補失神氣。刻鵠類鶩。宜減不減如贅瘤。畫蛇添足。皆泥漢之故。

前法不通惟泥漢。不成刻鵠定足蛇。

[削]睦。[與擇脫小異]

○[illegible] [三榫合一格] [illegible] 曰[削]孝曰[削]友。而繼曰

[illegible][四榫合一格]：古者。家有[削]塾。黨有[削]庠。州有[削]序。國有[削]學。

○[illegible]

○[避以] 畜妻子。

○[大][小] 小大由之。

[輕]、文義之異同。意旨之淺深。語氣之輕重。

○[同][異]、[深][淺]、[重]

字法亦有「倒裝」者。「避似」「合拍」順不得。

之流皆足爲善良之累。

○ 可知奸滑浮蕩

○ 以直報怨。以德報德。

○ 晋人有馮婦者。

○ 晋國天下莫强焉。

正法翻之氣不合。便當變换倒裝著。

○ 斗酒娱賓。

○ 古道之不存。即爲國典所不恕。

使蓬門蓽户出入優游。共享太平無事之福。

○

○ 鄰舍失事。竟有如秦越之相視。

大者周身小一處。骨硬筋綿任曲折。

滅國。繼絶世。舉逸民。天下之民歸心焉。

[illegible][一節] [illegible]、[illegible] [illegible] ᠈ [illegible] [illegible] [illegible]:: 謹權量。審法度。修廢官。四方之政行焉。興

[illegible] [illegible] ᠈ [illegible] [illegible]:: [illegible] [illegible] ᠪᡝ [illegible][一節]、[illegible] [illegible] ᠪᡝ [illegible][一節]、[illegible] [illegible] ᠪᡝ

○ᡴᡝᠮᠨᡝᡴᡠ ᠮᡳᠶᠠᠯᡳᠴᡠᠨ ᠪᡝ ᡤᡳᠩᡤᡠᠯᡝᡵᡝ[一節]、ᡴᠣᠣᠯᡳ ᡴᡝᠮᡠᠨ ᠪᡝ ᡴᡳᠮᠴᡳᡵᡝ[一節]、ᠸᠠᠯᡳᠶᠠᠪᡠᡥᠠ ᡥᠠᡶᠠᠨ ᠪᡝ ᡩᠠᠰᠠᡵᠠ[一節] ᠣᡥᠣᡩᡝ、

氣長骨密如瓔珞。次第節節串貫説。

○ᡤᠣᠰᡳᠨ[整骨] ᠪᡝ[破筋] ᠶᠠᠪᡠᡵᡝ[整骨]、ᡩᠠ[整骨]:: 行仁之本。

○ᡳᡵᡤᡝᠨ[整骨] ᠪᡝ[破筋] ᡠᠵᡳᡵᡝ[整骨] ᡩᠣᡵᠣ[整骨]:: 養民之道::

整字接破骨連著。

○ᡤᠣᠰᡳᠨ ᠪᡝ ᠶᠠᠪᡠᡵᡝ 行仁。

○ᡳᡵᡤᡝᠨ ᠪᡝ ᡠᠵᡳᡵᡝ 養民。

破接整字筋連骨。

○ᡠᠵᡳᡵᡝ:: 養。○ ᠶᠠᠪᡠᡵᡝ:: 行。此二字。破字也。虛字也。活字也。爲筋。爲用。

「破字」爲「筋」「虛」「用」「活」。

○ᡳᡵᡤᡝᠨ:: 民。○ ᡤᠣᠰᡳᠨ:: 仁。此二字。整字也。實字也。死字也。爲骨。爲體。

翻譯先從「用字」學。「虛」「實」「體」「用」要明白。「整字」爲「骨」「實」「體」死。

○ᠠᡳᡴᠠᠪᠠᡩᡝ ᠸᠠᠩ ᠣᠵᠣᡵᠣ ᠨᡳᠶᠠᠯᠮᠠ ᠪᡳᠴᡳ[本字爲腰]、ᡠᡵᡠᠨᠠᡴᡡ ᠵᠠᠯᠠᠨ ᡳ ᠠᠮᠠᠯᠠ ᡤᠣᠰᡳᠨ ᠣᠮᠪᡳ：如有王者。必世而後仁。於漢文語氣求之。駐氣之道如之。腰至踵爲下半截。方能界限分明。油沈於酒而輕於水者也。試滴油於酒中則沈。滴水中則浮。孰起孰駐。顶至腰爲上半截。或用本字起下。或另用他字斡旋。或不用過文。竟直煞住。以意鈎起下文作收。是自自頂至腰腰至踵。油沈於酒水全托。

○此節言氣脉起駐也。劈頭一喝。短或一二字。長或十數句不等。至語完氣駐處。必有承上字束之。是自自頂至腰腰至踵。油沈於酒水全托。

○ᡤᡠᠴᡠᠰᡝ ᠪᡳᡶᡳ[了] ᡤᠣᡵᠣ ᠪᠠᠴᡳ[自] ᠵᡳᠴᡳ[若]、ᡳᠨᡠ ᠰᡝᠪᠵᡝᠯᡝᠴᡳ ᠣᠵᠣᡵᠠᡴᡡ：有朋自遠方來。不亦樂乎。
ᡠᠯᠮᡝ ᠪᡝ[把] ᡨᠣᠩᡤᠣ ᡳ[的] ᡠᠯᡳᡶᡳ ᠪᡳᡩᡝ[於] ᠰᡳᡵᡝᡥᡝ[了]：河内凶。則移其民於河東。移其粟於河內。

○ᡨᠣᠩᡤᠣ ᡳ[的] ᡠᠯᡳᠶᡝᠨ ᠪᡝ ᡠᠯᡳᠴᡳ[若]、ᠠᡩᠠᡵᠠ ᡳ[的] ᡝᡨᡠᡴᡠ ᠪᡝ[把] ᡨᠣᠩᡤᠣ ᡳ[的] ᡠᠯᡳᠨ ᡩᡝ[於] ᡠᠯᡳᡶᡳ[平接]、ᠠᡩᠠᠯᡳ ᡳ[的]縫。有不聯綴成衣者乎。此比尤易明白。倘 ᡩᡝ、ᠪᡝ、ᡳ、ᠨᡳ、字上。遇整字而單用者。義同。

○或云。翻文如成衣。單話如布帛。十六字如綫索。去破字之 ᡳ 而以此聯之。如針貫綫矣。其直幅。殺或云針綫成衣物。直殺無他縫不合。

骨非筋不立。筋非骨不連。比之爲筋。至爲切當。

○此十六字。俱是接上連下緊要字眼。無處不有。無話不用。將無數清語聯綴成文。賴有此耳。故前輩云。筋者 ᡳ、ᠨᡳ、ᡩᡝ、ᠴᡳ、ᠪᡳ、ᠯᡝ、ᡩᡝ、ᠪᡝ、ᠪᡝ、ᠮᡝ 與 ᠮᡝ、ᠴᡳ、ᠪᡝ、ᠨᡳ、ᠰᡝ、ᡶᡳ、是也。十六個字用時多。

○身之俯仰屈伸。筋骨之用也。用而不當。致氣滯血凝。則成廢疾矣。

ᡳᠴᡳ ᠰᡝᡶᡠ ᡳ ᠪᠠᡵᡠ ᡤᡳᠰᡠᡵᡝᠩᡤᡝ᠈ ᡳᠨᡠ ᠪᡳ᠉ 入門。有進而與右師言者。有就右師之位。而與右師言者。

○ᡩᡠᡴᠠ ᡩᠣᠰᡳᡶᡳ ᡳᠴᡳ᠈ ᠰᡝᡶᡠ ᡳ ᠪᠠᡵᡠ ᡳᠴᡳ ᡳᠴᡳ ᠰᡝᡶᡠ ᡳ ᠪᠠᡵᡠ ᡤᡳᠰᡠᡵᡝᠩᡤᡝ᠈ ᡳᠨᡠ ᠪᡳ᠉ ᡳᠴᡳ ᡳᠴᡳ ᠰᡝᡶᡠ ᡳ ᠰᠣᠣᡵᡳᠨ ᡳᠴᡳ

虛文冒下總托著。

ᠪᡳᠴᡳᠪᡝ[照 ᠰᡝᠮᡝ] ᠮᡝᡵᡤᡝᠨ ᡳ ᡥᡡᠰᡠᠨ ᡩᡝ ᠰᡝᠮᡝ[應 ᠪᡳᠴᡳᠪᡝ]᠈ ᡝᡵᡳᠨ ᠪᡝ ᠠᡳᠰᡳᠯᠠᡵᠠ ᡩᡝ ᡳᠰᡳᡵᠠᡴᡡ[應 ᠰᡝᡥᡝᠪᡳ]᠉ 齊人有言

曰。雖有智慧。不如乘勢。雖有鎡基。不如待時。

○ᡠᡩᡠ ᠮᡝᡵᡤᡝᠨ ᡳ ᠮᡳᠩᡤᠠᠨ ᠪᠠᡳᡨᠠ ᡤᡝᠨᡝᡵᡝ᠈ ᠪᡳᠴᡳᠪᡝ[照 ᠰᡝᠮᡝ] ᡥᠠᠨᡳ ᠪᡝ ᡳᠰᡳᡵᠠᡴᡡ ᠰᡝᠮᡝ[應 ᠪᡳᠴᡳᠪᡝ]᠈ ᠪᠠᠨᡳᡥᠠ ᠪᡝ ᠰᡝᠮᡝ ᡝᠮᡠᡩᡠᠯᡝᠮᡝ᠉

ᠮᡝᠨᡳᠩᡤᡝ ᡥᡡᠰᡠᠨ ᡠᡩᡠ ᡨᡠᡴᡳᠶᡝᠮᡝ ᠰᡝᡥᡝᠪᡳ[應]᠉ 辟如行遠必自邇。辟如登高必自卑。

○ᡨᡠᡴᡳᠶᡝᠮᡝ[照]᠈ ᠮᡠᡨᡝᠮᡝ ᡨᡠᡨᡨᡠ ᠪᡳ᠈ ᠮᡝᠨᡳᠩᡤᡝ ᠪᠠᡳᡨᠠ ᡠᡩᡠ ᡨᡠᡴᡳᠶᡝᠮᡝ ᠰᡝᡥᡝᠪᡳ[應]᠈ ᡨᡠᡴᡳᠶᡝᠮᡝ[照] ᡨᡠᡨᡨᡠ ᠪᡳ ᠮᡝᡵᡤᡝᠨ ᡨᡠᡨᡨᡠ᠈

照字蓋頭求應處。

ᠮᡝᠰᡝᡥᡝ[徑直煞住]᠉ ᠠᡳᠰᡳ ᡤᡠᠰᡳᠮᡝ ᡳᡩᡠ ᠪᡳᠰᡳᡵᡝ ᠮᡝᠰᡝᡥᡝ[以意鈎下]᠉ ᠠᡳᠰᡳ ᡤᡝᠮᡠ ᡳᡩᡠ ᠮᡝᠰᡝᡥᡝ᠉ 士不可以不弘

毅。任重而道遠。仁以爲己任。不亦重乎。死而後已。不亦遠乎。

○ᠠᠮᠠ ᡝᠮᡝ ᡳ ᠰᡝ ᠰᡝ ᡠᡵᡠᠨᡴᡳ ᠰᡳᠮᠪᡳ ᠮᡝᠰᡝᡥᡝ[直鈎下]᠉ ᠰᠠᡵᠠᡴᡡ ᠣᠴᡳ ᠣᠮᡠᡩᡝ ᡝᡵᡤᡳ ᡳ ᡥᡡᠰᡠᠨ᠉

○ᠰᡝ ᠰᡝ ᡳ ᡝᡵᡤᡳ ᠪᡝ[腰]᠈ ᠰᠠᡵᠠᡴᡡ ᠣᠴᡳ ᠣᠮᡠᡩᡝ᠉ 父母之年。不可不知也。

ᠮᡝᠰᡝᡥᡝ᠉ 如有博施於民而能濟衆。何如。可謂仁乎。

○ᠠᡳᠰᡳᠯᠠᠮᡝ ᡝᠯᡝᠪᡝ ᠪᡳ ᡳᠰᡳᠮᡝ ᡨᡠᠮᡝᠨ ᠪᠠᡳᡨᠠ᠈ ᡳᠰᡳᠪᡠᡵᡝ᠈ ᠪᡳ ᠪᡳ ᠪᡝᠶᡝ ᠶᠠᠮᠠᡴᡳ ᡤᡝᠮᡠ᠈ ᠰᡝᠮᡝ[他字斡旋爲腰] ᡤᡝᠮᡠᡵᡝ ᡳᠰᡳ

後仁。

字連連用。整字托。

○流連荒亡。爲諸侯憂。

三字并行結一穴。字接

○欲爲君盡君道。欲爲臣盡臣道。

○富貴不能淫。貧賤不能移。威武不能屈。此之謂大丈夫。

「承接」「閑架」許多格。一個肩頭承數脚。衆步下趨求實地。

○冒下虛文直貫到底。油沈於酒亦直貫到底。二體其實一事。

○不待父母之命媒妁之言。

曰。修身也。尊賢也。親親也。敬大臣也。體群臣也。子庶民也。來百工也。柔遠人也。懷諸侯也。

「冒下曰字」。凡爲天下國家有九經。

○

○既用 [满文] 字。而又用 [满文] 字。似有著屐登之象。此二條。常中之變體也。宜知。

[满文] 農工商賈不失爲淳樸。

○[满文]

高皐何妨屐客過。

○言一 [满文] 字。承上二 [满文]。二 [满文]。一 [满文] 字。似有雅俗共賞之象。

以多問於寡。有若無。實若虛。犯而不校。昔者吾友。嘗從事於斯矣。

[满文] 以能問於不能。

○[满文]

名山不免俗人賞。

○[满文] 教之樹畜。

[满文] 教之以洒掃應對之節。禮樂射御書數之文。

○[满文]

子夏之門人小子當洒掃應對進退。則可矣。抑末也。

○[满文]

[满文] 若殺其父兄。係累其子弟。毀其宗廟。遷其重器。如之何其可也。

○[满文]

[illegible]

○[illegible]

讀。

聖諭廣訓中。此法極多。但字句頗繁。不能全録。節取此條。發明[illegible]用法。欲窺全豹。請自選理者於理應如此。不則即弊所失矣。誠用實功效自至。[illegible]順下[illegible][illegible]自純功至。[illegible]效自理中得。

○[illegible]從我者。其由與。

○[illegible]道不行。乘桴浮於海。

○[illegible]父母在。不遠游。游必有方。

下文繳還轉意。此所謂合也。是合者。合住轉句也。

○起首一呼。語多不足承上一應。意方周到。是承者。承住起句也。即乘上文文勢推開一轉。此所謂轉也。

「起者」渾然發議論。下文「承」應始明白。乘勢推開另一「轉」繳還轉意是爲「合」。

○章法雖多。無非起承轉合四字而已。而理弊功效。亦不外此。

章法「起」「承」與「轉」「合」。「理」「弊」「功」「效」論之格。

皆賴此字。如不用過文自然界限分明者。省之可也。如宜用而不用。則如無肘之臂。如可省而不知省。

[illegible]

○此言過文可省不須多也。所謂過文者。如。[illegible] 等字是也。如面之有眉。臂之有肘。運動神情。面或四眉非面目。臂如無肘不臂膞。

矣。尤要在過文用之得法。方能枝分節解。界限分明。否則不免牽混。」

落之。自不露割裂痕迹。化板爲活矣。太斷者。以起承轉合。聯之。絡之。自不露攢湊痕迹。集腋成裘無段落也。如遇此等文字。仍以解題口頭粗話解之。其過文口氣自然流露。太連者。以起承轉合。斷之。

○如遇漢文氣脉牽連不斷。或字句破碎不連。起承轉合不得位置者。此乃過文口氣藏而不露。不是漢文實太斷要連連要斷。集腋成裘板化活。口氣若逢藏不露。仍以粗言細揣摩。自得起承轉合位。過文可省不須多。

咸體朕意。

念軍國。下念身家。外有效忠之名。內受安享之實。官不煩而吏不擾。何樂如之。爾兵民清夜自思。其遺餘力。而爲子者自私其財。缺甘旨。而違色養。尚得謂之人子乎。朕用是諄諄告誡。但願爾兵民。上

[illegible] 譬人子於父母。分産授業以後。必服勞奉養。庶盡厥職。乃父母恩勤顧復。不

[illegible] [得效]，[illegible]

[illegible] [上功下效]，[illegible]

[illegible]

○[illegible]、[illegible]、[illegible]、[illegible]、[illegible]、[illegible]、[illegible] 等字。ᠪᡠ、[illegible] 作使令字。ᠪᡠ 在腰中作被叫字。上各加一 ᠠ 字用。惟 [illegible]

○ᠮᡠᠵᡳᠯᡝᠨ ᠪᡝ ᡨᠣᠪ ᠣᠪᡠᡴᡳ ᠰᡝᡵᡝᠩᡤᡝ᠈ ᠨᡝᠨᡝᠮᡝ ᡤᡡᠨᡳᠨ ᠪᡝ ᡠᠨᡝᠩᡤᡳ ᠣᠪᡠᡴᡳ᠉ 欲正其心者。先誠其意。

○ᠪᡳ ᡤᡳᠰᡠᡵᡝᡵᠠᡴᡡ ᠣᡴᡳ ᠰᡝᠮᠪᡳ᠉ 予欲無言。

○ᡤᡠᡵᡠᠨ ᠪᡝ ᡩᠠᠰᠠᡴᡳ ᠰᡝᠴᡳ ᠣᠮᠪᡳᠣ᠉ 國欲治可得乎。

○[illegible] 然而未仁。五十而慕。

○[illegible] 杞不足徵也。可以無大過矣。

○[illegible] 君子質而已矣。何以文爲。

○ᡤᡝᠪᡠ ᡨᠣᠪ ᠠᡴᡡ ᠣᠴᡳ᠈ ᡤᡳᠰᡠᠨ ᡳᠵᡳᠰᡥᡡᠨ ᠠᡴᡡ ᠣᠮᠪᡳ᠉ 名不正。則言不順。

[illegible]、乃成語。不在此例。

○聯上串下。非破字不可。如遇整字無聯寫之法。宜加 ᠠ 字。與破字聯寫無異。[illegible] 字之下亦然。如 [illegible]、

下串上接宜破字。如逢整字便加 [illegible]

用。抬起。抬出。俱可。

○虛字者。[illegible]、ᠪᡝ、[illegible]、[illegible]、[illegible]、[illegible] 是也。若作虛字用。斷無抬頭頂格書寫之理。若作清語。或作對音

體例粗知舉數則。虛字抬頭使不得。

知擇挪脱卸之巧。下又用之。使神脱氣亂。則無所適從矣。

可用而誤多用。則如四眉之面。昔賢云。過文虛字。如斷不可省。不得已而一用之。斷不可過下矣。不

○ᡶᡠᡯᡳ ᡥᡝᠨᡩᡠᠮᡝ ᡠᠮᡝ᠉ 子曰。毋。

○急口成語也。

○ᡶᡠᡯᡳ ᡥᡝᠨᡩᡠᠮᡝ ᠣᠮᠪᡳ᠉ 子曰可也。

○ᠵᠠᠪᡠᠮᡝ ᠮᡠᡨᡝᡵᠠᡴᡡ᠉ 對曰不能。

「急口」「縮脚」限「文式」。宜應宜接可不着。

○[illegible]［說］᠉ 利之而不庸。

○[illegible]［叫］[illegible]᠉ 有澹臺滅明者。

○如遇整字之下。不得承上串下帶説叫口氣者。亦加 ᠰᡝ 字。

○[illegible]᠉ 堂堂乎張也。

○[illegible]᠉ 與與如也。

○[illegible]᠉ 朋友切切偲偲。兄弟怡怡。

○[illegible]᠉ 申申如也。天天如也。

收煞。

○如遇 [illegible] 五個頭形容摹擬整字之下。宜加 ᠰᡝ 字。或承上文。或串下文。或作

形容 [illegible]᠉ 叫説整下統接 ᠰᡝ᠉

[illegible] 用 [illegible] 用 [illegible] 用 [illegible] 用 [illegible]᠉

○ᡝᠨᡨᡝᡴᡝ 這樣。 ○ᡨᡝᠨᡨᡝᡴᡝ 那樣。 ○ᡝᠪᠰᡳ 這邊。 ○ᠴᠠᠰᡳ 那邊。以前。

○ᡝᠰᡝ 這些人。 ○ᡨᡝᠰᡝ 那些人。 ○ᡠᡨᠠᠯᠠ 這許多。 ○ᡨᡠᡨᠠᠯᠠ 那許多。

○ᡝᡩᡝ 這上頭。 ○ᡨᡝᡩᡝ 那上頭。 ○ᡠᠪᠠ 這里。 ○ᡨᡠᠪᠠ 那里。

○ᡝᡵᡝ 這個。 ○ᡨᡝᡵᡝ 那個。 ○ᡠᡨᡨᡠ 如此。 ○ᡨᡠᡨᡨᡠ 如彼。

「彼」「此」頭分在直折。

○中下變音讀。上不變。

○ᡤᡳᡵᠠᠩᡤᡳ［下］骨。 ○ᡤᡠᠩᡤᡝ［下］功。

○ᡤᠣᠰᡳᠩᡤᠠ［下］有仁者。 ○ᡤᡝᠪᡠᠩᡤᡝ［下］有名者。 ○ᡥᠣᡵᠣᠩᡤᠣ［下］有威者。

○ᡤᠠᠩᡤᠠᠨ［下］剛。 ○ᡤᡝᠩᡤᡝᠨ［下］柔。 ○ᡤᡳᠩᡤᡠᠨ［下］敬。

○ᠠᠩᡤᠠᠰᡳ［中］孀婦。 ○ᠰᡳᠩᡤᡝᡵᡳ［中］子鼠。 ○ᠰᡝᠩᡤᡳᠮᡝ［中］友愛。

ᠩᡤᡝ ᠩᡤᡳ 音變惟中下。

○限於文式也。

○ᠰᠠᡳᡧᠠᡵᠠᠩᡤᡝ ᠰᡝᠪᠵᡝᠯᡝᡵᡝᠩᡤᡝ ᡩᡝ ᡳᠰᡳᡵᠠᡴᡡ᠉ 好之者不如樂之者。

○ᠪᡳ ᠮᡠᡨᡝᡵᠠᡴᡡ ᠰᡝᡵᡝᠩᡤᡝ ᡩᡝ ᠶᠠᡵᡤᡳᠶᠠᠨ᠈ ᠮᡠᡨᡝᡵᠠᡴᡡᠩᡤᡝ ᡴᠠᡳ᠉ 曰。我不能。是誠不能也。

○縮脚成語也。

○ᠠᡳᠨᠠᡵᠠ ᡴᠠᡳ᠉ 無以爲也。

下作 ᡳᠨᡩᡝ、ᡳᠨᡩᡝ。

ᠪᡳᠨᡳ 挽上作 ᠪᡳᠮᠪᡝ、ᠪᡳᠮᠪᡝ 轉下作 ᠪᡳᠨᡩᡝ、ᠪᡳᠨᡩᡝ 不是字。宜變體寫。串下作 ᡳᠨᡳ、ᡳᠨᡳ 挽上作 ᡳᠮᠪᡝ、ᡳᠮᠪᡝ 轉他。串下接 ᠨᡳ 作 ᡳᠨᡳ、ᡳᠨᡳ 挽上作 ᡳᠮᠪᡝ、ᡳᠮᠪᡝ。轉下作 ᡳᠨᡩᡝ、ᡳᠨᡩᡝ 可也。ᠪᡳ 我。ᠪᡝ 我們。串下作 ᠮᡳᠨᡳ、ᠮᡳᠨᡳ 則不是字矣。宜字中襯墊。作 ᠮᡝᠨᡳ、ᠮᡳᠮᠪᡝ、ᠮᡳᠨᡩᡝ、ᠮᡝᠨᡩᡝ 等類。几单字合清語。如 ᠰᡳ 你。ᠰᡳ 凡破字如 ᠮᠠᠩᡤᠠ、ᠮᠠᠩᡤᠠ、ᠮᠠᠩᡤᠠ、ᠮᠠᠩᡤᠠ、ᠮᠠᠩᡤᠠ 等字。宜收煞用。若串下。去 ᠮᠠ 接 ᠨᡝ、ᠨᡝ、ᠮᠠ 作 ᠮᠠᠩᡤᠠᠨᡝ、ᠮᠠᠩᡤᠠᠨᡝ、ᠮᠠᠨᡝ、ᠮᠠᠨᡝ。

體用聯之不是字。襯腰變體法極多。

○ᡥᠠᠨ ᡥᠠᠨ [水名]漢。　○ᠵᡠᠸᠠᠨ ᡳ ᠶᡠ [國名]顓臾。　○ᡨᠠᡳ ᡧᠠᠨ [山名] 泰山。對音也。

○ᡥᠠᠨ 帝王。　○ᠵᡠᠸᠠᠨ 十 數。　○ᡧᠠᠨ 耳。清語也。

對翻外句法成格。

龍兒 ᠯᡠᠩᡵ 寶括 ᠪᠣᠣᡴᠣ 等類是也。」

往往不得。總宜多見。自有定規。即如文英 ᠸᡝᠨᡳᠩ 和容 ᡥᠣᡵᠣᠩ 德安 ᡩᡝᠠᠨ 德凱 ᡩᡝᡴᠠᡳ 成康 ᠴᡝᠩᡴᠠᠩ 新疆之愛烏罕 ᠠᡳᡠᡥᠠᠨ 遵書可也。惟人名與此有別。蓋往者有限。來者無窮。若盡按清語聯變之法書之。

○凡滿洲、蒙古、新疆等處地名。有一定字樣。如喀爾喀之齊齊爾里克 ᠴᡳᠴᡳᡵᠯᡳᡴ 扎薩克之扎賁特 ᠵᠠᠪᡠᡨ

人地聯名遵舊制。

○ᡩᠣᡴᠣ 裏子。　○ᡨᡠᡴᡠ 表。面子。　○ᡝᠪᠰᡳ 以來。叫人前來。　○ᠴᠠᠰᡳ 往那們。

○ᡩᠣᠰᡳ 令入。　○ᡨᡠᠴᡳ 令出。　○ᡩᠣᡵᡤᡳ 內。　○ᡨᡠᠯᡝᡵᡤᡳ 外。

○[满文] 意想到了。 ○[满文] 沈思。

○[满文] 逃了。 ○[满文] 逃人。

○[满文] 去看。 ○[满文] 來看。

[满文] 腰內 [满文] 加多。

○[满文] 天棚。 ○[满文] 壺。 ○[满文] 化。 ○[满文] 封皮。

○[满文] 大。 ○[满文] 將我等。 ○[满文] 來。 ○[满文] 使奏。 ○[满文] 盡。

[满文] 頭上 [满文] 常用。

○[满文] 乃「得失」之「得」。整字也。若作「得了」解亦可。如既得之患失之 [满文] 是也。若誤會爲整字「得了」。下接 [满文] 作 [满文] 則非字矣。

[满文] 接 [满文] 無此得。

○如給吃加 [满文] 作 [满文] 無此一字。宜變寫 [满文]。

[满文] 加 [满文] 不是食。

○[满文] 書籍也。專用 [满文] 成文中罕見。

○[满文] 財帛也。上無 [满文] 專用 [满文] 則七矣。

○[满文] 假也。謊也。[满文] 盜賊也。

句中亦有「襯墊」者。未聞單用總連著。

之句不用成語。必攢湊。以辭害義矣。字不得合拍。必不恰。指鹿爲馬矣。

也。恐不知 ᠪᡳᠴᡳ 上加 ᠠᡳᡴᠠ 爲倘有。加 ᠠᡴᡡ 爲倘無。且有空際設想等類。亦句法也。甚言二者并重。總

恐不知 ᠣᠴᡳ ᠣᠵᠣᡵᠠᡴᡡ ᠣᠴᡳ 乃因不如此。亦句法也。如衹知 ᠪᡳᠴᡳ ᠠᡳᡴᠠ 乃倘有。倘曾來著。指實已然句法

伸著脖子也。誤用 ᡤᡝᠯᡳ 則大謬。字多書少。法不足。良工何補。如衹知 ᠣᠴᡳ ᡝᡵᡝ 乃因可如此句法也。

○書多字少。缺材料。大匠奚爲。知 ᠴᡳ ᠨᡳ ᠪᡠᠶᡝᠨ 箕子爲之奴。誤用 ᡨᡝ 則不恰。ᡩᠠᠯᡳ ᡳᠩᡤᡝ 引領。

書不多讀法未盡。字如少記恰難得。大匠搔頭材料欠。良工束手準繩拙。

○ᡥᠣᠯᡳ 黨。 ○ᡥᠣᠪᡳᠯᡳ 分別。

○ᠵᡠᠸᡝᠯᡳ 義。 ○ᡝᠯᡳ 牌樓。 ○ᠴᡝᠯᡳ 火罐子。 ○ᠰᡝᠯᡳ 計策。

○ᠵᡳᡤᡳᠯᡳ 畫。 ○ᡩᠠᠩᠰᡳᠯᡳ 譜。 ○ᡥᡝᠯᡳ 利息。 ○ᠵᡳᡤᠣᠯᡳ 運。

ᠯᡳ、ᠨᡳ、ᠨᡝ、ᠨᡠ 字下之 ᡳ 俱作 ᡳ 讀。如 ᠯᡳ、ᠪᠣᠯᡳ、ᠪᠣᠯᡳ、ᠯᡳ 等字。又不可不知。

ᡳ 少 ᠯᡳ、ᠨᡳ 與 ᠨᡝ、ᠨᡝ

式。但人名地物譯漢者。仍按漢字之音可也。

平聲。在其後十一個頭內。均作入聲讀外。其餘俱作平聲。再如韵屬仄聲者。俱作平聲讀。詳見對音字

○十二個頭內。惟第一頭之 ᠠ、ᠪᠠ、ᠪᠠ、ᠠ、ᠠ、ᠠ、ᠠ、ᠠ、ᠠ、ᠠ、ᠠ、ᠠ 等。十二字。在本頭爲

韵無上去惟平入。

○ᡤᡳᠰᡠᡵᡝᠮᠪᡳ 説話。 ○ᡤᡳᠰᡠᡵᡝᠨᡩᡠᠮᠪᡳ 共談。 ○ᡤᡳᠰᡠᡵᡝᠨᡝᠮᠪᡳ 來説。

○集注虛字歌。乃余師全輯五之素志也。其爲歌。爲注之法。已具規模。奈老病交縈。未成一字爲憾。嘗來許漫言吾有隱。先生休笑我饒舌。

○二其字。無所指。竟舍之。

○ 君子耻其言而過其行。

○ [虛指他的] 父在觀其志。

○ [虛指那里的] 工欲善其事。必先利其器。居是邦也。事其大夫之賢者。友其士之仁者。

○ [他們的] [了] 河内凶。則移其民於河東。移其粟於河内。

○ [這里的] [那里的]

○ [那樣] 其人存。則其政舉。

○ [他的] 陳恒弑其君。

知隨地變遷。是以本地風光。無地不用也。

未然。且讀。且記。且翻。久之功力專純。其妙自生。然不易言也。如其之一字。祇知隨地皆有。而不

○言能與人規矩。不能使人巧也。如初學清文者。必要分清段落。口氣。虛實。照應。有力。無力。已然。

意外妙思濬己運。個中至理賴師説。

矣。
未經就正。誠恐所失不免。倘蒙同志者大加筆削。正余誤。即所以端蒙養矣。後學幸甚。余亦深被縈施
〇開蒙之難。甚於大學者。以先入之言爲主也。即如要而未言。言而□□□□非。况誤乎。余以荒廢之餘。
倘蒙補闕删繁冗。正誤端。蒙幸若何。
請者。特欲勉副。師友錯愛之意耳。若夫望有補□人。恐遺譏於世。未眼□及。
何其幸也。辱師命。不足續益友之貂。能無歉乎。乃今不辭譾劣。以從壽耀庭承。佩仙二子較付□人之
之苦。造士之切。愛我之深。與余師先後同德也。附驥之心。於是乎動。惟是藉友編。以畢嚴師之志。
誠足爲初學指南。且解字。琢句。補氣。傳神。無法不備。又可爲初學寶藏。嗚呼。以立法之良。用心
斯。盍踵續以補此編之未逮。察其辭色。頗示青睞。余讀□。文。勿論精粗。義。勿論深淺。簡明快注。
〇指南編。乃余友廉浦旌公之友。厚田萬公所著也。一日。萬公以此示余曰。此將次付梓者。聞子有願於
末士那堪稱著述。勉副余師之囑托。
也。
而已。其不精不詳。不知凡幾。是以却付刻之請。未嘗一示於人。職是之故。非避饒舌之咎。隱而秘之
向之所學。大半遺忘。餘多疑似。復檢舊業。蕩然無存。乃追憶舊聞。集成此歌。略加證注。窗下傳習
未之忘也。自髮逆僭亂。王事鞅掌。余手未展卷者三十餘年。辛巳春。授次子季中及友子數人讀。始覺
曰。如有能成吾志者。游吾門爲不虛矣。至臨終時。專以此事囑余。但末學膚才何敢當此。然終日惓惓。

轉寫本

序

八股者，榮家世守之業也。榮將舞勺於山右，隨任時即攻習之。旋因家大人捐館，從此家務多艱，以致前業荒廢，乃棄漢學滿，受業於金州徐沃田先生之門。先生賦性孤介，不合時宜，甘屈下吏，老隱書田，每以翻譯入門不易，嘗著《舉一歌》一書，發明用字之法，窗下課讀，多所成就。榮入門時即以此歌授之，曰："學翻譯者，無不從《四書》《聖諭廣訓》入手，以其大法二書具備，故予注此歌，專以二書爲證，誠能熟此，翻譯之堂可登，口頭問答話條亦括其内矣。"榮玩索既久，深信良然，竊惜其如此苦心久湮窗下，故敢請付剞劂，先生不可。後榮復理舊業，覺腕下胸中，發揮指趣於八股者，深得《舉一歌》字法之力也，則此歌之作不第有益於滿，而且有益於漢，後以此書授諸承佩先蔭讀，彼亦與予同志，乃力請梓行。

先生不獲已，以原稿相付，且有慶體元泰率二子錫子如祉、錫贊廷祐、先生之次子季蔭汀中分司筆。

目録一

-ta, -te, -to, -tala, -tele, -tolo.

三十 sa, se, si, -ta, -te, -hai, -hei, -tai, -tei, sehei, bihei.

三十一 seqi, -la, -le, ele.

三十二 ofi, haran, turgun, jalin, aise, dere.

三十三 ainqi, dabala, giyan giyan -i, qi aqambi, goiha.

三十四 -rahv, ayou, biqi bihe.

三十五 biqi bihe.

三十六 seme, qibe, gojime.

三十七 udu, bihe, seme, sehe seme.

三十八 gojime, qibe.

三十九 te biqi, te biqibe, tuttu, uttu.

四十 tuttu seme, bime uttu seme, bime, oqi, ofi.

四十一 anggala.

四十二 anggala, be ai hendure.

四十三 be dahame, tetendere.

四十四 nakv, manggi.

四十五 henduhengge.

四十六 henduhengge.

四十七 henduhengge.

四十八 henduhengge, 套述

四十九 使令字

五十 插腰字

五十一 插腰字

五十二 插腰字

五十三 實變虛，虛變實 -kan, -kon, -ken.

五十四 微略，形容

五十五 翻法解題

五十六 翻法本地風光

五十七 翻法本地風光

五十八 翻法減增法

五十九 翻法減增法

六十 翻法正翻法

六十一 翻法取意

六十二 翻法倒裝

六十三 翻法論整破字

六十四 翻法論氣脉

六十五 翻法論氣脉

六十六 翻法論間架

六十七 翻法名山高阜，起承轉合

六十八 翻法理弊功效

六十九 翻法起承轉合，斷連法

七十 翻法斷連法，體例

七十一 翻法體例

七十二 體例

七十三 體例

七十四 體例

七十五 體例

七十六 體例

七十七 體例

金州隆泰沃田徐氏　著

受業蒙古壽榮耀庭較正/ 長白承蔭佩先較刊

《清文字法舉一歌》，觸類旁通可悟百。翻譯雖深由此入，功多力省便初學。

[歌約三千有奇之字，叶韻順口，旬月可熟，且讀且解，不經年則了然矣。]

-i, ni, qi, kai與de, be, bu, -mbi, -fi, -me, -ra, -re, -ro, -ka, -ha, -ke, -he, -ko, -ho, bi二十個字要明白。

[此二十字用法神情大宜領會，爲初學入手工夫。]

[1] de義深長用處多，"上""下""內""外""時候""則"。"給""與""在""于""間""處""往"，"日"字虛神亦是他。

abka de["上"字] juwe xun akv,
天 **位** 二 日 **否**
天 無 二 日，

irgen de["間"字] juwe han akv.
民 **位** 二 罕王 **否**
民 無 二 王。

duka-i dulimba-de["下"字] ili-ra-kv.
門-**屬** 中間-**位** 站-**未**-**否**
立 不 中 門。

hvqin de[“内”字] niyalma bi.

井 位 人 存在.**現**

井有仁焉。

bigan de [“外”字] waliya-ha usin akv,

曠野 **位** 抛棄-**完** 田地 **否**

野無曠土，

hoton de [“内”字] hergi-me yabu-re irgen akv.

城市 **位** 游蕩-**并** 走-**未** 民 **否**

邑無游民。

bi tofohon se de[“時候”字], mujin ta-qin de[“于”字] o-ho.

我 十五 歲 **位** 志向 學問 **與** 成爲-**完**

吾十有五，而志于學。

niyalma ajigan de[“時候”字“則”字], ama de hajila-mbi.

人 小時 **位** 父親 **與** 親近-**現**

人少則慕父母。

yabun funqe-he hvsun de[“時候” “則”字], xu be taqi.

行爲 剩餘-完成 力量 **位** 文 **賓** 學.**命**

行有餘力，則以學文。

emu inenggi faida-ra be ila-nggeri jurqe-re de[“時候” “則”字],

一 日 排隊-**未** **賓** 三-次 違背-**未** **位**

一日而三失伍，

naka-bu-mbi-u, akv-n?

停止-**使**-**現**-**疑** **否**-**疑**

則去之否乎？

[按de字之則緊於oqi。]

you han abka-i fejergi be,

堯 罕王 天-**屬** 下方 **賓**

xvn de[“給”“與”字] bu-he se-re-ngge, mujangga-u?

舜 **與** 給-**完** 説-**未**-**名** 確實-**疑**

堯以天下與舜，有諸?

amba-sa saisa[1] uba-de[“於”字“處”字] isi-nji-ha be,

臣-**複** 賢人 這裏-**與** 到達-來-**完** **賓**

君子之至於斯也，

bi baha-fi aqa-ha-kv-ngge akv.

我 得到-**順** 見-**完**-**否**-**名** **否**

吾未嘗不得見也。

qy' -i qi gurun de[“往”字] gene-re de[“時候”字],

赤 **屬** 齊 國 **與** 去-**未** **位**

赤之適齊也，

tarhvn morin yalu-ha-bi, weihuken furdehe etu-he-bi.

肥的 馬 騎-**完**-**現** 輕的 裘 穿-**完**-**現**

乘肥馬，衣輕裘。

biya-i iqe de[“日”字],

月-**屬** 初 **位**

urunakv doro-i etuku etu-fi hargaxa-na-mbi.

一定 禮-**屬** 衣服 穿-**順** 朝覲-去-**現**

吉月必朝服而朝。（1b2-2a5）

---

1 ambasa saisa：君子。下同。

[2] “年”“月”“日”“時”“無”“於”“在”，但非轉下莫接de。

elgiyen aniya o-qi, beye dubentele ebi-bu-me,
豐收的 年 成爲-**條** 身體 最終 飽-**使**-**并**
樂歲終身飽，

haji aniya o-qi, buqe-re guku-re qi guwe-mbi.
飢 年 成爲-**條** 死-**未** 滅亡-**未** **從** 豁免-**現**
凶年免於死亡。

ilan biya, ejen baha-ra-kv o-qi, aqa-na-mbi.
三 月 君主 得到-**未**-**否** 成爲-**條** 見-去-**現**
三月無君則吊。

inenggi elben gana-mbi, dobori futa muri-mbi.
日 茅草 帶去-**現** 夜晚 繩子 擰-**現**
晝爾于茅，宵爾索綯。

duin erin yabu-mbi-kai.
四 時 行走-**現**-**啊**
四時行焉。（2a6-2b3）

[3] 内含de義休加者，dolo, tule, dele, fejile。

dolo unenggi o-qi, tule tuyembu-mbi.
在内 真誠 成爲-**條** 在外 泄露-**現**
誠於中，形於外。

beten, dele olhon boihon be je-mbi,
蚯蚓 在上 乾的 土壤 **賓** 吃-**現**
夫蚓上食槁壤，

fejile suwayan xeri be omi-mbi.

在下 黄 泉 **賓** 喝-**現**

下 飲 黄 泉。(2b4-6)

[4] 如遇amuran, isinambi, wajihabi, aqanambi四字，上必加de字。餘者宜著可不著。

[按：常法接托照應之字不勝枚舉，如遇變翻有不可過拘者，不止-i ni qi de數字已也。]

taqi-re de amura-ngge, mergen de hanqi.

學-**未** **與** 喜好-**名** 智慧 **與** 近

好 學 近 乎 知。

gvwa gurun de isi-na-mbi.

别的 國家 **與** 到-去-**現**

至 於 他 邦。

tondo giljan de waji-ha-bi.

忠誠 諒解 **位** 完結-**完**-**現**

忠 恕 而 已 矣。

beye bolgo de aqa-na-ha-bi,

自己 潔 **與** 相合-去-**完**-**現**

身 中 清，

waliya-ha-ngge touse de aqa-na-ha-bi.

抛棄-**完**-**名** 權利 **與** 相合-去-**完**-**現**

廢 中 權。(3a1-4)

[5] “因爲”“時候”jakade，未然轉入已然説。故用-ra -re -ro字照，煞尾須加-ka -ke -ko。

bi sakda-ka baitala-me mute-ra-kv o-ho, se-re jakade,

我 變老-**完** 用-**并** 能-**未**-否 成爲-完 助-**未** 之時

吾老矣，不能用也，

kungzi jura-ka.

孔子 出發-**完**

孔子行。

touse miyalin be qirala-ra, fafun kouli be kimqi-re,

權利 計量 **賓** 加强-**未** 法律 制度 **賓** 審查-**未**

謹權量，審法度，

waliya-ha hafa-sa be tuwanqihiya-ra jakade,

廢棄-**完** 官員-**複** **賓** 撥正-**未** 之時

脩廢官，

duin ergi -i dasan yabu-ha-bi.

四 方 **屬** 政治 行-**完**-**現**

四方之政行焉。（3a5-3b2）

[6] jakade又作“根前”解，頭上-i ni少不得。

bi o-qi you han xvn han -i doro waka-ngge be,

我 成爲-**條** 堯 罕王 舜 罕王 **屬** 道 不是-**名** **賓**

我非堯舜之道，

gelhun akv[1] wang ni jakade tuqi-bu-ra-kv.

怕 **否** 王 **屬** 之時 出-**使**-**未**-**否**

不敢以陳於王前。

you han -i jui -i jakade gene-ra-kv,

1 gelhun akv：敢。gelhun akv即不怕、敢做某事。下同。

堯 罕王 **屬** 子 **屬** 身-**與** 去-**未**-**否**

xvn han -i jaka-de gene-mbi.

舜 罕王 **屬** 身邊-**與** 去-**現**

不之堯之子而之舜。（3b3-5）

[7] “了”“的”“時候”ohode，承上起下法極多。oho“了”“也”承上文，de一轉起下文。加-me述前期後效，已然逆轉未然説。

wei gurun -i ejen fuzi be dasan de da-na-bu-me o-ho-de,

衛 國 **屬** 君主 夫子 **賓** 政事 **與** 干涉-去-**使**-**并** 成爲-**完**-**位**

衛君待子而爲政，

fuzi ai-be nende-ki se-mbi?

夫子 什麼-**賓** 先與-**祈** 説-**現**

子將奚先？

ninju nadanju ba, eiqi susai ninju ba-i-ngge be,

六十 七十 里 或 五十 六十 里-屬-名 **賓**

方六七十，如五六十，

kiu bi dasa-me o-ho-de,

求 我 治理-**并** 成爲-**完**-**位**

求也爲之，

ilan aniya hami-me, irgen be tesu-bu-qi o-mbi.

三 年 將近-**并** 人民 **賓** 滿足-**使**-**條** 可以-**現**

比及三年，可使足民。（3b6-4a4）

[8] 加-re用功效自至，未然順轉已然説。

dasan -i yarhvda-ra, erun -i teksile-re o-ho-de,

政治 **屬** 引導-**未** 刑 **屬** 整理-**未** 成爲-**完**-**位**

道 之 以 政，齊 之 以 刑，

irgen guwe-re be bodo-qibe, kemuni giruqun be sa-r-kv.

民 豁免-**未** **賓** 計算-**讓** 尚且 恥辱 **賓** 知道-**未**-**否**

民 免 而 無 耻。

erdemu -i yarhvda-ra, dorolon -i teksile-re o-ho-de,

德 **工** 引導-**未** 禮儀 **工** 整理-**未** 成爲-**完**-**位**

道 之 以 德，齊 之 以 禮，

giruqun be sa-mbi-me we-mbi.

耻辱 **賓** 知道-**現**-**并** 化-**現**

有 耻 且 格。

niyalma tome meimeni niyaman be niyamala-ra,

人 每 各自 親人 **賓** 侍親-**未**

人 人 親 其 親，

meimeni ungga be unggaxa-ra o-ho-de,

各自 長輩 **賓** 敬老-**未** 成爲-**完**-**位**

長 其 長，

abka-i fejergi neqin o-mbi.

天-**屬** 下 平 成爲-**現**

而 天 下 平。（4a5-4b3）

[9] 總束前文領後語，“如此的時候”uttu ohode。

uttu o-ho-de, abka-i fejergi de bakqin akv o-mbi.

這樣 成爲-**完**-**位** 天-**屬** 下 **位** 對手 **否** 成爲-**現**

如 此，則 無 敵 於 天 下。（4b4-5）

[10] 揣度前文慮後語，“怎樣的時候”adarame ohode。

adara-me o-ho-de, uthai hafu-ka-ngge se-qi o-mbi?
怎樣 成爲-**完**-**位** 就 通達-**完**-**名** 稱謂-**條** 可以-**現**
何如斯可謂之達矣?（4b6-5a1）

[11] 或加整字de, be, -kv。

amtan be o-ho-de,
味道 **賓** 成爲-**完**-**位**
至於味,

abka-i fejergi-ngge urunakv i ya ningge be buye-re-ngge,
天-**屬** 下-**名** 一定 易牙 **名** **賓** 愛-**未**-**名**
天下期於易牙,

tere abka-i fejergi -i angga gemu adalixa-me o-fi kai.
那 天-**屬** 下 **屬** 口 都 與之相似-**并** 成爲-**順** 啊
是天下之口相似也。

xan o-qi inu tuttu.
耳朵 成爲-**條** 也 那樣
惟耳亦然。

jilgan be o-ho-de,
聲音 **賓** 成爲-**完**-**位**
至於聲,

abka-i fejergi-ngge urunakv kumun -i hafan guwang
天-**屬** 下-**名** 一定 音樂 **屬** 官員 曠
ningge be buye-re-ngge,
名 **賓** 愛-**未**-**名**
天下期於師曠,

tere abka-i fejergi -i xan gemu adalixa-me o-fi kai.

那 天-屬 下 屬 耳朵 都 與之相似-并 成爲-順 啊

是天下之耳相似也。

yasa o-qi inu tuttu.

眼睛 成爲-條 也 那様

惟目亦然。

zi du o-ho-de,

子 都 成爲-完-位

至於子都,

abka-i fejergi-ngge tere-i hoqikon be sa-r-kv-ngge akv,

天-屬 下-名 他-屬 美貌 賓 知道-未-否-名 否

天下莫不知其姣也,

zi du -i hoqikon be sa-r-kv-ngge,

子 都 -屬 美貌 賓 知道-未-否-名

不知子都之姣者,

yasa akv niyalma kai.

眼睛 否 人 啊

無目者也。

qoko ulgiyan indahvn mehen be,

雞 豬 狗 未生産之母豬 賓

雞豚狗彘之畜,

ujima erin be ufara-bu-ra-kv o-ho-de,

牲畜 時間 賓 錯失-使-未-否 成爲-完-位

無失其時,

nandanju se-i-ngge, baha-fi yali je-qi o-mbi.

七十 歲-**屬**-**名** 得以-**順** 肉 吃-**條** 可以-**現**

七十者可以食肉矣。

gosingga niyalma deu de o-ho-de,

仁慈的 人 弟弟 **與** 成爲-**完**-**位**

仁人之於弟也，

jili be asara-ra-kv, gasaqun be te-bu-ra-kv.

氣 **賓** 收藏-**未**-**否** 怨恨 **賓** 駐-**使**-**未**-**否**

不藏怒焉，不宿怨焉。（5a2-5b3）

[12] 或作"爲了"單寫著。

usin tari-re, tetun deiji-re, nimaha buta-ra qi,

農田 耕種-**未** 工具 燒製-**未** 魚 捕捉-**未** **從**

自耕稼陶漁，

han o-ho de isi-tala,

罕王 成爲-**完** **與** 到-**至**

以至爲帝，

niyalma de gai-ha-kv-ngge akv.

別人 **與** 取-**完**-**否**-**名** 否

無非取於人者。（5b4-5）

[13] "説過時候" sehede。

sikse wang ni gisun jiu se-he-de,

昨天 王 **屬** 話語 來.**命** 説-**完**-**位**

昔者有王命，

nime-fi deijiku gai-me mute-ra-kv de,

生病-**順** 柴火 取-**并** 能-**未**-**否** **位**

有采薪之憂，

hargaxa-na-me mute-ra-kv.

朝覲-去-**并** 能-**未**-**否**

不能造朝。（5b6-6a1）

[14] 又“恐其中有變”説。

te bi-qi, fafun -i asu de emgeri fehu-ne-he se-he-de,

現在 存在-**條** 法律 **屬** 網 **與** 一次 踏-去-**完** 説-**完**-**位**

試思一蹈法網，

tanggv haqin -i gosihon be ali-mbi.

百 種 **屬** 苦 **賓** 承受-**現**

百苦備嘗。（6a2-3）

[15] “有的時候”bihede。

juse sargan bi-he-de juse sargan de hajila-mbi.

孩子 妻子 存在-**完**-**位** 孩子 妻子 **與** 親近-**現**

有妻子則慕妻子。（6a4）

[16] 設言“倘有”亦翻得。

enteke-ngge emken bi-he-de, falga-i dorgi-de elhe akv.

這樣的-**名** 一個 存在-**完**-**位** 鄉-**屬** 裏面-**位** 安穩 **否**

有一於此，里閈靡寧。（6a5）

[17] “上功下效”-mbihede，“纔此便彼”快如梭。

hebexe-ki se-mbihe-de, tere-i jaka-de gene-mbi.

商議-**祈** 助-**過**-**位** 他-**屬** 旁邊-**與** 去-**現**

欲有謀焉，則就之。

kiqe-mbihe-de, haha-si de funqe-tele jeku bi,

努力-**過**-**位** 男人-**複** **位** 剩餘-**至** 糧食 存在.**現**

勤，則男有餘粟，

hehe-si de funqe-tele suje bi.

女人-**複** **位** 剩餘-**至** 綢緞 存在.**現**

女有餘帛。（6a6-6b2）

[18] “上頭而且”用dade。

gurun de doro bi-mbi-me,

國 **位** 道 存在-**現**-**并**

邦有道，

yadahvn da-de fusihvn o-qi giru-ke.

貧窮 根本-**位** 賤 成爲-**條** 羞愧-**完**

貧且賤焉，耻也。

gurun de doro akv, bayan wesihun o-qi, giru-ke.

成爲-**條** **位** 道 **否** 富裕 尊貴 成爲-**條** 羞愧-**完**

邦無道，富且貴焉，耻也。（6b3-4）

[19] “上頭且又”dade geli。

qouha dain bi-sire da-de, geli yuyun haji o-ho.

軍隊 戰爭 存在-**未** 根本-**位** 又 饑 饉 成爲-**完**

加之以師旅，因之以饑饉。

tere da-de, geli ihan honin be adula-ra jakade,

那 根本-**位** 又 牛 羊 **賓** 放牧-**未** 之時

牛羊又從而牧之，

teni tuttu hvwantahvn hvwantahvn o-ho.

纔 這樣 荒涼 荒涼 成爲-**完**

是以若彼濯濯也。（6b5-7a1）

[20] “這裏”“在此”ubade，“那裏”“在彼”tubade。

tuba-de bi-qi, ubiya-bu-ra-kv, uba-de bi-qi, eime-bu-ra-kv.

那裏-**位** 存在-**條** 討厭-**被**-**未**-**否** 這裏-**位** 存在-**條** 欺騙-**被**-**未**-**否**

在彼無惡，在此無斁。（7a2-3）

[21] “這上頭”“於此”用ede，“那上頭”“於彼”用tede。

wang hendu-me, bi farhvn, e-de[於此字] dosi-me mute-ra-kv.

王 説-**并** 我 昏庸 這-**位** 進入-**并** 能-**未**-**否**

王曰：“吾惛，不能進於是矣。”

agu si te-de[於彼字] taqi-qi,

先生 你 那-**位** 學-**條**

子是之學，

inu hala-me bahana-ra-kv se-qi o-mbi-kai.

也 改變-**并** 會-**未**-**否** 説-**條** 可以-**現**-啊

亦爲不善變矣。（7a4-6）

[22] 上作過文解“于是”。

beye dubentele yalu ana-bu-ha seme,

身體 最終 阡陌 推讓-**使**-**完** 即使

終身讓畔，

emu delhe ufara-ra-kv se-he-bi,

一 塊兒 失去-**未**-**否** 説-**完**-**現**

不失一段，

e-de dorolo-ro anahvnja-ra de uttu tusa o-joro ufaraki

這-**位** 禮-**未** 謙讓-**未** **與** 這樣 有益的 成爲-**未** 過失

akv be sa-qi o-mbi-kai.

否 **賓** 知道-**條** 可以-**現**-啊

可知禮讓之有得而無失也如此。

wang, e-de fuhun qi-ra alja-ha.

王 這-**位** 憤怒的 臉色 變臉-**完**

王勃然變乎色。（7b1-3）

[23] 下爲煞尾應-rangge。

ginggule-re, e-de, kundule-re-ngge, te-de.

尊敬-**未** 這-**位** 恭敬-**未**-**名** 那-**位**

所敬在此，所長在彼。（7b4）

[24] unenggi, aika, aikabade“誠然”“如”“倘”應qi de。

mujin unenggi gosin de o-qi ehe akv kai.

志向 誠意 仁 **位** 成爲-**條** 惡 **否** 啊

苟志於仁矣，無惡也。

aika makta-ha-ngge bi-qi, te-de qende-he ba bi-fi kai.

如果 贊揚-**完**-**名** 存在-**條** 那-**位** 測試-**完** 地方 存在-**順** 啊

如有所譽者，其有所試矣。

aikabade mimbe baitala-ra-ngge bi-he-de,

如果 我.**賓** 用-**未**-**名** 存在-**完**-**位**

如有用我者，

bi dergi jeu gurun o-bu-mbihe-dere.

我 東 周 國 成爲-**使**-**過**-罷了

吾其爲東周乎。（7b5-8a1）

[25] 七解二義總翻be，“把”“將”“以”“使”“令”“叫”“説”。

[上六義相類，下一義迥別。]

wei gurun -i ejen,

衛 國 **屬** 君主

fuzi be[“以” “使” “令” “叫”字] dasan de da-na-bu-me

夫子 **賓** 政事 **與** 干涉-去-**使**-**并**

o-ho-de,

成爲-**完**-**位**

衛君待子而爲政，

fuzi aibe [“把” “將”字] nende-ki se-mbi?

夫子 什麼-**賓** 爲先-**祈** 說-**現**

子將奚先？（8a2-3）

[26] 應上收煞說“是也”。

hvwaxabukv se-re-ngge, uji-re be.

庠 說-**未**-**名** 養-**位** **賓**

庠者，養也。

taqihiyakv se-re-ngge, taqibu-re be.

校 說-**未**-**名** 教育-**位** **賓**

校者，教也。

mutebukv se-re-ngge, gabta-bu-re be.

序 說-**未**-**名** 射箭-**使**-**位** **賓**

序者，射也。

aibe gisure-mbi, hendu-me, sengken mana-ha be.

什麼-**賓** 說-**現** 說-**并** 鐘紐 毀壞-**完** **賓**

何以言之？曰：“以追蠡。”（8a4-5）

[27] 釣下發端“夫” “若”說。

jalan -i fulun be, teng gurun aifini yabu-ha-bi kai.

世代 **屬** 俸祿 **賓** 滕 國 早已 走-**完**-**現** 啊

夫世禄滕固行之矣。

enduringge be, kungzi hono ali-me gai-ha-kv ba-de,

聖人 **賓** 孔子 尚且 接受-**并** 取得-**完**-**否** 地方-**位**

夫聖，孔子不居，

ere ai gisun.

這 什麼 話

是何言也。

ba onqo irgen geren be, amba-sa saisa buye-mbi,

土地 寬闊 人民 衆多 **賓** 臣-**複** 賢人 愛-**現**

廣土衆民，君子欲之，

tere-i sebjen e-de akv.

他-**屬** 快樂 這-**位** **否**

所樂不存焉。（8a6-8b2）

[28] “體用”“申叙”無be字。

bithe[“體用”] hvla-mbi.

書 讀-**現**

讀書。

ainu urunakv bithe[“申叙”字] hvla-ha manggi,

爲什麼 一定 書 讀-**完** 之後

teni taqi-ha se-mbi.

才 學-**完** 説-**現**

何必讀書然後爲學。

etuku[“體用”] etu-mbi.

衣 穿-**現**

穿衣。

fuzi nemki-he-kv subkeri[“申叙”字] etu-he niyalma,

夫子 粗粗縫製-**完-否** 喪服 穿-**完** 人

子見齊衰者,

mahatu etuku dusihi[“申叙”字] etu-he niyalma be sabu-ha.

冕 衣 裳 穿-**完** 人 **賓** 看見-**完**

冕衣裳者。

gu seu niyalma[“申叙”字] wa-ra o-ho-de, aina-mbi?

瞽 瞍 人 殺-**未** 成爲-**完-位** 怎麽辦-**現**

瞽瞍殺人則如之何?

endebuku komso[“申叙”字] o-fi bou be karma-qi o-mbi.

過錯 少 成爲-**順** 家 **賓** 保護-**條** 成爲-**現**

可以寡過而保家。

tere-i niyalma-i buyen komso[“申叙”字] o-qi,

他-**屬** 人-**屬** 慾望 少-**條** 成爲-**條**

其爲人也寡欲,

udu tomso-ra-kv-ngge bi seme komso.

雖然 檢點-**未-否** 存在 即使 少

雖有不存焉者,寡矣。(8b3-9a1)

[29] 作用有力句加be。

tere-i bithe be hvla-mbi.

他-**屬** 書 **賓** 讀-**現**

讀其書。

agu si you -i etuku be etu-re.

先生 你 堯 **屬** 衣服 **賓** 穿-**未**

子服堯之服。

urunakv doro-i etuku be etu-fi, hargaxa-na-mbi.

一定 禮-**屬** 衣服 **賓** 穿-**順** 朝覲-去-**現**

必朝服而朝。

niyalma be wa-ra de amuran akv-ngge be,

人 **賓** 殺-**未** **與** 喜好 否-**名** **賓**

emu o-bu-me mute-mbi.

一 成爲-**使**-**并** 能-**現**

不嗜殺人者能一之。

ini endebuku be komso o-bu-ki se-mbi-me, mute-re uji-re.

他.**屬** 過錯 **賓** 少 成爲-**使**-**祈** **助**-**現**-**并** 能-**未** 養-**未**

欲寡其過而未能也。

mujilen be uji-re de,

心 **賓** 養-**未** **與**

buyen be komso o-bu-re qi sain ningge akv.

欲望 **賓** 少 成爲-**使**-**未** **從** 好 **名** **否**

養心莫善於寡欲。（9a2-5）

[30] bu字“使人給與”説。

muqengge -i bu, qalungga -i bu.

釜 **工** 給.**命** 庾 **工** 給.**命**

與之釜，與之庾。（9a6）

[31] “無力給與”字腰著。

yuyu-re-ngge de, ulebu-qi ja,

飢餓-**未**-**名** **與** 給食-**條** 容易

飢者易爲食，

kangka-ra-ngge de, omi-bu-qi ja.

渴-未-名 與 喝-使-條 容易

渴者易爲飲。（9b1）

[32] bu上加be乃“叫”字。

hanqiki-ngge be, urgunje-bu-mbi,

近處-名 賓 高興-使-現

近者説，

goroki-ngge be, ji-bu-mbi.

遠處-名 賓 來-使-現

遠者來。

hvsun -i niyalma be daha-bu-re-ngge,

力量 工 別人 賓 臣服-使-未-名

以力服人者，

mujilen -i daha-ra-ngge waka.

心 工 臣服-未-名 不是

非心服也。（9b2-3）

[33] be bu加be“轉令他”。

irgen be hvsun be akvmbu-bu-mbi,

人民 賓 力量 賓 窮盡-使-現

使民盡力，

niyalma be beye-be tuwanqihiya-bu-mbi.

別人 賓 自身-賓 修正-使-現

使人修身。（9b4）

[34] bu上加de爲“被”字。

emu funiyehe-i gese niyalma de bukda-bu-ha de,
一 毛兒-**屬** 一樣 人 **位** 折疊-**被**-**完** **位**
思以一毫挫於人，
hargaxan hvda-i ba-de tanta-bu-ha adali gvni-mbi.
朝廷 貿易-**屬** 地方-**位** 打-**被**-**完** 一樣 想-**現**
若撻之於市朝。（9b5-6）

[35] 自然“被”“叫”無de be。

jobo-bu-mbi-me[“自然”] gasa-bu-ra-kv[“自然”].
辛勞-**被**-**現**-**并** 抱怨-**被**-**未**-**否**
勞而不怨。
akda-bu-ha[“自然”] manggi teni irgen be suila-bu-mbi[“有力”].
信任-**被**-**完** 之後 才 人民 **賓** 辛勞-**使**-**現**
信而後勞其民。
akda-bu-re[“自然”] unde o-qi,
信任-**被**-**未** 尚且 成爲-**條**
未信，
imbe jobo-bu-re[“有力”] de o-bu-mbi.
他.**賓** 辛勞-**使**-**未** **與** 成爲-**使**-**現**
則以爲厲己也。
假如
gurun be[“有力”字] dasa-mbi. gurun be[“叫”字] dasa-bu-mbi.
國 **賓** 治理-**現** 國 **賓** 治理-**使**-**現**

治國。　　　　　　使治國。

niyalma be[“轉”字] gurun be[“使”字] dasa-bu-mbi.

人　　賓　　　　國　賓　　　　治理-**使**-**現**

使人治國。

gurun dasa-bu-mbi.[“自然”字]

國　　治理-**被**-**現**

國治。

eitere-mbi. niyalma de[“被”字] eitere-bu-mbi. eitere-bu-he[“自然”字].

欺騙-**現**　　人　**與**　　　欺騙-**被**-**現**　　欺騙-**被**-**完**

欺哄。　被人欺哄。　　被欺哄了。

[按：de be bu三字其義極微，其用極廣，最易眩人。若不辨别清楚，勢必反入爲出，以主作客矣。]（10a1-5）

[36] be有“翻出”“勉去”意，“施爲”“用力”那們著。de含“翻入”“安居”意，“無爲”“自致”這們著。每見de be相互用，篇似de吸be鼓橐。

ehe be hala-fi, sain de forgoxo-mbi.

惡　**賓**　改變-**順**　善　**與**　轉變-**現**

改惡遷善。

golmin be meite-me, foholon de niyeqe-mbi.

長　　**賓**　截斷-**并**　　短　　**與**　彌補-**現**

截長補短。

doro be gvni-mbi, erdemu be memere-mbi.

道　**賓**　想-**現**　　德善　**賓**　拘泥-**現**

志 於 道，據 於 德。

gosin de nike-mbi, muten de saraxa-mbi.

仁 **與** 依靠-**現** 能力 **與** 游覽-**現**

依 於 仁，游 於 藝。

bayan de akda-fi yadahvn be fusihvxa-mbi.

仁 **與** 依靠-**現** 能力 **與** 游覽-**現**

恃 富 侮 貧。

wesihun de ertu-fi fusihvn be gidaxa-mbi.

尊貴 **與** 倚仗-**順** 下賤 **賓** 欺壓-**現**

挾 貴 凌 賤。

etenggi de akda-fi, yadalinggv be bukdaxa-mbi.

强勢 **與** 依靠-**順** 弱小 **賓** 壓迫-**現**

倚 强 凌 弱。

wesihun be mara-fi, fusihvn de bi-mbi.

尊貴 **賓** 推辭-**順** 下賤 **與** 存在-**現**

辭 尊 居 卑。

bayan be mara-fi, yadahvn de bi-mbi.

富裕 **賓** 推辭-**順** 貧窮 **與** 存在-**現**

辭 富 居 貧。

gosingga niyalma, gosin de elhe o-mbi,

仁慈的 人 仁 **與** 平安 成爲-**現**

仁 者 安 仁，

mergengge niyalma gosin be aisi o-bu-ha-bi.

智慧的 人 仁 **賓** 利益 成爲-**使**-**完**-**現**

知者利仁。

dorolon -i weihuken ningge de duibule-qi,

禮儀 **屬** 輕的 **名** **與** 比較-**完條**

與禮之輕者而比之,

jemengge -i ujen ningge be,

食物 **屬** 重的 **名** **賓**

取食之重者,

ainahai jemengge -i ujen -i teile ni?

未必事物 食物 **屬** 重的 **屬** 僅僅 呢

奚翅食重?

nene-me ulhingge be, amala ulhingge de ulhi-bu-kini.

爲先-**并** 覺悟者 **賓** 後 覺悟者 **與** 覺悟-**使**-**祈**

使先覺覺後覺。(10a6-11a3)

[37] de, be應上常煞尾。

fuzi -i olhoxo-ro-ngge, bolgomi-re, afa-ndu-re, nime-re de.

夫子 **屬** 謹慎-**未**-**名** 齋-**未** 戰-互相-**未** 生病-**未** **與**

子之所慎:齊、戰、疾。

gungge be wesihun o-bu-re-ngge, damu mujin de,

功 **賓** 尊貴 成爲-**使**-**未**-**名** 僅僅 志向 **位**

功崇惟志,

doro be badara-mbu-re-ngge, damu kiqebe de.

道 **賓** 發展-**使**-**未**-**名** 僅僅 勤奮 **位**

業廣惟勤。

neigele-he-bi se-he-ngge, neigenje-he be.

使平均-**完**-**現** 説-**完**-**名** 變平均-**完**-**現** **賓**

徹者，徹也。

aisila-ha-bi se-he-ngge, aisila-bu-ha be.

幫助-**完**-**現** 說-**完**-**名** 幫助-**使**-**完** **賓**

助者，藉也。（11a4-6）

[38] 變作deu, beu義帶“麽”。

tere-i aisilabukv o-ho turgun-de-u?

他-**屬** 丞相 成爲-**完** 緣故-**位**-**疑**

爲其爲相與?

nene-me ilan muqihiyan, amala sunja muqihiyan be-u?

爲先-**并** 三 鼎 後 五 鼎 **賓**-**疑**

前以三鼎，而後以五鼎與?

tere be-u, tere be-u.

他 **賓**-**疑** 他 **賓**-**疑**

彼哉，彼哉!（11b1-2）

[39] 實在之“在”“在乎”字，de bi接用莫聯著。

aika gvnin de bi-u[“在乎”字]?

如果 想法 **位** 存在-**疑**

豈有他哉?

beye-i bai-re de bi-sire[“在乎”字] dabala.

自己-**屬** 求-**未** **位** 存在-**疑** 罷了

於己取之而已矣。

gurun de[“在”字] bi-qi , gasaqun akv.

國 **位** 存在-**條** 怨恨 **否**

在邦無怨。（11b3-4）

[40] -i義“之”“的”“以”“用”多。

fuzi -i[“之”“的”字] fu. abka-i[“之”“的”字] jui.

夫子 屬 墻 天-屬 子

夫子之墻。 天子。

dorolon -i[“以”“用”字] yabu-mbi,

禮 工 行-現

禮以行之，

anashvn -i tuqi-mbi,

謙遜 工 出-現

孫以出之，

akdun -i mute-bu-mbi.

信用 工 成功-使-現

信以成之。（11b5-6）

[41] 第五頭下ni代他。

guwan jung ni tetun. wen wang ni erdemu.

管 仲 屬 器 文 王 屬 德

管仲之器。 文王之德。（12a1）

[42] 四頭音呢單用是，頭十頭下或聯著。

mou-i faksi. ama eme-i baili. abka na -i amba.

木-屬 匠 父 母-屬 恩德 天 地 屬 大

木匠。 父母之德。 天地之大。

r’an kiu -i muten. jalan -i an -i kumun.

冉 求 屬 技藝 世界 屬 一般 屬 樂。

冉求之藝。 世俗之樂。（12a2-3）

[43] emgi, gese, adail, baru, qanggi, jalin, teile其上-i, ni皆可用，或用-ra, -re, -ka, -ke, -ko。

bi hvi -i emgi xuntuhuni gisure-qi, jurqe-ra-kv-ngge,

吾 回 **屬** 一起 終日 說話-**條** 違背-**未**-**否**-**名**

吾與回言終日，

mentuhun -i adali.

愚人 **屬** 一樣

不違如愚。

fuzi zi hiya -i baru hendu-me,

夫子 之 夏 **屬** 向著 說-**并**

子謂子夏曰：

te -i mentuhun se-re-ngge, holo -i qanggi.

現在 **屬** 愚人 說-**未**-**名** 假 **屬** 僅僅

“今之愚也，詐而已矣。”

julge-i taqi-re-ngge, beye-i jalin,

古代-**屬** 學-**未**-**名** 自己-**屬** 爲了

古之學者爲己，

te -i taqi-re-ngge, niyalma-i jalin.

現在 **屬** 學-**未**-**名** 別人-**屬** 爲了

今之學者爲人。

weqe-qi, bi-sire adali,

祭祀-**條** 在-**未** 一樣

祭如在，

enduri be weqe-qi enduri bi-sire adali.

神仙 **賓** 祭祀-**條** 神仙 在-**未** 一樣

祭 神 如 神 在。

beye mehu-re gese.

自己 俯身-未 一樣

鞠 躬 如 也。

tuktan deribu-re de, aqa-ha gese;

起初 開始-未 位 見-完 一樣

始 作，翕 如 也；

yende-me, hvwaliya-ka gese;

興盛-并 和諧-完 一樣

從 之，純 如 也；

tomorhon -i gese, sira-ndu-ha gese;

清晰 屬 一樣 接續-互相-完 一樣

皦 如 也，繹 如 也；

tere-qi xangga-mbi.

那-從 成功-現

以 成。

g' au zung han -i teile akv?

高 宗 罕王 屬 僅僅 否

何 必 高 宗?

julge-i niyalma gemu tuttu bi-he.

古-屬 人 都 那樣 存在-完

古 之 人 皆 然。（12a4-12b5）

[44] ni亦“之”“的”“以”“用”格。

agu sini[“之”“的”字] ejen. ere-ni[“以”“用”字] tuwa-ha.

先生 你.屬 君主 這-工 看-完

子之君。　　　　由此觀之。

ai-ni.[“以”“用”字]

何-工

何謂也。（12b6）

[45] 嘆想“呢”“哉”口氣合。

tere adarame yabu-qi o-mbi-ni?

那 如何 行-條 可以-現-呢

其何以行之哉?（13a1）

[46] -i, ni“以”“用”非叫應。

xu -i guqu de aqa-mbi, guqu -i gosin de aisila-bu-mbi.

文章 **工** 朋友 **與** 會-**現** 朋友 **工** 仁 **與** 幫助-**使**-**現**

以文會友，以友輔仁。

dorolon -i nomun be taqi-ra-kv o-qi, ai-ni ili-mbi.

禮 **屬** 經 **賓** 學-**未**-**否** 成爲-**條** 何-**工** 立-**現**

不學禮，無以立。（13a2-3）

[47] be翻“以”“用”應se-, o-。

mangga be ejen de nike-bu-re be, gungnequke se-mbi;

困難 **賓** 君主 **與** 倚靠-**使**-**未** **賓** 恭 說-**現**

責難於君，謂之恭；

sain be tuqi-bu-me miusihon be ashv-re be, ginggun se-mbi;

善 **賓** 出來-**使**-**并** 邪 **賓** 拒絕-**未** **賓** 敬 說-**現**

陳善閉邪，謂之敬；

mini ejen mute-ra-kv se-re be, ebderen se-mbi.

我.**屬** 君主 能-**未**-**否** 說-**未** **賓** 損害 說-**現**

吾君不能，謂之賊。

iui duin mederi be ulan o-bu-ha-bi,

禹 四 海 賓 溝壑 成爲-使-完-現

禹以四海爲壑，

te agu si adaki gurun be ulan o-bu-ha-bi.

現在 先生 你 鄰 國 賓 溝壑 成爲-使-完-現

今吾子以鄰國爲壑。（13a4-13b1）

[48] ni字必承ainamhai，又承ainu, adarame。

ainahai gosingga teile ni.

未必 仁的 僅僅 呢

何事於仁。

wang o-bu-ki se-qi, ainu da de forgoxo-ra-kv.

王 成爲-使-祈 助-條 爲什麼 本 與 轉-未-否

王欲行之，則盍反其本矣！

adarame o-mbi-ni?

怎麼 可以-現-呢

如之何其可也？（13b2-3）

[49] qi乃“自”“從”“由”“第”“則”，“離”“若”“比”字字尾托。

aibiqi[“自”“從”“由”字] jihe?

哪裏-從 來-完

奚自？

gaxan -i niyalma muse-i amba ahvn qi[“比”字]

村 屬 人 咱們-屬 大 哥 從

emu se ahvn o-qi[“若”“則”字],

一 歲 年長 成爲-**條**

鄉人長於伯兄一歲,

we be ginggule-mbi?

誰 **賓** 尊敬-**現**

則誰敬?

dergi ulabun -i juwan-qi[“第”字] fiyelen.

上 傳 **屬** 十-**從** 章節

右傳之十章。

tondo giljan doro qi[“離”字] goro akv.

忠 寬恕 道 **從** 遠 **否**

忠恕違道不遠。(13b4-13b6)

[50] 自抒己見將發論,憑吾“聞”“見”這們著。

bi donji-qi,

我 聽-**條**

吾聞之也:

amba-sa saisa hafirahvn de aisila-mbi-dere,

臣-**複** 賢人 緊迫 **與** 幫助-**現**-罷了

bayan de sira-bu-ra-kv se-he-bi.

富裕 **與** 接續-**使**-**未**-**否** 説-**完**-**現**

君子周急不繼富。

aldangga tuwa-qi niyalma-i ejen -i adali akv.

遥遠 看-**條** 别人-**屬** 君主 **屬** 一樣 **否**

望之不似人君。(14a1-3)

[51] “懸揣”“摩擬”神寬泛，似“既”似“或”似-fi, -me。

bi dosi-qi bedere-qi,

我 進-**條** 退-**條**

則吾進退，

ler_ler se-me elehun sulfa akv semeu.

從容貌 助-**并** 泰然 安逸 **否** 難道

豈不綽綽然有餘裕哉?

wang amban minde fonji-qi,

王 大臣 我.**與** 問-**條**

王問臣，

amban bi ai gelhun akv tob se-me jabu-ra-kv.

大臣 我 什麼 怕 **否** 嚴肅貌 助-**并** 回答-**未**-**否**

臣不敢不以正對。

tatan tuwakiya-ra niyalma bai-qi baha-ra-kv.

館驛 看守-**未** 人 求-**條** 得到-**未**-**否**

館人求之弗得。

mengzi, liyang gurun -i hvi wang de aqa-na-qi,

孟子 梁 國 **屬** 惠 王 **與** 見-去-**條**

孟子見梁惠王，

wang omo -i jaka-de ili-ha-bi.

王 池塘 **屬** 附近-**位** 站立-**完**-**現**

王立於沼上。（14a4-14b1）

[52] ebsi, tulgiyen, deribumbi, aljambi, jailambi, tetendere, enqu, ombi, aqambi, wajiha上總須他。

jeu gurun qi ebsi, nadan tanggv aniya funqe-he.

周 國 **從** 以來 七 百 年 餘-**完**

由周而來，七百有餘歲矣。

ere-qi tulgiyen be buye-ra-kv.

這-**從** 以外 **賓** 喜愛-**未**-**否**

不願乎其外。

goro yabu-re de, urunakv hanqi qi deribu-mbi.

遠 走-**未** **位** 一定 近 **從** 開始-**現**

行遠必自邇。

urunakv ama emei gurun qi alja-fi aina-mbi?

一定 父 母-**屬** 國 **從** 離開-**順** 做什麼-**現**

何必去父母之邦?

mergen urse, jalan qi jaila-mbi,

賢的 人們 世界 **從** 躲避-**現**

賢者辟世，

tere-i ilhi-ngge, ba qi jaila-mbi,

他-**屬** 次-**名** 地方 **從** 躲避-**現**

其次辟地，

tere-i ilhingge, qi-ra de jaila-mbi,

他-**屬** 次-**名** 臉色 **與** 躲避-**現**

其次辟色，

tere-i ilhingge, gisun de jaila-mbi.

他-**屬** 次-**名** 語言 **與** 躲避-**現**

其次辟言。

amba-sa saisa dasan be neqin o-bu-qi tentedere,

臣-複 賢人 政治 賓 平 成爲-使-條 既然

君子平其政，

yabu-re de niyalma be jugvn anabu-qi o-mbi-kai.

走-未 位 人 賓 路 推-使-條 可以-現-啊

行辟人可也。

bi o-qi ese-qi enqu.

我 成爲-條 這些-條 不同

我則異於是。

hiyouxungga se-qi o-mbi. kiqe-qi aqa-mbi.

孝順的 說-條 可以-現 勤奮-條 應該-現

可謂孝矣。 當務。

uheri bodo-ro de, aqa-na-qi waji-ha.

總共 計算-未 位 見-去-條 完結-完

會計當而已矣。

[數字加-qi成法也。宜詳其講義、文氣、神情，方爲定論。如jailambi上或用，或不用，可以悟矣。]（14b2-15a4）

[53] deri“從”“由”實際說，-qi雖同解義虛活。

da deri bodo-ra-kv, dube deri kemne-mbi.

本 從 計算-未-否 末 從 節制-現

不揣其本，而齊其末。

fa deri tere-i gala be jafa-mbi.

窗户 從 那-屬 手 賓 抓-現

自牖執其手。（15a5-6）

[54] “夾間”“暗中”“旬日”也。

gi halangga, meng halangga -i siden-deri kundule-ki se-mbi.

季 姓氏的 孟 姓氏的 **屬** 之間-**從** 尊重-**祈** **助**-**現**

以季孟之間待之。

tere-i yabun songkoi be dorgi-deri baiqa-mbi.

那-**屬** 行爲 痕迹 **賓** 内部-**從** 查詢-**現**

隱察其行蹤。

juwan deri. tofohon deri. orin deri.

十 **從** 十五 **從** 二十 **從**

上旬。 中旬。 下旬。（15b1-3）

[55] “那路兒”“將及”“差不多”。

sy’ mini fu, meiren deri.

賜 我.**屬** 墻 肩頭 **從**

賜之墻也及肩。（15b4）

[56] kai乃自信决斷語，實解“哉”“焉”“也”“矣”“啊”。

fonji-ha-ngge, amba kai. hehe-si niyalma bi-kai.

問-**完**-**名** 大 啊 女人-複 人 存在-啊

大哉問。 有婦人焉。

julge-i doro kai. mangga akv kai.

古代-**屬** 道 啊 難 否 啊

古之道也。 末之難矣。（15b5-6）

[57] 破字無-mbi不成格。

yabu, yabu-mbi. gisun, gisure-mbi.

行.**命** 行-**現** 話語 説話-**現**

行[整字]。 行 之[破字]。 話[整字]。 説話[破字]。（16a1）

[58] 用煞章句屬虚活，有時煞住猶接叙。

niyalma-i baru guqule-me bahana-mbi, goida-tala ginggule-mbi.
人-屬 朝向 結交-并 會-現 長久-至 尊敬-現
善 與 人 交，久 而 敬 之。

buqe-he manggi teni naka-mbi, inu goro waka-u?
死亡-完 之後 才 停止-現 也 遠 不-疑
死 而 後 已，不 亦 遠 乎？（16a2-3）

[59] 間或接連用許多。

irgebun -i nomun de yende-qi o-mbi. qinqila-qi o-mbi,
詩 屬 經 位 興起-條 可以-現 詳查-條 可以-現
《詩》可 以 興，可 以 觀，

feniyele-qi o-mbi, gasa-qi o-mbi;
成群-條 可以-現 抱怨-條 可以-現
可 以 群，可 以 怨；

hanqi o-qi ama be uile-mbi, goro o-qi ejen be uile-mbi,
近 成爲-條 父 賓 侍奉-現 遠 成爲-條 君主 賓 侍奉-現
邇 之 事 父，遠 之 事 君，

gasha, gurgu, orho, mou-i, gebu be ambula sa-mbi.
鳥 獸 草 木-屬 名 賓 很 知道-現
多 識 於 鳥 獸 草 木 之 名。（16a4-6）

[60] oqi下用ombi托，此感彼應中一折。

gungnequke o-qi, heulende-ra-kv o-mbi,
恭敬的 成爲-條 懈怠-未-否 成爲-現

恭則不侮，

onqo o-qi, geren be baha-mbi,

寬敞 成爲-**條** 衆人 **賓** 得到-**現**

寬則得衆，

akdun o-qi, niyalma akda-mbi.

誠信 成爲-**條** 别人 相信-**現**

信則人任焉。（16b1-2）

[61] oqi ome ofi托，“因爲可以那們著”。

tere-i ama jui, ahvn deu -i sidende alhvda-qi o-me o-fi,

他-**屬** 夫 子 兄 弟 **屬** 之間-**位** 效法-**條** 可以-**并** 成爲-**順**

其爲父子兄弟足法，

irgen teni alhvda-mbi-kai.

人民 才 效法-**現**-啊

而后民法之也。

enduringge niyalma hafan oso se-he-ngge,

神聖的 人 官員 成爲.**命** 説-**完**-**名**

聖人使之仕，

urunakv tere-i erdemu hafan o-qi o-me o-fi kai.

一定 他-**屬** 才能 官員 成爲-**條** 可以-**并** 成爲-**順** 啊

必其材可以仕矣。（16b3-5）

[62] 去ome加ojorakv“因爲不可那們著”。

ebi-he-kv-ngge akv,

飽-**完**-**否**-**名** 否

未嘗不飽，

ainqi gelhun akv ebi-ra-kv o-qi o-jora-kv o-fi kai.
想來 怕 否 飽-未-否 成爲-條 可以-未-否 成爲-順 啊
蓋不敢不飽也。（16b6-17a1）

[63] -ka-, -ha-, -ke-, -he-, -ko-, -ho-字聯bi，“實煞近事”格。

isi-nji-qi gene-he-bi.
到-來-條 去-完-現
至，則行矣。

tarhvn morin yalu-ha-bi, weihuken furde-he etuhebi.
肥的 馬 騎-完-現 輕的 裘 穿-完-現
乘肥馬，衣輕裘。

suju-me gene-fi tuwa-qi, jeku olho-ho-bi.
奔跑-并 去-順 看-條 禾苗 弄幹-完-現
趨而往視之，苗則槁矣。（17a2-3）

[64] -ka-, -ha-, -ke-, -he-, -ko-, -ho-, -kv- 聯bi“虛煞往事”格。

dosi se-he manggi, dosi-ka-bi,
進去.命 説-完 之後 進去-完-現
入云則入，

te se-he manggi, te-he-bi,
坐.命 説-完 之後 坐-完-現
坐云則坐，

jefu se-he manggi, je-ke-bi.
吃.命 説-完 之後 吃-完-現
食云則食。

abka-i sourin be uhele-he-kv-bi,
天-屬 位置 賓 統一-完-否-現

弗與共天位也，

abka-i tuxan be dasa-bu-ha-kvbi,

天-**屬** 職責 **賓** 統治-**被-完-否-現**

弗與治天職也，

abka-i fulun be ulebu-he-kv-bi.

天-**屬** 俸禄 **賓** 供食-**完-否-現**

弗與食天禄也。（17a4-6）

[65] 若用“實煞古事”字，-mbihebi定無挪。

julge-i urse, juse be teudenje-me taqibu-mbihe.

古-**屬** 人們 孩子們 **賓** 交換-**并** 教育-**過**

古者易子而教之。

emu niyalma, abka-i fejergi de hetu yabu-re de,

一 人 天-**屬** 下 **位** 横著 走-**未 位**

一人衡行於天下，

u wang giru-mbihe-bi.

武 王 感到耻辱-過-存在

武王耻之。（17b1-2）

[66] -fi字翻“了”-me翻“著”，句内承接斷不得。-fi是站不住的“了”。

qoko wa-fi, ira buda ara-fi, ulebu-he.

雞 殺-**順** 黍 飯 做-**順** 款待-**完**

殺雞爲黍而食之。

i -i muke de, elbixe-fi, aga bai-re de serguwexe-fi,

沂 **屬** 水 **位** 洗澡-**順** 雨 求-未 **與** 乘涼-**順**

浴乎沂，風乎舞雩，

gingsi-me bedereki.

吟誦-**并** 回去-**祈**

詠而歸。

fuzi donji-fi, hendu-me, dahv-qi, uthai o-mbi-kai.

夫子 聽-**順** 說-**并** 再做-**條** 就 可以-**現**-**啊**

子聞之，曰："再斯可矣。"（17b3-5）

[67] -me是站不住的"著"。

bigan -i niuwangniyaha, suwa buhv be tuwa-me hendu-me,

野外 **屬** 鴻雁 略黄的 鹿 **賓** 看-**并** 說-**并**

顧鴻雁麋鹿，

gisun fudara-me tuqi-qi, inu fudara-me dosi-mbi;

話語 悖逆-**并** 出去-**條** 也 反著-**并** 進入-**現**

曰："言悖而出者，亦悖而入；

ulin fudara-me dosi-qi, inu fudara-me tu-qi-mbi.

財貨 悖逆-**并** 進入-**現** 也 反著-**并** 出去-**條**

貨悖而入者，亦悖而出。"（17b6-18a2）

[68] 此"著"彼"了"層疊起，句中只管用-fi, -me。

kutur se-me tungken dv-me, agvra -i jeyen karqa-ndu-fi,

咚咚響貌 助-**并** 鼓 敲-**并** 軍械 **屬** 刃 碰撞-互相-**順**

填然鼓之，兵刃既接，

uksin waliya-fi, agvra uxata-me burula-ha.

盔甲 抛棄-**順** 軍械 拖曳-**并** 逃跑-**完**

棄甲曳兵而走。（18a3-4）

[69] 字句平排魚貫處，任用-fi -fi -me -me -me。

wang fafurxa-me jili banji-fi, qou-ha be dasata-fi,
王 發奮-**并** 氣 生-**順** 軍 **賓** 整治-**順**
王赫斯怒，爰整其旅，

gene-re qou-ha be heture-fi,
去-**未** 軍 **賓** 攔截-**順**
以遏徂莒，

jeu gurun -i hvturi be jiramila-fi,
周 國 **屬** 福氣 **賓** 厚待-**順**
以篤周祜，

abka-i fejergi de aqabu-ha.
天-**屬** 下 **與** 合-**使**-**完**
以對於天下。

dorgi de o-qi, mujilen be akvmbu-me,
内 **與** 成爲-**條** 心 **賓** 盡-**并**
自當内盡其心，

tulergi de o-qi, hvsun be waqihiya-me,
外 **與** 成爲-**條** 力 **賓** 竭-**并**
外竭其力，

beye-be olhoxo-me baitalan be kemne-me,
自己-**賓** 謹慎-**并** 用度 **賓** 節制-**并**
謹身節用，

funde suilaqun be ali-me,
替代 辛勞 **賓** 承受-**并**

以勤服勞，

hiyouxula-ra uji-re be kiqe-qi aqa-mbi.

盡孝-**未** 養-**未** **賓** 努力做-**條** 應該-**現**

以隆孝養。（18a5-18b3）

[70] ainambi上必有-fi。

xu o-fi aina-mbi?

文章 成爲-**順** 做什麽-**現**

何以文爲？（18b4）

[71] mutembi上不離-me。

niyalma be gosi-me mute-mbi.

別人 **賓** 憐愛-**并** 能-**現**

能愛人。

saisa be sa-mbi-me tukiye-me mute-ra-kv.

賢人 **賓** 知道-**現**-**并** 推舉-**并** 能-**未**-**否**

見賢而不能舉。（18b5-6）

[72] 二破接連成一事，上-me下必用-ra, -re。-ra, -re爲“竪”連下用。

bibu-me uji-re kimqi-me baiqa-ra oyonggo.

存在-**并** 養-**未** 慎查-**并** 查找-**未** 重要

存養省察之要。

eje-me xejile-re banji-bu-me ara-ra taqin.

記憶-**并** 背誦-**并** 生-**使**-**并** 寫-**未** 學問

記誦詞章之習。（19a1-2）

[73] -me字爲“横”平頓著。

tere-i oron de ili-me, tere-i dorolon be yabu-me,

他-**屬** 位 **位** 站立-**并** 他-**屬** 禮 **賓** 行-**并**

踐其位，行其禮，

tere-i kumun be deribu-me,

他-屬 樂曲 賓 開始-并

奏其樂，

tere-i wesihule-he-ngge be ginggule-me,

他-屬 尊重-完-名 賓 敬重-并

敬其所尊，

tere-i hajila-ha-ngge be gosime.

他-屬 親近-完-名 賓 憐愛-并

愛其所親。（19a3-4）

[74] jaka, saka, uthai“才一”“將就”緊加-me。

hvqin xodo-bu-re de, tuqi-me saka, dahanduhai butule-he.

井 掏-使-未 位 出-并 一~就 緊接著 掩蓋-完

使浚井，出，從而掩之。

[jaka, saka二字通用。]

donji-me uthai yabu.

聽到-并 就 走.命

聞斯行之。

hvlha bedere-me uthai mari-ha-ngge, eiqi o-jora-kv dere.

賊 回來-并 就 返回-完-名 或 可以-未-否 吧

寇退則反，殆於不可。（19a5-19b1）

[75] 未然“之”“的”-ra, -re, -ro，串下虛文斷不得。

ahvn de hajila-ra do-ro.

兄 與 親愛-未 道

愛兄之道。

jugvn yabu-re niyalma.

路 行-未 人

行路之人。

ejen o-joro mangga.

君主 成爲-未 難

爲君之難。（19b2-3）

[76] 有時亦可煞尾用，ume無他使不得。

dorolon waka-ngge be ume axxa-ra. ume jurqe-re.

禮 不是-名 賓 不要 動-未 不要 違背-未

非禮勿動。 無违。

tuxan akv de ume jobo-ro.

職位 否 與 不要 憂慮-未

不患無位。（19b4-5）

[77] 又屬辭完意未盡，“啊”“呀”口氣最靈活。

[“啊”“呀”，乃三字口氣，辭完意未盡。乃三字神情，有餘音繞梁之妙，須從象外得之，否，則用必不恰。]（19b6-20a1）

[78] “指示”“嗔責”“質問”語。

te, bi sinde ala-ra[“指示”].

現在 我 你.與 告訴-未

居吾語女。

zai iui be aise-me beqe-re[“嗔責”]?

宰 予 賓 何謂-并 責備-未

於予與何誅?

bi adarame o-ho-de,

我 怎麽 成爲-**完**-**位**

tere-i erdemu akv be taka-fi waliya-ra[“質問”]?

他-**屬** 才德 **否** **賓** 識得-**順** 捨棄-**未**

吾何以識其不才而舍之?（20a2-3）

[79] “驚疑”“自任”“自顛奪”。

ara[“驚疑”], ere ai gisun.

啊呀 這 什麽 話

惡！是何言也?

sitahvn niyalma bi,

寡 人 我

寡人,

gvnin tokto-bu-fi taqibu-re be

想法 定-**使**-**順** 教訓-**未** **賓**

ali-me gai-re be buye-re[“自任”].

承接-**并** 領受-**未** **賓** 願意-**未**

願安承教。

bi ai-be jafaxa-ra[“顛奪”]?

我 什麽-**賓** 執掌-**未**

吾何執?（20a4-5）

[80] -ra-, -re-, -ro-字下接-u, “懇請”“求祈”叶韵著。

qen heng ini ejen be bele-he-bi, daila-na-rau.

陳 恒 他.**屬** 君 **賓** 弑-**完**-**現** 討伐-去-**祈**

陳恒弑其君,請討之。

aina-ra aina-ha seme urunakv u-me bedere-re,

做什麼-未 做什麼-完 即使 一定 不要 回去-未

請必無歸,

hargaxa-na-me genereu.

朝覲-去-并 去-祈

而造於朝。

ejen, ere juwe be sonjo-rou.

君主 這 二 賓 選-祈

君請擇於斯二者。（20a6-20b2）

[81] 又作“未然疑問”語，-rau, -reu, -rou字亦翻“麼”。

jafan be jafaxa-ra-u? gabta-ra be jafaxa-ra-u?

駕馭-未 賓 執掌-未-疑 射箭-未 賓 執掌-未-疑

執御乎？執射乎？

qi gurun de uilereu? qu gurun de uilereu?

齊 國 與 侍奉-未-疑 楚 國 與 侍奉-未-疑

事齊乎？事楚乎？

efulereu. nakarau?

毀壞-未-疑 停止-未-疑

毀諸已乎？

baha-fi donji-qi o-joro-u?

得以-順 聽見-條 可以-未-疑

可得聞與？

baha-fi aqa-bu-qi o-jorou?

得以-順 見-使-條 可以-未-疑

可得見乎？（20b3-5）

[82] 未然“之”“的”-ra, -re, -ro，變“者”變“也”接-ngge。體變長音義亦變，“串下”變爲“叫下”格。

beye-i yabu-re[“串下”] gungnequke,

自己-**屬** 行-**未** 恭敬

行己之恭，

tere-i beye-i yabu-re-ngge[“叫下”], gungnequke.

他-**屬** 自己-**屬** 行-**未-名** 恭敬

其行己也恭。

dergi-ngge be uile-re[“串下”] ginggun,

上-**名** **賓** 侍奉-**未** 敬

事上之敬，

tere-i dergi-ngge be uile-re-ngge[“叫下”], ginggun.

他-**屬** 上-**名** **賓** 侍奉-**未-名** 敬

其事上也敬。

irgen be uji-re[“串下”] fulehun,

人民 **賓** 養-**未** 恩惠

養民之惠，

tere-i irgen be uji-re-ngge[“叫下”], fulehun.

他-**屬** 人民 **賓** 養-**未-名** 有恩惠的

其養民也惠。

irgen be takvra-ra[“串下”] jurgan,

人民 **賓** 驅用-**未** 儀

使民之義，

tere-i irgen be takvra-ra-ngge[“叫下”], jurgangga.

他-屬 人民 賓 驅用-未-名 儀的

其使民也義。(20b6-21a4)

[83] -i, ni“之”“的”似-ra, -re，賓字之下總須他。體變-ngge用亦變，“接下”忽爲“應上”格。

wei[“接下”] kalka gejun? kalka gejun mini-ngge[“應上”].

誰-屬 盾牌 戈 盾牌 戈 我.屬-名

誰的干戈？干戈朕。

sini[“接下”] kituhan semeu? kituhan mini-ngge[“應上”].

你.屬 琴 難道 琴 我.屬-名

你的琴麼？琴朕。

ini[“接下”] beri waka-u? beri miningge[“應上”].

他.屬 弓 不是-疑 弓 我.屬-名

不是他的弓麼？弤朕。

beye-i-ngge be waliya-fi, niyalma-i-ngge be daha-mbi,

自己-屬-名 賓 捨棄-順 別人-屬-名 賓 跟隨-現

舍己從人，

eme-i-ngge be o-qi, je-tera-kv,

母親-屬-名 賓 成爲-條 吃-未-否

以母則不食，

sargan ningge be o-qi, je-mbi.

妻子 名 賓 成爲-條 吃-現

以妻則食之。

miusihon ningge be tondo o-bu-qi o-mbi.

邪 名 賓 正直的 成爲-使-條 可以-現

能使枉者直。（21a5-21b3）

[84] sembi是“説”又是“謂”。

urhu akv-ngge be dulimba se-mbi,

斜的 否-**名** **賓** 中 説-**現**

不偏之謂中，

hala-qi o-jora-kv-ngge be an se-mbi.

改變-**條** 可以-**未-否-名** **賓** 平常 説-**現**

不易之謂庸。（21b4-5）

[85] 所謂“之”“者”se-re-ngge。

hiyouxun deuqin se-re-ngge,

孝 悌 説-**未-名**

孝弟也者，

tere gosin be yabu-re fulehe dere!

其 仁 **賓** 行-**未** 根本 吧

其爲仁之本與！（21b6）

[86] 一般“者”字有四體-ra-，-re-，-ro-，-kv-接-ngge，已然“者”字同一法。應他之字有多多，ede kai，de kai，be kai字。

xabi-sa taqi-me mute-ra-kv-ngge qohome e-de kai.

弟子-**複** 學-**并** 能-**未-否-名** 特别地 這-**位** 啊

正唯弟子不能學也。

abka-i fejergi -i niyalma be yaru-me,

天-**屬** 下 **屬** 人 **賓** 引導-**并**

gosin jurgan be ebdere-re-ngge,

仁 義 賓 傷害-**未-名**

率天下之人而禍仁義者，

urunakv sini gisun de kai.

一定 你.屬 話語 位 啊

必子之言夫。

bilte-ke muke se-re-ngge, amba muke be kai.

泛濫-完 水 說-未-名 大 水 賓 啊

洚水者，洪水也。（22a1-4）

[87] ofi kai, niu亦可托。

sabu gemu adalixa-ra-ngge,

鞋 都 像一樣-未-名

屨之相似，

abka-i fejergi -i bethe adali o-fi kai.

天-屬 下 屬 脚 一樣 成爲-順 啊

天下之足同也。

aqa-ra-kv turgun-de gene-re-ngge, mini buye-re-ngge niu?

見-未-否 緣故-位 去-未-名 我.屬 喜愛-未-名 呢-疑

不遇故去，豈予所欲哉？（22a5-6）

[88] 或用整字-mbi應。

gosin se-re-ngge, niyalma-i sulfangga bou;

人 說-未-名 人-屬 安逸的 房子

仁，人之安宅也；

jurgan se-re-ngge, niyalma-i tob jugvn.

義 說-未-名 人-屬 正的 路

義，人之正路也。

amba -i ajige be uile-re-ngge be, abka be sebjele-re-ngge;

大 工 小 **賓** 侍奉-**未**-**名** **賓** 天 **賓** 娱樂-**未**-**名**

以大事小者，樂天者也；

ajige -i amba be uile-re-ngge be, abka de olhoxo-ro-ngge.

小 **工** 大 **賓** 侍奉-**未**-**名** **賓** 天 **與** 謹慎-**未**-**名**

以小事大者，畏天者也。

abka be sebjele-re-ngge, abka-i fejergi be karma-mbi;

天 **賓** 娱樂-**未**-**名** 天-**屬** 下 **賓** 保護-**現**

樂天者，保天下；

abka de olhoxo-ro-ngge, ini gurun be karma-mbi.

天 **賓** 謹慎-**未**-**名** 他.**屬** 國 **賓** 保護-**現**

畏天者，保其國。（22b1-4）

[89] 繳還上意-rengge be。

hiyouxun se-re-ngge, ejen be uile-re-ngge;

孝順 説-**未**-**名** 君主 **賓** 侍奉-**未**-**名**

孝者，所以事君也；

deuqin se-re-ngge, ungga be uile-re-ngge;

悌 説-**未**-**名** 長輩 **賓** 侍奉-**未**-**名**

弟者，所以事長也；

jilan se-re-ngge, geren be takvra-ra-ngge kai.

慈 説-**未**-**名** 衆人 **賓** 驅使-**未**-**名** 啊

慈者，所以使衆也。

hvsun hamina-ra-kv se-re-ngge,

力量 不足-**未**-**否** 説-**未**-**名**

力 不 足 者，

jugvn -i andala aldasila-ra-ngge be.

路途 **屬** 半路 夭折-**未**-**名** **賓**

中 道 而 廢。（22b5-23a1）

[90] “者”字不便他求者，整字破了接-ngge。

uttu-ngge, sere-bu-ra-kv bi-me iletu o-mbi.

這樣-**名** 感覺-**被**-**未**-**否** 存在-**并** 明顯 成爲-**現**

如 此 者，不 見 而 章。

ere gese-ngge, gashan tere-i beye-de isi-mbi.

這 一樣-**名** 灾禍 他-**屬** 自身-**與** 到達-**現**

如 此 者，灾 及 其 身 者 也。

gisure-he-ngge hanqi bi-me jorin goro-ngge, sain gisun;

説-**完**-**名** 近 存在-**并** 指 遠-**名** 好 話

言 近 而 指 遠 者，善 言 也;

tuwakiya-ha-ngge boljonggo bi-me selgiyen ambula-ngge,

守護-**完**-**名** 簡約 存在-**并** 宣揚 博-**名**

守 約 而 施 博 者，

sain doro.

好 道

善 道 也。（23a2-5）

[91] 本字上下夾“有者”，本字尾加-ge, -ke, -go。

gosi-ngga niyalma. jurga-ngga bou.

仁-的 人 義-的 家

仁 人。 義 門。

merge-ngge urse. gebu-ngge saisa.

智慧-的 人們 名字-的 賢人

知者。 名士。

doronggo urse. boqonggo tugi.

禮-的 人們 彩色-的 雲

有禮者。 彩雲。（23a6-23b2）

[92] "有者"再變"有有者"，-ge, -ke, -go再接-ngge。

buya niyalma bi-me gosi-ngga-ngge akv kai.

微小 人 存在-**并** 仁-的-**名** **否** 啊

未有小人而仁者也。

hoxo-nggo-ngge, hoxo-nggo akv o-qi,

角-的-**名** 角-的 **否** 成爲-**條**

觚不觚，

hoxo-nggo ni-u! hoxo-nggo ni-u!

角-的 呢-**疑** 角-的 呢-**疑**

觚哉！觚哉！（23b3-4）

[93] -ka, -ha, -ke, -he, -ko與-ho"過了""了的"已然格。

kungzi jura-ka. xangga-ha baita be gisure-ra-kv.

孔子 出發-**完** 成功-**完** 事情 **賓** 説-**未**-**否**

孔子行。 成事不説。

fuzi tuqi-ke. wei zi gene-he.

夫子 出-**完** 微 子 去-**完**

子出。 微子去之。

duwali qi tuqi-ke, feniyen qi qolgoro-ko-ngge.

類 **從** 出-**完** 群 **從** 超出-**完**-**名**

出於其類，拔乎其萃。

tokto-ho baita be tafula-ra-kv.

定-**完** 事情 **賓** 勸告-**未**-**否**

遂事不諫。（23b5-24a1）

[94] 下接-u尾爲疑問，“過了的麼”“了的麼”。

jura-ka-u? xangga-ha-u? tuqi-ke-u?

出發-**完**-**疑** 完成-**完**-**疑** 出去-**完**-**疑**

起了身了麼？成了麼？出去了麼？

gene-he-u? qolgoro-ko-u? tokto-ho-u?

去-**完**-**疑** 超越-**完**-**疑** 定-**完**-**疑**

去了麼？出衆了麼？定了麼？（24a2-4）

[95] 再加-ngge去-u尾。“已過了者”“了之者”。

jura-ka-ngge. xangga-ha-ngge. tuqi-ke-ngge.

出發-**完**-**名** 完成-**完**-**名** 出去-**完**-**名**

已起程者。已成了者。出去的。

gene-he-ngge. qolgoro-ko-ngge. tokto-ho-ngge.

去-**完**-**名** 超越-**完**-**名** 定-**完**-**名**

去了者。出衆者。定了者。（24a5-24b1）

[96] 去-e加-u作追問，“曾了之者”“先過了麼”。

jura-ka-ngge-u? xangga-ha-ngge-u?

出發-**完**-**名**-**疑** 完成-**完**-**名**-**疑**

曾起了身的麼？先成過了的麼？

tu-qike-ngge-u? genehe-ngge-u?

出去-**完**-**名**-**疑** 去-**完**-**名**-**疑**

已 出 去 者 乎？ 去 過 了 的 乎？

qolgoroko-ngge-u? tokto-ho-ngge-u?

超越-**完**-**名**-**疑** 定-**完**-**名**-**疑**

已 出 衆 者 與？ 先 定 過 了 者 與？（24b2-4）

[97] 六字聯-kv用四字，内除-ha-字代-ko-，-ho-，-kakv，-hakv，-kekv，-hekv。“不曾”“没有”“未曾”説。

jura-ka-kv. xangga-ha-kv. tuqi-ke-kv. gene-he-kv.

出發-**完**-**否** 完成-**完**-**否** 出去-**完**-**否** 去-**完**-**名**-**否**

不 曾 走。 未 曾 成。 没 出 去。 没 去。

foyodo-ha-kv o-fi dabala.

占卜-**完**-**否** 成爲-**順** 罷了

不 占 而 已 矣。

gabta-ra de, sukv fondolo-ro be bodo-ha-kv.

射箭-**未** **位** 皮 穿透-**未** **賓** 計算-**完**-**否**

射 不 主 皮。

kemuni da be onggo-ha-kv.

尚且 本 **賓** 忘記-**完**-**否**

不 忘 其 初。

amban o-ha-kv o-qi, aqa-na-ra-kv.

臣 成爲-**完**-**否** 成爲-**條** 見-去-**未**-**否**

不 爲 臣 不 見。（24b5-25a3）

[98] -kv變-kvngge講“不者”。

bi mute-ra-kv se-re-ngge,

我 能-**未**-**否** 説-**未**-**名**

我不能，

tere yargiyan -i mute-ra-kv-ngge kai.

那 真的 工 能-未-否-名 啊

是誠不能也。（25a4）

[99] -kv接-n尾乃“不麽”。

agu si gene-qi o-jora-kv-n?

先生 你 去-條 可以-未-否-疑

子未可以去乎？（25a5）

[100] “麽”字難安變-yvn, -un。

yo jeng zi kiyangki-yvn? yargi-yvn? si baturu de amur-un?

樂 正 子 强壯-疑 真的-疑 你 勇敢 與 喜好-疑

樂正子强乎？ 信乎？ 子好勇乎？（25a6-25b1）

[101] 整字接-u亦翻“麽”。

sinde elhe-u? julge-i doro-u? dorolon amala-u?

你.位 平安-疑 古代-屬 道-疑 禮儀 後面-疑

於女安乎？ 古之道乎？ 禮後乎？

tuttu o-qi xi fulu-u? donji-ha sabu-ha-ngge ambula-u?

那樣 成爲-條 師 多餘-疑 聽見-完 看見-完-名 廣博-疑

然則師愈與？ 多聞識乎？

uttu jergi-u?

這樣 層次-疑

若是班乎？（25b2-3）

[102] 整下“不”字用akv。

gosin akv mergen akv o-qi,

仁 否 智 否 成爲-條

不仁不智，

dorolon akv jurgan akv be daha-me,

禮儀 **否** 義 **否** **賓** 依照-**并**

無禮無義，

niyalma de takvra-bu-mbi.

人 **與** 驅使-**被**-**現**

人役也。（25b4-5）

[103] "莫不有"上加-kvngge。

niyalma-i mujilen ferguwen de, sarasu akv-ngge akv bi-me,

人-**屬** 心 靈 **位** 知識 **否**-**名** **否** 存在-**并**

人心之靈，莫不有知，

abka-i fejergi -i jaka de, giyan akv-ngge akv.

天-**屬** 下 **屬** 東西 **位** 理 **否**-**名** **否**

而天下之物，莫不有理。（25b6-26a1）

[104] 未然面與已然反，-ra, -re從略省文多。

-ka, -ha, -ke, -he, -ko, -ho六字，俱是已然字面，與-ra, -re, -ro三個未然字面相反，若一一反證，似覺眩目，不如從略爲得，但知-ka, -ha與-ra字反，-ke, -he與-re字反，-ka, -ho與-ro字反便了。

jura-ka inenggi. jura-ra inenggi.

出發-**完** 日 出發-**未** 日

起了身之日。起程之日。

xangga-ha baita. mangga xangga-ra baita.

成功-**完** 事情 困難 成功-**未** 事情

已成的事。 難成之事。

tuqi-ke erin. tuqi-re erin.

出去-**完** 時候 出去-**未** 時候

出去了的時候。出去的時候。

gene-he ba. gene-re ba.

去-**完** 地方 去-**未** 地方

去過的地方。去的地方。

qolgoro-ko muten. qolgoro-ro muten.

超凡-**完** 才能 超凡-**未** 才能

超出於衆之才。出衆之才。

emu tokto-ho giyan. mangga toktoro giyan.

一 定-**完** 道理 困難 定-**未** 道理

一定之理。 難定的事[1]。（26a2-26b3）

[105] 二十個連轉變字，翻譯雖深半殆過。

和羹之味，在鹽梅。翻譯之要，在虛字。以上二十個字，及轉變之法，用字要訣，殆過半矣。（26b4-6）

[106] 單行廿字略詳説，互證雙行尚餘多。-ki字解爲“請”“欲”“罷”，聯於字尾最謙和。

wang bodo-ki. fuzi uyun aiman de te-ne-ki.

王 考慮-**祈** 夫子 九 部落 **與** 居住-去-**祈**

王請度之。 子欲居九夷。

bi jafan be jafaxa-ki.

我 駕馭 **賓** 執掌-**祈**

1 應爲“難定之理”。

吾執御矣。（27a1-3）

[107] -kini“使令”口氣硬。

ere qohome mujilen tar se-me axxa-kini,

這 特意 心 驚恐貌 助-并 動-祈

banin qib se-me kiri-kini,

本性 寂靜貌 助-并 忍耐-祈

所以動心忍性，

tere-i mute-ra-kv-ngge de nonggi-bu-re-ngge kai.

那-屬 能-未-否-名 與 增長-使-未-名 啊

曾益其所不能。（27a4-5）

[108] “去罷”“就便”“任憑怎麼”。

aina-me muwa albatu se-me basu-qi, basukini[“去罷”].

做什麼-并 粗 粗鄙 説-并 嘲笑-條 嘲笑-祈

寧以固陋遺譏。

niyalma ama eme be hiyouxula-ra be

人 父 母 賓 孝順-未 賓

sa-r-kv okini[“就便”字“任憑怎麼”字],

知道-未-否 成爲-祈

人不知孝父母，

ama eme -i juse be gosi-ka gvnin be majige gvni-ra-kv

父 母 屬 孩子 賓 憐愛-完 心思 賓 一點 考慮-未-否

mujangga-u?

果然-疑

獨不思父母愛子之心乎？（27a6-27b2）

[109] “寧可”字尾俱聯寫，不能聯處上接o。

xulehele-me isa-bu-re amban be bi-bu-re anggala,

賦斂-并 集中-使-未 臣 賓 存在-使-未 與其

與其有聚斂之臣，

hvlha-me giyatara-ra amban bi-qi bi-kini.

偷盜-并 克扣-未 臣 存在-條 存在-祈

寧有盜臣。

tere nashvn akv anggala, albatu o-qi okini[不能聯].

那 機會 否 與其 粗鄙 成爲-條 成爲-祈

與其不孫也寧固。（27b3-5）

[110] -ki se- “自己欲如此”。

bi gisure-ra-kv o-ki se-mbi. naka-ki se-qi mute-ra-kv.

我 説-未-否 成爲-祈 助-現 停止-祈 助-條 能-未-否

子欲無言。 欲罷不能。（27b6）

[111] “欲人如此”-kini se-。

haji-ra-ngge be wesihun okini se-mbi,

親熱-未-名 賓 尊貴 成爲-祈 助-現

親之欲其貴也，

gosi-re-ngge be bayan okini se-mbi.

仁愛-未-名 賓 富裕 成爲-祈 助-現

愛之欲其富也。

mergen niyalma be aqa-ki se-mbi-me

智慧的 人 賓 見-祈 助-現

doro-be baitala-ra-kv o-qi,

道-賓 用-未-否 成爲-條

欲見賢人而不以其道，

dosi-kini se-mbi-me, duka be yaksi-re adali.

進入-**祈** **助-現-并** 大門 **賓** 關閉-**未** 一樣

猶欲其入而閉之門也。（28a1-3）

[112] -qina“使”“令”與-kini彷，“罷咱”“是呢”帶商酌。

sini adaki falan gaxan falga de bu-qina!

你.**屬** 鄰居 鄰里 村子 鄉黨 **與** 給-**祈**

與爾鄰里鄉黨乎！

sakda-ra hamika be sa-r-kv se-he bi-qina.

變老-**未** 接近-**完** **賓** 知道-**未-否** 説-**完** 存在-**條**

不知老之將至云爾。（28a4-5）

[113] 破字接-qun“作整”格，“事兒”之意暗藏著。

kundule-re-ngge, dorolon de hanqi o-qi,

恭敬-**未-名** 禮 **與** 近 成爲-**條**

恭近於禮，

yertequn giruqun aldangga o-mbi.

羞愧 恥辱 遠 成爲-**條**

遠恥辱也。（28a6-28b1）

[114] -quka, -quke皆是“可”。

saixa-quka buye-quke amba-sa saisa.

嘉獎-可 愛-可 臣-**複** 賢人

嘉樂君子。（28b2）

[115] “可者”-qukangge與-qukengge。

buye-quke-ngge be sain se-mbi.

愛-可-**名** **賓** 好 説-**現**

可 欲 之 謂 善。

haksan olho-quka-ngge aldangga o-ho.

險地 謹慎-可-**名** 遠 成爲-**完**

險 阻 既 遠。（28b3-4）

[116] “重上”dari有二格，“年”“月”“日”“時”下聯著。

inenggi-dari kimqi-me, biya-dari baiqa-mbi.

日-每 詳查-**并** 月-每 查看-**現**

日 省 月 試。

aniya-dari. erin-dari.

年-每 時-每

年 年。 時 時。（28b5-6）

[117] “虛下”dari須整用，上非整字必-ha, -he。

jo-ngko dari julge-i niyalma julge-i niyalma se-mbi.

提及-**完** 每 古-**屬** 人 古-**屬** 人 説-**現**

則 曰：“古 之 人 古 之 人。”

axxa-ha dari ishunde kenehunje-mbi.

動-**完** 每 互相 懷疑-**現**

舉 動 相 猜。（29a1-2）

[118] “事物重上”用tome, aname。

niyalma tome. baita tome. gvnin tome.

人 每 事 每 念 每

人 人。 事 事。 念 念。（29a3）

[119] 叠用tome aname。

gisun tome hergen aname. bou tome duka aname.

話語 每 字 每 家 每 大門 每

單詞隻字。　　　排鄰比户。（29a4）

[120] mudan, geri“遭”“次”“盪”，變音不變有成格。

sunja mudan tang ni jaka-de nike-ne-he,

五 次 湯 **屬** 身邊-**與** 靠近-去-**完**

五就湯，

sunja mudan giyei han -i jakade nike-ne-he.

五 次 桀 罕王 **屬** 身邊-**與** 靠近-去-**完**

五就桀。

niyalma-i emgeri de mute-re-ngge be, beye tanggv-nggeri,

別人-**屬** 一-次 **與** 能-**未**-**名** **賓** 自己 百-次

人一能之，己百之。

niyalma-i juwa-nggeri de mute-re-ngge be, beye mingga-nggeri.

別人-**屬** 十-次 **與** 能-**未**-**名** **賓** 自己 千-次

人十能之，己千之。（29a5-29b1）

[121] “每個”字用-ta, -te, -to，“每人”“每分”“各該”得。

gung heu gemu xurdeme tanggv-ta ba.

公 侯 都 周圍 百-各 里

公侯皆方百里。

gemu enduringge niyalma-i em-te dursun bi.

都 神聖的 人-**屬** 一-各 體 存在.**現**

皆有聖人之一體。

tofoho-to.

十五-各

各十五。（29b2-3）

[122] -tala, -tele與-tolo，“直到”三字尾聯著。

tang han qi, u ding han de isi-tala,

湯 罕王 **從** 武 丁 罕王 **與** 到達-**至**

由湯至於武丁，

mergen enduringge ejen, ninggun nadan tuqi-ke.

智慧的 神聖的 君主 六 七 出-完

賢聖之君六七作。

dehi se o-tolo[整字下], ubiya-bu-qi,

四十 歲 成爲-**至** 討厭-**被**-**條**

年四十而見惡焉，

tere-i dubentele waji-ha dabala.

他-**屬** 終身 完結-**完** 罷了

其終也已。

[整字下用o-tolo。]（29b4-6）

[123] “們”等-sa, -se, -si, -ta, -te，單聯用法按成格。

ju-se omo-si karma-ha-bi. ahv-ta deu-te de kek_kek se-mbi.

孩子-**複** 孫子-**複** 保護-**完**-**現** 兄-**複** 弟-**複** **與** 逞心如意貌 **助**-**現**

子孫保之。 兄弟怡怡。

nene-he han sa-i do-ro.

先於-**完** 罕王 **們**-**屬** 道

先王之道。（30a1-2）

[124] -hai, -hei心專不少活，“直然”“竟爾”没回折。

ili-hai aliya-qi o-mbi. te-hei gere-ndere be aliya-mbi.

站立-**持** 等待-**條** 可以-**現** 坐-**持** 天亮-**未** **賓** 等待-**現**

可立而待也。　　坐以待旦。（30a3-4）

[125] 委棄-tai, -tei“盡力”格，并無迴護不斟酌。

buqetei tuwakiya-me doro be sain o-bu-mbi.

死亡-**極** 守衛-**并** 道 **賓** 好 成爲-**使**-**現**

守死善道。

ejen be uile-re de, beye-be waliya-tai o-bu-me mute-mbi.

君主 **賓** 侍奉-**未** **位** 自己-**賓** 捨棄-**極** 成爲-**使**-**并** 能-**現**

事君能致其身。（30a5-6）

[126] sehei“只顧這們著”，貪前忘後過失多。

tuktan de sain -i aqa-mbi sehei sokto-ho manggi,

起初 **位** 好 **工** 相合-**現** 説-**持** 酒醉-**完** 之後

始以合歡，

emu gisun -i iqakv de,

一 言 **工** 不舒適 **位**

而俱入醉鄉則一言不合，

huwesi jafa-fi ishunde bakqila-ra de isi-na-mbi.

刀子 拿著-**順** 互相 相對-**未** **與** 到-去-**現**

至操刀而相向。

baita dekde-bu-fi, niyalma be tuhe-bu-ki se-hei,

事件 升騰-**使**-**順** 别人 **賓** 摔倒-**使**-**祈** 助-**持**

造釁以傾人，

beye elemangga weile de tuhe-ne-mbi.

自己 反而 案件 **與** 摔倒-去-**現**

究之布阱以自陷。（30b1-4）

[127] bihei與sehei差不多，只知有此不知他。

damu dubi-fi kimqi-ra-kv bi-hei,

但是 習慣-**順** 慎查-**未**-**否** 存在-**持**

所患習焉不察，

beye niyalma-i qiktan qi alja-ra de isi-na-ra-hv se-mbi.

自己 人-**屬** 倫理 **從** 離開-**未** **與** 到-去-**未**-**否** 說-**現**

至自離於人倫之外。

aikabade untuhun gisun o-bu-fi tuwa-me,

如果 空 話 成爲-**使**-**順** 看-**并**

若視爲具文，

heulede-me oihorila-me bi-hei,

怠慢-**并** 輕視-**并** 存在-**持**

怠忽從事，

baita ufara-ha niyalma, ulin gasihiya-bu-re,

事件 錯失-**完** 人 財物 損害-**被**-**未**

至於被盜者失財，

uxa-bu-me holbo-bu-ha urse, jobolon be ali-re de isi-na-mbi.

牽扯-**被**-**并** 聯繫-**被**-**完** 衆人 災禍 **賓** 承受-**未** **與** 到-去-**現**

連坐者受累。（30b5-31a2）

[128] seqi是“固”是“若”説，援上證下兩顛奪。

ele aldangga o-joro-ngge be, hiyouxun akv se-qi[“固”字],

更 遠 成爲-**未**-**名** **賓** 孝順 **否** 說-**條**

愈疏不孝也，

nokqi-bu-qi o-jora-kv-ngge,

發怒-**使**-**條** 成爲-**未**-**否**-**名**

不可磯，

inu hiyouxun akv kai.

也 孝順 **否** 啊

亦不孝也。

xvn han niyalma se-qi[“固”字], bi inu niyalma kai.

舜 罕王 人 説-**條** 我 也 人 啊

舜人也，我亦人也。

ejen dorolon be sa-mbi se-qi[“若”説],

君主 禮 **賓** 知道-**現** 説-**條**

君而知禮，

we dorolon be sa-r-kv ni.

誰 禮 **賓** 知道-**未**-**否** 呢

孰不知禮。（31a3-6）

[129] “凡”“所”應翻-la與-le，已加-ha-, -he-未-ra-, -re-。

damu mini-le[“凡”字] gisun be, jurqe-ra-kv de kai.

僅僅 我.**屬**-所有 話 **賓** 違背-**未**-**否** **位** 啊

唯其言而莫予違也。

dule-ke-le[“已然”字] ba we-mpi, te-bu-he-le ba xengge.

經過-**完**-所有 地方 同化-**延** 住-**使**-**完**-所有 地方 靈妙

所過者化，所存者神。

donji-ha-la[“已然”字] urse,

聽説-**完**-所有 衆人

huwekiye-ndu-me yende-nu-ra-kv-ngge akv.

振奮-互相-**并** 興奮-互相-**未**-**否**-**名** **否**

聞者莫不興起也。

eiten ba-de te-he-le-ngge[“已然”字],

一切 地方-**位** 住-**完**-所有-**名**

率土之濱,

han -i aha waka-ngge akv.

罕王 **屬** 奴僕 不是-**名** 否

莫非王臣。

yaya senggi sukdun bi-sire-le-ngge[“未然”字],

任何 血液 氣息 存在-**未**-所有-**名**

凡有血氣者,

wesihule-me hajila-ra-kv-ngge akv.

尊崇-**并** 親熱-**未**-**否**-**名** 否

莫不尊親。(31b1-4)

[130] 或難聯寫或單用,不必-la, -le接ele。

yaya irgen -i gvnin taqin de

任何 人民 **屬** 想法 習俗 **與**

holbo-bu-ha ele[“凡”“所”字] ba-de,

聯繫-**被**-**完** 所有 地方-**位**

凡民情之所習,

genggiyen seulen gemu bire-me isi-na-ha-ngge.

聰穎 思慮 全都 遍及-**并** 到達-去-**完**-**名**

皆睿慮之所周。

uqara-ha ele[“凡”“所”字] ba-de, urui aldungga be

偶遇-**完** 所有 地方-**位** 一定 奇怪的 **賓**

gisure-re de isi-na-ha-bi,
說-**未** **與** 到達-去-**完**-**現**
相逢多語怪之人，
taka-ra ele[未然“凡”“所”字] yadahvn suilashvn urse.
認識-**未** 所有 貧窮 辛勞 衆人
所識窮乏者。（31b5-32a2）

[131] ofi“因爲”語虚活。
fuzi -i doro be buye-ra-kv-ngge waka,
夫子 **屬** 道 **賓** 愛-**未**-**否**-**名** 不是
非不説子之道，
hvsun hamina-ra-kv o-fi de-re.
力量 足够-**未**-**否** 成爲-**順** 罷了
力不足也。
gelhun akv tuta-ha-ngge waka, morin o-jora-kv o-fi kai.
怕 **否** 滯留-**完**-**名** 不是 馬 可以-**未**-**否** 成爲-**順** 啊
非敢後也，馬不進也。（32a3-4）

[132] haran“因爲”過失多。
yaya juse deu-te -i yabun ginggun akv o-joro-ngge,
任何 孩子們 弟弟-**複** **屬** 行爲 恭謹 **否** 成爲-**未**-**名**
大凡子弟之率不謹，
gemu ama ahvta -i doigon-de taqihiya-ha-kv haran.
全都 父親 哥哥-**複** **屬** 預先-**位** 教諭-**完**-**否** 緣故
皆由父兄之教不先。
yala tulergi -i haran, dorgi -i haran waka kai.
果然 外面 **屬** 緣故 内部 **屬** 緣故 不是 啊

果在外，非由内也。（32a5-32b1）

[133] turgun“因爲”“因緣故”。

bithe ferkingge akv -i turgun kai. ai turgun ni?

書 多廣 否 屬 緣故 啊 什麼 緣故 呢

文獻不足故也。 何爲也哉？（32b2）

[134] jalin“因爲”“爲什麽”。

sa-r-kv urse o-qi, yali -i jalin se-mbi,

知道-未-否 衆人 成爲-條 肉 屬 爲了 説-現

不知者以爲爲肉也，

sa-ra urse se-me dorolon akv -i jalin se-mbi.

知道-未 衆人 説-并 禮 否 屬 爲了 説-現

其知者以爲爲無禮也。

hafan te-re-ngge, yadahvn -i jalin waka.

官員 坐-位-名 貧窮 屬 爲了 不是

仕非爲貧也。（32b3-4）

[135] aise“敢情”“罷”dere。

gvwa fonji-me, uttu o-qi dahala-ra urse somi-ha aise.

别 詢問-并 這樣 成爲-條 跟隨-未 衆人 隱藏-完 想來

或問之曰：“若是乎從者之廋也。”

amba-sa saisa niyalma dere, amba-sa saisa niyalma kai.

臣-複 賢人 人 罷了 臣-複 賢人 人 啊

君子人與，君子人也。（32b5-6）

[136] ainqi“想必”也加得。

abka ainqi fuzi be qinggilakv o-bu-ha dere.

天 想來 夫子 賓 摇的鈴鐸 成爲-使-完 罷了

天將以夫子爲木鐸。（33a1）

[137] ainqi若作“蓋”字用，dere可托可不托。

ainqi niyalma mujilen -i ferguwen de,
想來 人 心 **屬** 奇妙 **未**

蓋人心之靈，

sarasu akv-ngge akv.
知識 否-**名** **否**

莫不有知。

amba-sa saisa ini sa-r-kv ba-be, ainqi sula-bu-mbi-dere.
臣-**複** 賢人 他.**屬** 知道-**未**-**否** 地方-**賓** 想來 存留-**使**-**現**-罷了

君子於其所不知，蓋闕如也。（33a2-4）

[138] dabala決斷“罷咧”説，不比dere口氣活。

fuse-mbu-re dabala deribu-ra-kv.
滋生-**使**-**未** 罷了 開始-**未**-**否**

述而不作。

abka gisure-ra-kv, yabun baita de tuwa-bu-re dabala.
天 説-**未**-**否** 行爲 事情 **位** 看-**使**-**未** 罷了

天不言，以行與事示之而已矣。（33a5-6）

[139] giyan字“該當”“據理”説。

fuzi ini hendu-he-ngge, inu giyan waka-u?
夫子 他.**屬** 説-**完**-**名** 也 道理 不是-**疑**

夫子之云，不亦宜乎？

tanggv hala-i irgen -i mimbe haira-ka se-me hendu-re-ngge
百 姓氏-**屬** 人民 **屬** 我.**賓** 珍惜-**完** 説-**并** 説-**未**-**名**

giyan kai.

道理 啊

宜乎百姓之謂我愛也。（33b1-2）

[140] -qi aqambi“該當”是“理合”。

ulebu-qi aqa-ra-ngge be uthai ulebu-qi waji-ha kai.

款待-條 應該-未-名 賓 就 款待-條 完了-完 啊

可食而食之矣。（33b3）

[141] giyan -i, -qi aqambi“理該如此”。

giyan -i hvwaliyasun habqihiyan be yabu-me,

理 工 和諧 親熱 賓 行事-并

宜以和輯之風，

meni meni ba-de durun tuwakv o-bu-qi aqa-mbi.

各自 各自 地方-位 樣子 模範 成爲-使-條 應該-現

爲一方表率。（33b4-5）

[142] goiha“該當是”“輪著”。

irgen te, teni baha-fi karu goi-ha-bi. ejen ume wakaxa-ra.

人民 現在 才 得到-順 相反 該當-完-現 君主 不要 批評-未

夫民今而後得反之也，君無尤焉。（33b6）

[143] 一般“恐”字兩般説，聯用-rahv單ayou。

zi lu donji-ha ba bi-fi yabu-me mute-re onggolo,

子 路 聽見-完 地方 存在-順 走-并 能-未 之前

子路有聞，未之能行，

damu donji-ha ba bi-sirahv se-mbi[接se-].

衹是 聽見-完 地方 存在-虛 助-現

唯恐有聞。

ama eme damu nime-rahv se-me[接se-]joboxo-mbi.

父 母 衹是 生病-**虛** 助-**并** 憂慮-**現**

父母唯其疾之憂。

irgen damu wang be baturu de amuran akv

人民 衹是 王 **賓** 英勇 **與** 喜愛 **否**

ayou se-mbi[接se-].

虛 助-**現**

民惟恐王之不好勇也。

mini olhoxo-ro-ngge,

我.**屬** 提防-**未**-**名**

gi sun halangga -i jobolon juwan' iui gurun de akv,

季 孫 姓氏的 **屬** 災禍 顓 臾 國 **與** **否**

吾恐季孫之憂，不在顓臾，

huwejen -i dorgi de bi ayou se-mbi[接se-].

影壁 **屬** 裏面 **爲** 存在 **虛** 助-**現**

而在蕭墻之内也。（34a1-5）

[144] ojorahv接串用，口氣難斷緊接se-。

sirdan faksi,

箭 匠

damu niyalma be da-ra-kv ojorahv se-mbi[接se-],

衹是 人 **賓** 傷-**未**-**否** 成爲-**虛** 助-**現**

矢人惟恐不傷人，

uksin faksi, damu niyalma be da-rahv se-mbi[接se-].

盔甲 匠 衹是 人 **賓** 傷-**虛** 助-**現**

函人惟恐傷人。（34a6-34b1）

[145] ayou作“恐其”疑問語，其下se-字不須托。

niyalma-i jalin bodo-ro de, tondo akv ayou?

別人-屬 爲了 謀劃-未 位 忠 否 虛

爲人謀而不忠乎?

guqu gargan -i baru guqule-re de akdun akv ayou?

朋友 友人 屬 朝向 交友-未 位 信 否 虛

與朋友交而不信乎?（34b2-3）

[146] “倘曾”“倘有”biqi托。

abka ere xu be guku-bu-re bi-he bi-qi[“實際指論”],

天 這 文 賓 滅亡-使-未 存在-完 存在-條

天之將喪斯文也,

amala buqe-re-ngge de, ere xu be bahabu-ra-kv bi-he[“應”].

後 死-未-名 與 這 文 賓 得到-被-未-否 存在-完

後死者，不得與於斯文也。

muse-i han saraxa-ra-kv bi-qi[“空處設想”],

咱們-屬 罕王 游覽-未-否 存在-條

吾王不游,

muse-i ai-be erge-mbihe[“應”]?

咱們-屬 什麼-賓 休息-過

吾何以休?

muse-i han sebjele-ra-kv bi-qi,

咱們-屬 罕王 取樂-未-否 存在-條

吾王不豫,

muse-i ai-be aisila-bu-mbihe[“應”]?

咱們-屬 什麼-賓 幫助-被-過

吾何以助?

aika dasan bi-he bi-qi[“實際指論”],

如果 政治 存在-完 存在-條

如有政,

udu mimbe baitala-ra-kv o-qibe,

雖然 我.賓 使用-未-否 成爲-讓

雖不吾以,

bi inu baha-fi donji-mbihe[“應”].

我 也 得以-順 聽見-過

吾其與聞之。

tuttu o-fi saisa akv dabala.

那樣 成爲-順 賢人 否 罷了

是故無賢者也。

bi-qi[“空處設想”] kun bi urunakv taka-mbihe[“應”].

存在-條 髡 我 一定 認識-過

有,則髡必識之。

bi-qi[“空處設想”], bi temgetu o-bu-qi o-mbihe[“應”].

存在-條 我 證據 成爲-使-條 可以-過

足,則吾能徵之矣。

tere aikabade we daila-qi o-mbi se-he bi-qi[“空處設想”],

那 如果 誰 勸告-條 可以-過 説-完 存在-條

彼如曰:“孰可以伐之?”

abka-i hafan o-qi, daila-qi o-mbi se-me jabu-mbihe[“應”].
天-屬 官 成爲-條 勸告-條 可以-過 説-并 回答-過
則將應之曰：“爲天吏則可以伐之。”（34b4-35a3）

[147] -kv biqi是“倘無”説。

seibeni, lu gurun -i mu gung zi sy’ -i ashan de niyalma
昔日 魯 國 屬 繆 公 子思 屬 側旁 位 人
bi-bu-he-kv bi-qi[“實際指論”],
存在-使-完-否 存在-條
昔者魯繆公無人乎子思之側，
zi sy’ be elhe o-bu-me mute-ra-kv bi-he[“應”].
子思 賓 平安 成爲-使-并 能-未-否 存在-完
則不能安子思。
siyei liu, xen siyang,
泄 柳 申 詳
mu gung ni ashan de niyalma bi-he-kv bi-qi[“實際指論”],
繆 公 屬 側旁 位 人 存在-完-否 存在-條
泄柳、申詳無人乎繆公之側，
ini beye elhe o-me mute-ra-kv bi-he[“應”].
他.屬 自己 平安 成爲-并 能-未-否 存在-完
則不能安其身。
guwan jung akv bi-he bi-qi[“實際指論”],
管 仲 否 存在-完 存在-條
微管仲，
muse funiyehe tuhe-bu-fi hashv adasungga o-mbihe[“應”]kai.
咱們 毛髮 散落-使-順 左側 大襟的 成爲-過 啊

吾其披髮左衽矣。（35a4-35b1）

[148] 勿論“指實”與“設想”，追叙當初應bihe。

[biqi作“倘曾”“倘有”“追叙已然口氣”解，故句尾以bihe字應之。然有“空處設想”“實際指論”之分，惟於biqi上有bihe字、無bihe字辨之。]（35b2-3）

[149] biqi若作“如有”用，bihe字斷應不得。

mini beye de weile bi-qi, tumen ba-i-ngge de dalja-kv;

我.屬 自己 位 罪孽 存在-條 萬 地方-屬-名 與 相關-否

朕躬有罪，無以萬方；

tumen ba-i-ngge de weile bi-qi, weile mini beye de bi.

萬 地方-屬-名 位 罪孽 存在-條 罪孽 我.屬 自己 位 存在.現

萬方有罪，罪在朕躬。（35b4-5）

[150] “自古、從前”應bihe，總結往事講“來著”。

julge-i niyalma gemu tuttu bi-he.

古-屬 人 都那樣 存在-完

古之人皆然。

bi da-qi taqi-ha fonji-ha-ngge akv,

我 原本-從 學-完 聽聞-完-名 否

吾他日未嘗學問，

morin feksi-re dabqikv baitala-ra de amuran bi-he.

馬 奔跑-未 劍 用-未 與 愛好 存在-完

好馳馬試劍。（35b6-36a2）

[151] seme, -qibe, gojime三□“雖而”義差多，seme單用神活泛，“縱然”“就便”與“雖説”。

niyalma sa-r-kv seme, korso-ra-kv o-qi,

别人 知道-**未-否** 雖然 怨恨-**未-否** 成爲-**條**

人不知而不愠,

inu amba-sa saisa waka-u?

也 臣-**複** 賢人 不是-**疑**

不亦君子乎?

udu ajige doro seme, urunakv tuwa-qi o-joro ba-bi.

雖然 小 道 雖然 一定 看-**條** 可以-**未** 地方-存在.**現**

雖小道必有可觀者焉。

hahi_qahi de seme, urunakv uttu,

匆忙 **位** 雖然 一定 這様

造次必於是,

tuhe-re afa-ra de seme, urunakv uttu.

跌落-**未** 戰鬥-**未** **位** 雖然 一定 這様

顛沛必於是。

mentuhun haha mentuhun hehe seme, sa-qi o-mbi.

愚昧的 男人 愚昧的 女人 雖然 知道-**條** 可以-**現**

夫婦之愚, 可以與知焉。

tere-i ten -i enduringge nene-he sefu kungzi de isi-na-qi,

那-**屬** 極 **屬** 神聖的 領先-**完** 師父 孔子 **位** 到達-去-**條**

及其至也,

udu enduringge niyalma seme, inu sa-r-kv ba-bi.

雖然 神聖的 人 雖然 也 知道-**未-否** 地方-存在.**現**

雖聖人亦有所不知焉。

enduringge niyalma dahv-me tuqi-ke se-me,

神聖的 人 重複-**并** 出-**完** 雖然

聖人復起，

urunakv mini gisun be uruxe-mbi.

一定 我.**屬** 話語 **賓** 贊同-**現**

必從吾言矣。

[seme口氣虛活，“雖有”“縱然”“就便”“雖説”等義，其實相通。]（36a3—36b3）

[152] 倒裝“承上起下”字，“等因”“爲此”“以爲”説。

bi kemuni gaxan niyalma o-joro qi ukqa-ra unde

我 尚且 鄉村 人 成爲-**未** **從** 離開-**未** 尚未

se-me[“爲此”], e-de joboxo-mbi.

説-**并** 這-**位** 憂慮-**現**

我由未免爲鄉人也，是則可憂也。

jirga-me te-re de taqibu-ra-kv o-qi,

安逸-**并** 居住-**未** **位** 教導-**未**-**否** 成爲-**條**

逸居而無教，

gasha gurgu de hanqi o-mbi se-me[“爲此”],

鳥 獸 **與** 近 成爲-**現** 説-**并**

則近於禽獸，

enduringge niyalma joboxo-mbi.

神聖的 人 憂慮-**現**

聖人有憂之。

[“等因”與“爲此”同義，但於奏章咨文内用。]

tusa akv se-me[“以爲”] waliya-ra-ngge o-qi,

益處 否 說-**并** 捨棄-**未**-**名** 成爲-**條**

以爲無益而舍之者,

jeku be yangsa-ra-kv-ngge.

糧食 **賓** 耕耘-**未**-**否**-**名**

不耘苗者也。

irge-se qembe muke tuwa -i dorgi-qi tuqi-bu-mbi,

人民-**複** 他們.**賓** 水 火 **屬** 裏面-**從** 出來-**使**-**現**

民以爲將拯己於水火之中也,

se-me[“以爲”], xoro de buda tampin de nure te-bu-fi,

說-**并** 筐 **位** 飯 瓶子 **位** 酒 坐-**使**-**順**

簞食壺漿,

wang ni qouha be okdo-ko-ngge,

王 **屬** 軍 **賓** 迎接-**完**-**名**

以迎王師,

ainahai gvwa de bini?

未必 别的 **位** 存在.**現**-呢

豈有他哉?

muke tuwa qi jaila-ra-ngge kai.

水 火 **從** 躲避-**未**-**名** 啊

避水火也。

ai gung,

哀 公

哀公

xabi-sa be we taqi-re de amuran se-me[倒裝] fonji-ha,
弟子-**複** **賓** 誰 出來-**未** **與** 喜好 說-**并** 問-**完**
問弟子孰爲好學,
gaxan -i gubqi gemu nomhon niyalma,
鄉村 **屬** 全部 都 質樸的 人
se-me[倒裝] tukiye-mbi.
說-**并** 抬舉-**現**
一鄉皆稱愿人焉。(36b4-37a5)

[153] "雖有""縱有""即便有",udu下接bihe seme。

udu jeku bi-he seme, bi baha-fi je-mbi-u?
雖然 糧食 存在-**完** 雖然 我 得以-**順** 吃-**現**-**疑**
雖有粟,吾得而食諸?
udu hanqi niyaman bi-he seme,
雖然 近的 人 存在-**完** 雖然
雖有周親,
gosingga niyalma de isi-ra-kv.
仁的 人 **與** 到達-**未**-**否**
不如仁人。(37a6-37b1)

[154] "雖說""縱說""即便說",udu下接sehe seme。

udu taqi-ha-kv se-he seme, bi urunakv taqi-ha-bi se-mbi.
雖然 學-**完**-**否** 說-**完** 雖然 我 一定 學-**完**-**現** 說-**現**
雖曰"未學",吾必謂之學矣。(37b2-3)

[155] gojime"能此不能彼",上正下反方用得。

saikan be akvmbu-ha gojime, sain be akvmbu-ha-kv.
美 **賓** 窮盡-**完** 雖然 好 **賓** 窮盡-**完**-**否**

盡美矣，未盡善也。

amba jurgan udu getukele-bu-he goji-me,
大 義 雖然 清晰-使-完 雖然

大義雖明，

narhvn gisun be faksala-ha-kv.
細微 話語 賓 分析-完-否

而微言未析。

emu simhun be uji-re gojime, meiren fisa be ufara-ha.
一 手指 賓 養-未 雖然 肩 背 賓 失去-完

養其一指，而失其肩背。（37b4-6）

[156] -qibe聯用義板重，不帶挑剔必貶駁。

sebjele-qibe, dufede-he-kv, gasa-qibe, kokira-bu-ha-kv.
取樂-讓 行淫-完-否 怨恨-讓 受傷-被-完-否

樂而不淫，哀而不傷。

ilga-qibe, narhvn akv, leule-qibe getuken akv.
分辨-讓 細節 否 討論-讓 清晰 否

擇焉而不精，語焉而不詳。

buqe-qibe, guri-qibe, gaxan qi tuqi-ra-kv.
死亡-讓 移動-讓 鄉村 從 出去-未-否

死徙無出鄉。（38a1-3）

[157] biqibe“雖有”與“雖在”。

r’an’ niu, min zi, yan yuwan
冉 牛 閔 子 顏 淵

冉牛、閔子、顏淵

dursun be yongkiya-ha bi-qibe qinggiya.

物質 賓 俱全-完 存在-讓 淺薄

則具體而微。

banin bi-qibe, hesebun bi.

本性 存在-讓 天命 存在.現

性也，有命焉。

udu sangse guwangse de da-bu-ha bi-qibe,

雖然 镣铐 桎梏 與 管-被-完 存在-讓

雖在縲絏之中，

tere-i weile waka.

那-屬 罪孽 没有

非其罪也。（38a4-6）

[158] “雖然説”是seqibe。

weile akv -i gese se-qibe, nekeliyen se-re dabala.

罪孽 否 屬 一樣 説-讓 單薄 説-未 罷了

宜若無罪焉，薄乎云爾。

te -i sain amban se-qibe,

現 屬 好 臣 説-讓

今之所謂良臣，

julge-i irgen -i ebdereku se-he-ngge kai.

古-屬 人民 屬 破壞者 説-完-名 啊

古之所謂民賊也。（38b1-2）

[159] oqibe“雖爲”與“雖或”。

tuttu baita julge-i niyalma dulga o-qibe,

那樣 事情 古-屬 人 半 成爲-讓

故事半古之人,

gungge urunakv ubui fulu o-mbi.

功 一定 倍-**屬** 多 成爲-**現**

功必倍之。

hashv iqi o-qibe sekiyen de aqa-na-mbi.

左 右 成爲-**讓** 源泉 **與** 相合-去-**現**

左右逢其原。(38b3-4)

[160] "無往""無人"absi oqibe。

absi o-qibe, nomhon niyalma o-jora-kv-ngge akv kai.

怎麽 成爲-**讓** 質樸的 人 成爲-**未**-**否**-**名** 否 啊

無所往而不爲原人。

amba-sa saisa absi o-qibe, beye elehun akv-ngge akv.

臣-**複** 賢人 怎麽 成爲-**讓** 自己 從容 **否**-**名** 否

君子無人而不自得焉。(38b5-6)

[161] te biqi"今夫"是比語。

te bi-qi abka.

現在 存在-**條** 天

今夫天。

te bi-qi, uba-de bi-sire niyalma.

現在 存在-**條** 這裏-**位** 存在-**未** 人

於此有人焉。(39a1)

[162] te biqibe是"譬如説"。

te bi-qibe emu niyalma

現在 存在-**讓** 一 人

於此有人焉。（39a2）

[163] “而且”“而又”用bime，整下單用破聯著。

gosin bi-me mergen.

仁 存在-**并** 智

仁且智。

yadahvn bi-me haldaba akv, bayan bi-me qokto akv.

貧窮 存在-**并** 諂媚 **否** 富裕 存在-**并** 驕 **否**

貧而無諂，富而無驕。

baita be ginggule-mbi-me akdun oso,

事情 **賓** 恭敬-**現**-**并** 信 成爲.**命**

敬事而信，

kemne-me baitalabu-mbi-me niyalma be gosi.

節儉-**并** 使用-**被**-**現**-**并** 人 **賓** 仁愛.**命**

節用而愛人。（39a3-5）

[164] “有而且又”“在而且”“承上起下”bimbime。

jugvn de omiholo-fi kuhengge bi-mbi-me[有而且又],

路 **位** 餓-**順** 撐死的 存在-**現**-**并**

塗有餓莩，

sala-me bu-re be sa-r-kv.

賑濟-**并** 給-**未** **賓** 知道-**未**-**否**

而不知發。

doro hanqi de bi-mbi-me[在而且], goroki o-bu-fi bai-mbi,

道 近 **位** 存在-**現**-**并** 遠方 成爲-**使**-**順** 求-**現**

道在邇而求諸遠，

baita ja de bi-mbi-me[在而], mangga o-bu-fi bai-mbi.
事情 容易 **位** 存在-**現**-**并** 困難 成爲-**使**-**順** 求-**現**
事在易而求諸難。（39a6-39b2）

[165] uttu "如此" "這們著"。

uttu o-qi, mujilen axxa-mbi-u akv-n?
這樣 成爲-**條** 心 動-**現**-**疑** **否**-**疑**
如此，則動心否乎？

damu ere erin de uttu kai.
僅僅 這 時候 **位** 這樣 啊
惟此時爲然。

sekiyen bi-sire-ngge, teni uttu, tuttu o-fi saixa-ha-bi kai.
本源 存在-**未**-**名** 才 這樣 那樣 成爲-**順** 嘉賞-**完**-**現** 啊
有本者如是，是之取耳。（39b3-4）

[166] tuttu "如彼" "那們著"。

guwan jung, ini ejen de akda-bu-fi, tuttu sali-ha bi-he,
管 仲 他.**屬** 君主 **與** 相信-被-**順** 那樣 專斷-**完** 存在-**完**
管仲得君如彼其專也，

gurun -i dasan be yabubu-ha-ngge, tuttu goida-ha bi-he,
國 **屬** 政治 **賓** 行事-**使**-**完**-**名** 那樣 長久-**完** 存在-**完**
行乎國政如彼其久也，

gungge linbgge, tuttu fusihvn bi-he.
功 烈 那樣 卑賤 存在-**完**
功烈如彼其卑也。

zengzi, zi sy', ba-be forgoxo-qi, gemu tuttu.
曾子 子 思 地點-**賓** 轉換-**條** 全都 那樣

曾子子思易地則皆然。（39b5-40a1）

[167] tuttu seme雖然也，大轉“雖則那樣”說。

tuttu se-me, bi kemuni donji-ha.

那様 説-并 我 尚且 聽説-完

雖然，吾嘗聞之矣。

bi udu tuttu se-me, wang be waliya-mbi-u?

我 雖然 那様 説-并 王 賓 抛棄-現-疑

予雖然，豈舍王哉?

tuttu se-me, meng k'o bi, kemuni muruxe-me donji-ha.

那様 説-并 孟 軻 我 尚且 大略做-并 聽説-完

然而軻也，嘗聞其略也。

[翻譯之道，斷不可爲漢字所縛。如此條“然而”二字，是上承不聞其詳之由，下起嘗聞其略之旨，乃雖説口氣，故舍字取神，而用tuttu seme是也。倘泥漢而用tuttu bime，大錯矣。]（40a2-5）

[168] tuttu bime“然而又”“那們著而又這們著”。

tuttu bi-me, wen wang hono tanggv ba qi mukde-ke,

那様 存在-并 文 王 尚且 百 里 從 興起-完

然而文王由方百里起，

ere-ni mangga bi-he-bi kai.

這-工 難 存在-完-現 啊

是以難也。

tuttu bi-me, ete-ra-kv-ngge,

那様 存在-并 勝利-未-否-名

然而不勝者，

tere abka-i erin, na -i aisi de isi-ra-kv.

那 天-屬 時 地 屬 利 與 到達-未-否

是天時不如地利也。

uttu bi-me han o-jora-kv-ngge, akv kai.

這樣 存在-并 罕王 可以-未-否-名 否 啊

然而不王者，未之有也。

[uttu, tuttu本可互用，但有翻入翻出之别，宜詳漢文口氣用之。]

（40a6-40b3）

[169] tuttu oqi"若那樣"，文氣大轉乃"然則"。

tuttu o-qi, tese gemu waka-u?

那樣 成爲-條 那些 都 不是-疑

然則彼皆非與?

tuttu o-qi, adali ba-bi-u?

那樣 成爲-條 一樣 地方-存在.現-疑

然則有同與?

uttu o-qi, xabi mini hvlibun ele neme-he.

這樣 成爲-條 弟子 我.屬 疑惑 更 增加-完

若是，則弟子之惑滋甚。（40b4-5）

[170] tuttu ofi"是故"也，粗解"因爲那們"著。

tuttu o-fi, ulin isa-qi irgen samsi-mbi.

那樣 成爲-順 財貨 聚集-條 人民 離散-現

是故財聚則民散。

tuttu o-fi, amba-sa saisa de amba doro bi.

那樣 成爲-順 臣-複 賢人 位 大 道 存在.現

是故君子有大道。

tuttu o-fi, anggalinggv-ngge be ubiya-mbi-kai.

那様 成爲-**順** 谗佞-**名** **賓** 討厭-**現**-啊

是故惡夫佞者。

uttu o-fi, tuttu goroki niyalma daha-ra-kv.

這様 成爲-**順** 那様 遠方 人 歸順-**未**-**否**

夫如是，故遠人不服。（40b6-41a2）

[171] ofi tuttu上度下，窮源“故”字倒裝著。

bi ajigan -i fon-de, suilashvn o-fi,

我 小的 **屬** 時候-**位** 困苦 成爲-**順**

吾少也賤，

tuttu buyasi baita be ambula mute-he-bi.

那様 卑小的 事情 **賓** 衆多 能-**完**-**現**

故多能鄙事。

bi baitala-bu-ha-kv o-fi, tuttu mutengge o-ho.

我 用-**被**-**完**-**否** 成爲-**順** 那様 有本領的 成爲-完

吾不試，故藝。

muse ginggun be yabu-me o-fi, tuttu dorgingge se-mbi.

咱們 恭敬 **賓** 行事-**并** 成爲-**順** 那様 裏面-**名** 説-**現**

行吾敬，故謂之内也。（41a3-5）

[172] -ra, -re anggala“與其”説，“不如”de isirakv托。

baita-i amala amqa-me aliya-ra anggala,

事情-**屬** 後面 追-**并** 後悔-**未** 與其

與其追悔於事後，

an -i uquri qirala-me taqibu-re de isi-ra-kv.

平常 **屬** 時候 從嚴-**并** 教育-**未** **與** 到達-**未**-**否**

孰若嚴訓於平時。（41a6-41b1）

[173] 下文遇“寧”或“指派”，-kini, -qina使令著。

sukjingge ba-de haldabaxa-ra anggala, jun de haldabaxa.

深 地方-**位** 諂媚-**未** 與其 灶 **位** 諂媚.**命**

與其媚於奥，寧媚於竈。

[-kini, qina二注見前。]（41b2-3）

[174] sere anggala“豈但”説，整字-kv, -mbi盡加得。

tusa akv se-re anggala, neme-me efule-he.

益處 **否** 説-**未** 不但 增加-**并** 毁壞-**完**

非徒無益，而又害之。

te -i amba-sa saisa iqixa-mbi se-re anggala,

現在 **屬** 臣-**複** 賢人 迎合-**現** 説-**未** 不但

今之君子豈徒順之，

geli dahaqa-me ara-me gisure-mbi.

又 迎合-**并** 假裝-**并** 説-**現**

又從而爲之辭。（41b4-6）

[175] tere anggala句首著，“況且”一轉别提説。

tere anggala sini gisun ufara-ha-bi.

那 不但 你.**屬** 話 失（言）-**完**-**現**

且爾言過矣。

tere anggala wen wang ni erdemu,

那 不但 文 王 **屬** 德

且以文王之德，

tanggv aniya o-fi teni uri-he.

百 年 成爲-**順** 才 崩-**完**

百年而後崩。（42a1-2）

[176] “尚且還”字用bade。

ere-be tebqi-qi o-joro ba-de ai-be tebqi-qi o-jora-kv.

這-賓 忍-**條** 可以-**未** 地方-**位** 什麼-**賓** 忍-**條** 可以-**未**-**否**

是可忍也，孰不可忍也。

enduri -i ebu-nji-re-ngge, bodo-qi o-jora-kv ba-de,

神 **屬** 下-來-**未**-**名** 考慮-**條** 可以-**未**-**否** 地方-**位**

神之格思，不可度思，

heulede-qi o-mbi-u.

懈怠-**條** 可以-**現**-**疑**

矧可射思。（42a3-4）

[177] 實“尚且”字照hono。

juwe de, bi hono tesu-ra-kv bade adarame neigele-mbi?

二 **位** 我 尚且 足够-**未**-**否** 地方-**位** 怎麼 均分-**現**

二，吾猶不足，如之何其徹也？（42a5）

[178] 疑兼“而況”常加-u。

kemuni aqa-ra de hono baha-fi o-jora-kv ba-de,

尚且 見面 **位** 尚且 得以-**順** 可以-**未**-**否** 地方-**位**

見且猶不得亟，

baha-fi amban o-bu-qi o-mbi-u?

得以-**順** 臣 成爲-**使**-**條** 可以-**現**-**疑**

而况得而臣之乎?

minggan sejengge ejen, bai-me guqule-ki se-qi,

千 車的 君主 求-**并** 交友-**祈** **助-條**

千乘之君求與之友,

hono baha-ra-kv ba-de, jiu se-qi o-mbi-u?

尚且 得到-**未-否** 地方-**位** 來.**命** **助-條** 可以-**現-疑**

而不可得,而况可召與?(42a6-42b2)

[179] 否用be ai hendure。

guwan jung be hono jiu se-qi o-jora-kv ba-de,

管 仲 **賓** 尚且 來.**命** **助-條** 可以-**未-否** 地方-**位**

管仲且猶不可召,

guwan jung be yabu-ra-kv-ngge be ai hendu-re?

管 仲 **賓** 行-**未-否-名** **賓** 什麼 説-**未**

而况不爲管仲者乎?

gosin mergen be, gung hono akvmbu-ha-kv ba-de,

仁 智 **賓** 公 尚且 窮盡-**完-否** 地方-**位**

仁智,周公未之盡也,

wang be ai hendu-re?

王 **賓** 什麼 説-**未**

而况於王乎?

enduringge niyalma waka o-qi, uttu o-me mute-mbi.

神聖的 人 不是 成爲-**條** 這樣 成爲-**并** 能-**現**

非聖人而能若是乎,

hanqi hala-na-ha-ngge be ai hendu-re.

近的 燙-去-**完-名** **賓** 什麼 説-**未**

而况於親炙之者乎？（42b3-6）

[180] 自然“既”字be dahame，猶水趨東順下格，未然上用-ra, -re, -ro。

tari-re-ngge, yuyun tere-i dolo bi-sire,

耕種-**未**-**名** 饑饉 那-**屬** 在裏面 存在-**未**

耕也餒在其中矣，

taqi-re-ngge, fulun tere-i dolo bi-sire be daha-me,

學-**未**-**名** 俸禄 那-**屬** 在裏面 存在-**未** **賓** 按照-**并**

學也禄在其中矣，

amba-sa saisa doro de joboxo-mbi. yadahvn de joboxo-ra-kv.

臣-**複** 賢人 道 **與** 憂慮-**現** 貧窮 **與** 憂慮-**未**-**否**

君子憂道不憂貧。（43a1-3）

[181] 已然上加-ka, -ke, -ko。

minggan ba be goro se-he-kv ji-he be daha-me,

千 里 **賓** 遥遠 説-**完**-**否** 來-**完** **賓** 按照-**并**

不遠千里而來，

inu mini gurun de aisi o-bu-re ba-bi-u?

也 我.**屬** 國 與 利 成爲-**使**-**未** 地方-存在.**現**-**疑**

亦將有以利吾國乎？（43a4-5）

[182] 整字-kv字“將然”下。-ra, -re, -ka, -ke可不著。

wang, afa-ra de amuran be daha-me,

王 戰鬥-**未** **與** 喜好 **賓** 按照-**并**

王好戰，

afa-ra be jafa-fi duibuleki.

戰鬥-**未** **賓** 執-**順** 比喻-**祈**

請以戰喻。

gosin akv, mergen akv,

仁 否 智 否

不仁不智,

dorolon akv, jurgan akv be daha-me,

禮 否 義 否 **賓** 按照-**并**

無禮無義,

niyalma de takvra-bu-mbi.

人 **與** 驅使-**被**-**現**

人役也。(43a6-43b2)

[183] 有力“既”字tetendere上加-qi字定無訛，設言“若既肯如此”與be dahame反大格。

amba-sa saisa dasan be neqin o-bu-qi tetendere,

臣-**複** 賢人 政治 **賓** 平 成爲-**使**-**條** 既然

君子平其政,

yabu-re de niyalma be jugvn ana-bu-qi o-mbi-kai.

行走-**未** **與** 人 **賓** 路 讓-**使**-**條** 可以-**現**-啊

行辟人可也。

ere juwe sakda se-re-ngge, abka-i fejergi -i amba sakda,

這 二 老人 説-**未**-**名** 天-**屬** 下 **屬** 大 老

二老者，天下之大老也,

daha-qi tetendere,

跟隨-**條** 既然

而歸之,

tere abka-i fejergi -i ama daha-ha gese kai.

那 天-**屬** 下 **屬** 父親 跟隨-**完** 一樣 啊

是天下之父歸之也。（43b3-6）

[184] nakv“既而”“既令”説，使令之字上加著，由是入非然不果，連環反套義方合。

sikse nime-mbi se nakv, enenggi sinagan de aqana-qi,

昨天 生病-**現** 説.**命** 旋即 今日 喪服 **與** 見-去-**條**

昔者辭以病，今日吊，

ainqi o-jora-kv dere?

想來 可以-**未-否** **吧**

或者不可乎？（44a1-3）

[185] manggi亦“既而”“既令”説，使令字亦上加著。由淺及深進一步，連環正套義方合。

banji-kini se manggi, geli buqekini se-mbi.

生-**祈** 説.**命** 之後 又 死亡-**祈** 説-**現**

既欲其生，又欲其死。

faita manggi, geli mudu-mbi. folo manggi geli nila-mbi.

切.**命** 之後 又 銼-**現** 刻.**命** 之後 又 拋光-**現**

既切之而復磋之，既琢之而復磨之。

mujilen gvnigan be waqihiya manggi,

心 見識 **賓** 做完.**命** 之後

既竭心思焉，

dahanduhai niyalma be jende-ra-kv dasan be baitala-mbi.

繼而 人 **賓** 忍心-**未-否** 政治 **賓** 使用-**現**

繼之以不忍人之政。

niyalma-i gisun be fisembu manggi,

人-**屬** 話語 **賓** 叙述.**命** 之後

既述人言，

beye-i mujilen be getukele-mbi.

自己-**屬** 心 **賓** 弄清楚-**現**

復明己志。（44a4-44b2）

[186] 若作“然後”“而后”用，不加使令用-ha, -he。

tousela-ha manggi, teni ujen weihuken be sa-mbi;

用權-**完** 之後 纔 重 輕 **賓** 知道-**現**

權，然後知輕重；

kemne-he manggi, teni golmin foholon be sa-mbi.

測量-**完** 之後 纔 長 短 **賓** 知道-**現**

度，然後知長短。

ilina-ra be sa-ha manggi teni tokton o-mbi,

停止-**完** **賓** 知道-**完** 之後 纔 定 成爲-**現**

知止而后有定，

tokton o-ho manggi teni qibsen o-me mute-mbi,

定 成爲-**完** 之後 纔 静 成爲-**并** 能-**現**

定而后能静，

qibsen o-ho manggi, teni elhe o-me mute-mbi.

静 成爲-**完** 之後 纔 平安 成爲-**并** 能-**現**

静而后能安。（44b3-44b6）

[187] “引經”“據典”henduhengge。

irgebun -i nomun de hendu-he-ngge

詩 **屬** 經 **位** 説-**完**-**名**

《詩》曰：

genggiyen bi-me, geli sultungga o-qi,

明亮 存在-**并** 又 哲 成爲-**條**

"既明且哲，

beye be karma-mbi se-he-bi.

自己 **賓** 保護-**現** 説-**完**-**現**

以保其身。"

nakqu zi fan -i hendu-he-ngge,

舅 子 犯 **屬** 説-**完**-**名**

舅犯曰：

uka-ha niyalma bi, umai be boubai o-bu-ra-kv,

逃跑-**完** 人 存在.**現** 并 **賓** 寶貝 成爲-**使**-**未**-**否**

"亡人無以爲寶，

niyalma be gosi-re be boubai o-bu-ha-bi se-he-bi.

人 **賓** 仁愛-**未** **賓** 寶貝 成爲-**使**-**完**-**現** 説-**完**-**現**

仁親以爲寶。"（45a1-3）

[188] 旁插"所謂"henduhe。

yang halangga -i henduhe, emu yohi -i dursun oyonggo

楊 姓氏 **屬** 説-**完** 一 套 **屬** 體 重要

se-he-ngge inu.

説-**完**-**名** 是

楊氏所謂一篇之體要是也。（45a4）

[189] “有言曰”henduhe gisun也。

julergi ba -i niyalma-i hendu-he gisun,

南方 地方 **屬** 人-**屬** 説-**完** 話

南人有言曰：

niyalma de entehen akv o-qi,

人 **位** 恒 **否** 成爲-**條**

“人而無恒，

saman oktosi se-me o-jora-kv se-he-ngge, absi sain.

薩滿 醫生 説-**并** 可以-**未**-**否** 説-**完**-**名** 多麼 好

不可以作巫醫。”善夫！（45a5-45b1）

[190] “諺語”乃dekdeni henduhengge。

tuttu o-fi, dekdeni hendu-he-ngge,

那樣 成爲-**順** 流行的 説-**完**-**名**

故諺有之曰：

niyalma ini jui -i ehe be sa-r-kv

人 他.**屬** 孩子 **屬** 惡 **賓** 知道-**未**-**否**

“人莫知其子之惡，

ini jeku -i mutu-ha be sa-r-kv se-he-bi.

他.**屬** 糧食 **屬** 生長-**完** **賓** 知道-**未**-**否** 説-**完**-**現**

莫知其苗之碩。”（45b2-3）

[191] “暗引”不言經與典。

silhida-ra-kv gamjida-ra-kv o-qi,

嫉妒-**未**-**否** 貪婪-**未**-**否** 成爲-**條**

不忮不求，

ai-be baitala-qi sain akv se-he-bi.

什麽-**賓** 用-**完**-**現** 好 **否** 説-**完**-**現**

何用不臧。

erdemungge mangga se-he-ngge, tere mujakv waka-u?

有才能 難 説-**完**-**名** 那 確實 不-**疑**

才難，不其然乎？（45b4-5）

[192] “舊聞追述”donjihangge。

xang mini donji-ha-ngge,

商 我.**屬** 聽説-**完**-**名**

商聞之矣，

buqe-re banji-re-ngge hesebun de bi,

死亡-**未** 生-**未**-**名** 命運 **位** 存在.**現**

死生有命，

bayan wesihun o-joro-ngge abka de bi.

富裕 尊貴 成爲-**未**-**名** 天 **位** 存在.**現**

富貴在天。（45b6-46a1）

[193] 引述既完當“斷住”，sehebi字語終托。

[凡引述經典之言畢，以sehebi字托之。]（46a2）

[194] 引書作證“附斷論”，nomun de應sehengge，sehe承上煞經典，起下斷論用-ngge。

irgebun -i nomun de, faita-ra gese, mudu-re gese,

詩 **屬** 經 **位** 切割-**未** 一樣 磋磨-**未** 一樣

《詩》云：“如切如磋，

foloro gese, nila-ra gese se-he-ngge.

雕刻-**未** 一樣 抛光-**未** 一樣

如琢如磨。”

tere enteke be hendu-he-bi dere?

他 這樣的 賓 説-完-現 罷了

其斯之謂與?

irgebun -i nomun de, xe deye-me abka de isi-na-mbi,

詩 屬 經 位 風鷹 飛翔-并 天 與 到-去-現

《詩》云:“鳶飛戾天,

nimaha tunggu de godo-mbi se-he-ngge.

魚 深淵 位 躍-現 説-完-名

魚躍于淵。”

tere dergi fejergi de iletule-he be hendu-he-bi kai.

他 上 下 位 顯露-完 賓 説-完-現 啊

言其上下察也。(46a3-46b1)

[195] 議論既完“接叙事”,不插sefi即seme。

duin gargan suila-ra-kv-qi, sunja haqin -i jeku be ilga-ra-kv,

四 肢 勞苦-未-否-條 五 種 屬 穀物 賓 分辨-未-否

四體不勤,五穀不分,

we be fuzi se-mbi se-fi? teifun be ili-bu-fi yangsa-mbi.

誰 賓 夫子 説-現 説-順 拐杖 賓 站立-使-順 耕耘-現

孰爲夫子?植其杖而芸。

hendu-me, meni daifan cui zi -i adali kai se-fi, gene-he.

説-并 我們.屬 大夫 崔 子 屬 一樣 啊 説-順 去-完

曰:“猶吾大夫崔子也。”違之。

pin -i ba -i niyalma, gosingga niyalma kai,

邠 屬 地方 屬 人 仁的 人 啊

邠人曰："仁人也，

waliya-qi o-jora-kv se-me,

抛棄-**條** 可以-**未**-**否** 説-**并**

不可失也。"

daha-me genehe-ngge, hvdaxa-me yabu-re adali bi-he-bi.

跟隨-**并** 去-**完**-**名** 貿易-**并** 行走-**未** 一様 存在-**完**-**現**

從之者如歸市。

fuzi hendu-me,

夫子 説-**并**

子曰：

sa-r-kv, tere turgun be sa-ra-ngge, abka-i fejergi be,

知道-**未**-**否** 那 緣故 **賓** 知道-**未**-**名** 天-**屬** 下 **賓**

"不知也知其説者之於天下也，

ere-be tuwa-ra adali dere se-me.

這-**賓** 看-**未** 一様 罷了 説-**并**

其如示諸斯乎！"

tere falanggv be jori-ha-bi.

那 手掌 **賓** 指-**完**-**現**

指其掌。（46b2-47a1）

[196] "面述傳述記筆述"，每逢述畢便加se-。

zi jang hendu-me, zi hiya ai se-he?

子 張 説-**并** 子 夏 什麽 説-**完**

子張曰："子夏云何？"

jabu-me, zi hiya -i gisun o-joro-ngge de guqule,

回答-**并** 子 夏 **屬** 話語 成爲-**未**-**名** **與** 交友.**命**

對曰："子夏曰，可者與之，

tere o-jora-kv-ngge be, ashv se-he[傳述].

他 可以-未-否-名 賓 拒絶.命 説-完

其不可者拒之。"

seibeni yan bi fuzi -i hendu-he be donji-ha-ngge,

昔日 偃 我 夫子 屬 説-完 賓 聽説-完-名

昔者偃也聞諸夫子曰：

amba-sa saisa doro be taqi-qi, niyalma be gosi-mbi.

臣-複 賢人 道 賓 學-條 人 賓 仁愛-現

"君子學道則愛人，

buya niyalma doro be taqi-qi takvrabu-re de ja

小 人 道 賓 學-條 驅使-被-未 與 容易

o-mbi se-re[面述].

成爲-現 説-未

小人學道則易使也。"

ejetun de hendu-he-ngge,

志 位 説-完-名

志曰：

sinagala-ra weqe-re de nene-he mafari be

服喪-未 祭祀-未 位 先於-完 祖先們 賓

daha se-he-bi[記述].

跟隨.命 説-完-現

"喪祭從先祖。"

ejen, tere ilan nofi de ala-na se-mbi[傳述].

君主 那 三 個（人） 與 告訴-去.命 説-現

君曰"告夫三子"者。(47a2-47b1)

[197] "引述之中套引述","收科之外再收科"。

kadala-ra niyalma tuqi-fi hendu-he-ngge,

管理-**未** 人 出來-**順** 説-**完**-**名**

校人出曰:

we zi qan be mergengge se-he ni?

誰 子 産 **賓** 智慧的 説-**完** 呢

"孰謂子産知?

mini qaru-fi je-ke be ba-be baha kai.

我.**屬** 油炸-**順** 吃-**完** **賓** 地方-**賓** 得到.**完** 啊

ba-be ba-ha kai se-mbi[應"子產曰"]se-he-bi[應"henduh-

地方-**賓** 得到.**完** 啊 説-**現** 説-**完**-**現**

engge"].

予既烹而食之曰:'得其所哉,得其所哉。'"

be i jou han de jaila-me,

伯 夷 紂 罕王 **與** 躲避-**并**

伯夷辟紂,

amargi mederi -i dalin de te-he-de,

北 海 **屬** 岸邊 **位** 居住-完-**位**

居北海之濱,

wen wang ni mukde-ke be donji-fi gaiharila-fi hendu-he-ngge,

文 王 **屬** 興起-**完** **賓** 聽説-**順** 悰愕-**順** 説-**完**-**名**

聞文王作,興曰:

ainu daha-me gene-ra-kv,

爲何 跟隨-**并** 去-**未**-**否**

“盍歸乎來!

bi donji-qi wargi ba -i beise,

我 聽説-**條** 西 地方 **屬** 貝勒們

sakda-sa be uji-re sain se-re[應“donjiqi”] se-he-bi[應“henduh-

老年人-**複** **賓** 養-**未** 好 説-**未** 説-**完**-**現**

engge”].

吾聞西伯善養老者。”

holkon-de fonji-me,

突然-**位** 問-**并**

卒然問曰:

abka-i fejergi adarame o-ho-de tokto-bu-mbi se-re-de,

天-**屬** 下 怎麽 成爲-**完**-**位** 定-**使**-**現** 説-**未**-**位**

“天下惡乎定?”

mini jabu-ha-ngge, emu de tokto-mbi se-he.

我.**屬** 回答-**完**-**名** 一 **位** 定-**現** 説-**完**

吾對曰:“定于一。”

we emu o-bu-me mute-mbi se-re-de?

誰 一 成爲-**使**-**并** 能-**現** 説-**未**-**位**

“誰能一之?”

jabu-ha-ngge,

回答-**完**-**名**

對曰:

niyalma be wa-ra de amuran akv-ngge,

人 **賓** 殺-**未** **與** 喜好 否-**名**

emu o-bu-me mute-mbi se-he,

一 成爲-**使**-**并** 能-**現** 説-**完**

“不嗜殺人者能一之。”

we daha-me mute-mbi se-re-de?

誰 跟隨-**并** 能-**現** 説-**未**-**位**

“孰能與之？”

jabu-ha-ngge,

回答-**完**-**名**

對曰：

abka-i fejergi-ngge daha-ra-kv-ngge akv.

天-**屬** 下-**名** 跟隨-**未**-**否**-**名** **否**

“天下莫不與也。”

[條中三個serede用sere字。sehe，fonjime，-de字起下jabuhangge。至章末共三sehe字，應jabuhangge。三述問答，似乎破碎，用serede，jabuhangge，sehe字聯絡之，如一线穿成，章法自然嚴整。]

hendu-me, amban bi, hv he -i gisun be donji-qi,

説-**并** 臣 我 胡 齕 **屬** 話語 **賓** 聽説-**條**

曰：“臣聞之胡齕曰，

wang tanggin de te-he-de,

王 堂 **位** 坐-**完**-**位**

王坐於堂上，

ihan be elge-fi tanggin -i fejergi be dule-me gama-ra be,

牛 **賓** 牽-**順** 堂 **屬** 下面 **賓** 經過-**并** 攜帶-**未** **賓**

有牽牛而過堂下者，

wang sabu-fi, hendu-me, ihan be absi gama-mbi?

王 看見-順 説-并 牛 賓 往哪裏 攜帶-現

王見之，曰：‘牛何之？’

jabu-me, jungken -i fiyeren iju-re de baitala-ki se-mbi.

回答-并 鐘 屬 縫隙 塗抹-未 與 使用-祈 助-現

對曰：‘將以釁鐘。’

wang hendu-me sinda. bi tere-i xurge-re dargi-re-ngge,

王 説-并 放.命 我 它-屬 顫慄-未 哆嗦-未-名

王曰：‘舍之。吾不忍其觳觫，

sui akv buqe-re ba-de gama-ra adali be jende-ra-kv.

罪孽 否 死亡-未 地方-位 攜帶-現 一樣 賓 忍心-未-否

若無罪而就死地。’”

jabu-me,

回答-并

對曰：

uttu o-qi, jungken fiyeren iju-re de baitala-ra be

這樣 成爲-條 鐘 縫隙 塗抹-未 與 使用-未 賓

naka-mbi-u?

停止-現-疑

“然則廢釁鐘與？”

hendu-me, adarame naka-qi o-mbi,

説-并 怎麽 停止-條 可以-現

曰：“何可廢也，

honin -i hvlaxa se-he[應“王曰”字] se-mbi[應“donjiqi”].

羊 工 交换.命 説-完 説-現

以羊易之。”（47b2-48b6）

[198] 使令頭頭整字多。

nende, suila, muqengge -i bu.

先之.命 勞苦之.命 釜 工 給.命

先之勞之。 與之釜。

[當面使令字，與去-mbi留-bu-不同。]（49a1）

[199] 破字插腰作用格，去-mbi留腰叫作用。

dasan. dasata-mbi. dasata.

治 修治-現 修治.命

治。 修治。 使修治。

hiyouxun. hiyouxula-mbi. hiyouxula.

孝 行孝-現 行孝.命

孝。 行孝。 使行孝。

deuqin. deuqile-mbi. deuqile.

悌 行悌-現 行悌.命

弟。 行弟。 使行弟。

ala. ala-na-mbi. ala-na.

告訴.命 告訴-去-現 告訴-去.命

使告訴。 去告訴。 使去告訴。

gisun. gisure-mbi. gisure.

話語 説話-現 説話.命

話。 説話。 使説。（49a2-4）

[200] 留-bu-使叫這們著。

iqihiya-bu. ji-bu. tohoro-mbu,

處置-**使.命** 來-**使.命** 穩定-**使.命**

勞之。 來之。 匡之。

tuwaqihiya-bu. aisila-bu. wehiye-bu.

修正-**使.命** 幫助-**使.命** 幫扶-**使.命**

直之。 輔之。 翼之。（49a5）

[201] "整作使令"接o-字，不加obu-即oso。

tondo akdun be da o-bu.

忠 信 **賓** 根本 成爲-**使.命**

主忠信。

taqihiya-me hese wasi-mbu-ha-ngge,

訓諭-**并** 旨意 下來-**使-完-名**

頒示訓諭有曰：

bele-me habxa-ra be naka-bu-fi,

誣陷-**并** 訴訟-**未** **賓** 停止-**使**-順

mergen sain be youni o-bu se-he-bi.

智慧 好 **賓** 全都 成爲-**使.命** 説-**完-現**

"息誣告以全善良。"

gisure-re jabu-re de urunakv dahashvn oso,

説-**未** 答-**未** **位** 一定 通順 成爲.**命**

語言必順，

yabu-re feliye-re de, urunakv amala oso,

行走-**未** 來往行走-**未** **位** 一定 後面 成爲.**命**

步趨必徐行,

te-re ili-re de, urunakv fejile oso.

坐-**未** 站立-**未 位** 一定 在下面 成爲.**命**

坐立必居下。

baita be ginggule-mbi-me akdun oso.

事情 **賓** 恭敬-**現-并** 誠信 成爲.**命**

敬事而信。

si, amba-sa saisai bithe-i niyalma oso.

你 臣-**複** 賢人 書-**屬** 人 成爲.**命**

女爲君子儒。(49a6-49b4)

[202] 破字不便變使令,去-mbi聯-nu, -fu, -su, -so。

jefu se-he manggi, je-ke-bi. sa-qi o-joro be baisu.

吃.**命** 説-**完** 之後 吃-**完-現** 知道-**條** 可以-**未 賓** 求.**命**

食云則食,求爲可知也。

fuzi, qi diyou k'ai be hafan oso. wesi-nu.

夫子 漆 雕 開 **賓** 官員 成爲.**命** 上-去.**命**

子使漆雕開仕。 使上去。(49b5-6)

[203] ji字翻"來"有五法,"插腰""上""下""破""單著"。

si, inu minde aqa-nji-me[插腰] ji-mbi-u?

你 也 我.**與** 見-來-**并** 來-**現-疑**

子亦來見我乎?

tanggv faksisa be ji-bu-re[破字].

百 工匠-**複 賓** 來-**使-未**

來百工也。

daqila-nju[下] hebexe-nju[下]

咨詢-來.**命** 商議-來.**命**

來咨來茹。

ejen -i gisun jiu[單著] se-qi,

君主 **屬** 話語 來.**命** **助-條**

君命召,

sejen toho-ro be aliya-ra-kv gene-mbi.

車 套車-**未** **賓** 等待-**未-否** 去-**現**

不俟駕而行。

[-kini, -qina, be, -bu-使令字見前。]（50a1-3）

[204] "去"字插腰-na-, -ne-, -no-。

ke bi, ejen de ala-na-ha de, ejen aqa-nji-ki se-mbi-he.

克 我 君主 **與** 告訴-去-**完** **位** 君主 見-來-**祈** **助-過**

克告於君,君爲來見也。

fafun xajin de tuhe-ne-ra-kv.

法律 法 **與** 跌落-去-**未-否**

不陷於法律之内。

urunakv beye okdo-no-mbi-u?

一定 自己 迎接-去-**現-疑**

必親迎乎?（50a4-5）

[205] "生成" "結" "長"亦-na-, -ne-。

arsu-fi suihe-ne-ra-kv-ngge bi,

萌發-**順** 穗-生-**未-否-名** 存在.**現**

苗而不秀者有矣夫,

suihe-ne-fi faha-na-ra-kv-ngge bi.

穗-生-**順** 核兒-生-**未-否-名** 存在.**現**

秀而不實者有矣夫。（50a6）

[206] “大家”“彼此”“一齊”説，腰插-ndu-, -nu, qa-, qe-, qo-。

donji-ha-la urse huwekiye-ndu-me yende-nu-ra-kv-ngge akv.

聽説-**完**-所有 衆人 振奮-互相-**并** 興奮-互相-**未-否-名** 否

聞者莫不興起也。

feniyele-fi omi-qa-ra, aqa-fi jiha efi-mbi.

群聚-**順** 喝酒-一起-**未** 相聚-**順** 錢 玩耍-**現**

群飲聚博。

xuntuhuni feniyele-fi te-qe-mbi.

整日 群聚-**順** 坐-一起-**現**

群居終日。

bou-i dolo ishunde songgo-qo-ro be, eigen sa-r-kv.

房子-**屬** 在裏面 互相 哭泣-一起-**未** **賓** 丈夫 知道-**未-否**

相泣於中庭，而良人未知之也。

[-ndu-, -nu-字可通用。]（50b1-3）

[207] -xa-, -xe-, -ta-, -da-, -te- 與 -de-, -to-, -do-, -la-, -le-, -lo-, -mi-, -je-, -ra-, -re-, -ro-, -niye-, -kiya-, -giya-, -hiya-, -kiye-, -hiye-, 插腰“待用”格，破了本體加腰-mbi自爲體用字虚活。

-xa-

mangga, manggaxa-mbi.

困難 爲難-**現**

難。 爲難。

-xe-uru. uruxe-mbi.

是（非） 贊同-現

是。 是之也。

-ta-

dasan. dasata-mbi.

政治 統治-現

治。 修治。

-da-

arga. argada-mbi.

計謀 用計謀-現

計策。 用計。

-te-

niyeqe-mbi. niyeqete-mbi.

修補-現 估補-現

補。 估補。

-de-

heulen, heulede-mbi.

懈怠 懈怠-現

怠。 懈怠。

-to-

holo. holoto-mbi.

虛假的 撒謊-現

假/謊。虛假/撒謊。

-domoqo. moqodo-mbi.

愚鈍 顯得愚鈍-現

愚 拙。 拙 笨 兒。

-la-

xusiha. xusihala-mbi.

鞭子 抽鞭子-現

鞭 子。 打 鞭 子。

-le-

iletu. iletule-mbi.

明顯的 顯露出-現

顯 露。顯 露 出 來。

-lo-

songko. songkolo-mbi.

痕迹 依照-現

依 / 照。 仿 照。

-mi-

bolgo. bolgomi-mbi.

乾净 齋戒-現

清 / 净。 齋 戒。

-je-

urgun. urgunje-mbi.

歡喜 高興-現

喜。 喜 歡。

-ranikan. nikara-mbi.

漢族 說漢語-**現**

漢。 說 漢 話。

-re-

gisun. gisure-mbi.

話語 說話-**現**

話。 說 話。

-ro-

monggo. monggoro-mbi.

蒙古族 說蒙古語-**現**

蒙 古。 效 蒙 古。

-niye-

ekiyen. ekiyeniye-mbi.

缺損 損害-**現**

缺。 損 之 也/損 耗。

-kiya-

aliyaqun. aliyakiya-mbi.

等待 等候-**現**

等 候。 且 走 且 等。

-giya-

bodo-mbi. bodonggiya-mbi.

計算-**現** 暗自盤算-**現**

算 計。 自 言 自 語 算 計。

-hiyadasi-mbi. dasihiya-mbi.

遮蓋-**現** 撣塵-**現**

蒙 蓋。 撣 拂 灰 塵。

-kiye-

sesula-mbi. sesukiye-mbi.

吃驚-**現** 打寒戰-**現**

吃 驚。 打 冷 戰。

-hiye-

neqin. neqihiye-mbi.

平整 平定-**現**

平。 平 撫。（50b4-51b5）

[208] -xa-, -xo-, qe-, -ja-, -je-, -jo"微略""頻頻""不定"格。

-xa-

xusiha, xusihaxa-mbi.

鞭子 亂打鞭子-**現**

鞭 子。 亂 打 鞭 子。

-xo-

hengkile-mbi, hengkixe-mbi.

磕頭-**現** 連叩-**現**

磕 頭。 連 叩。

jobolon, joboxo-mbi.

憂 憂愁-**現**

憂/愁。 憂 戚/憂 愁。

-qedurge-mbi. durgeqe-mbi.

震動-**現** 震動不止-**現**

震動。 震動不止。

-ja-

suwaliya. suwaliyaganja-mbi.

攙合.**命** 攙合之-**現**

凡物令攙合處。 共一處攙合之。

-je-

ere-mbi. erehunje-mbi.

盼望-**現** 盼望不休-**現**

盼望。 盼望不休。

-jo-

golo-mbi. golo-hojo-mbi.

害怕-**現** 小兒睡驚-**現**

忽然驚怕。 小兒睡着一驚一驚。（51b6-52a4）

[209] -ja-, -je-, -jo是"自損壞"，與前人力不同科。

abtaja-mbi, efuje-mbi, fondojo-mbi.

自行脱落-**現** 自行破損-**現** 透出眼孔-**現**

自脱落。 自破壞。 透出眼孔。（52a5-6）

[210] 又有疊插三二者，神情口氣始包羅。

urgun, urgunje-mbi, urgunje-ndu-mbi, urgunje-ndu-he-bi.

高興 高興-**現** 高興-一起-**現** 高興-一起-**完**-**現**

喜。 喜歡。 衆喜。 大衆喜歡了，共喜矣。

xvn holto-me urgunje-he-bi-u?

舜 假裝-**并** 高興-**完**-**現**-**疑**

舜僞喜者與?

abka-i fejergi-ngge ambula urgunje-ndu-he.

天-**屬** 下-**名** 很 高興-一起-**完**

天下大説。

jiramin ningge be, nekeliyele-ne-qi,

厚的 **名** **賓** 弄薄-去-**條**

其所厚者薄,

nekeliyen ningge, jiramila-nji-re, kouli akv.

薄的 **名** 弄厚-來-**未** 道理 **否**

而其所薄者厚,未之有也。

emu juxuru ba se-me, tere-i ejele-he-kv-ngge akv,

一 尺 地 説-并 他-**屬** 佔據-**完**-**否**-**名** **否**

尺地莫非其有也,

emu irgen se-me, tere-i ahantu-ha-kv-ngge akv.

一 民 説-并 他-**屬** 奴役-**完**-**否**-**名** **否**

民莫非其臣也。

ejele-mbi, ahatu-mbi.

佔據-**現** 奴役-**現**

專主/佔據 如奴僕一樣差使。(52b1-6)

[211] 實死字作破"虛活"。

[破體爲用,變實爲虛。如nirugan nirumbi畫畫、aga aga-mbi雨雨。]

aga, aga-mbi.

雨 下雨-**現**

雨。 下 雨。

bono. bono-mbi.

雹 下雹-**現**

雹。 下 雹。

talkiyan. talkiya-mbi.

閃电 打閃-**現**

閃。打 閃。

jijun. jiju-mbi.

道兒 画道兒-**現**

畫/爻。 畫 道 子。

hefeli. hefeli-mbi.

肚子 揣着-**現**

肚子。 揣 之/懷 之。（53a1-3）

[212] 虛字加照作“實格”。

[seme, -qibe, gojime虛雖字，加udu則實。bade虛還字，加hono則實。-qi, oqi, -hade, -hede, ohode, de虛則字、若是字，加aikabade, aika, unenggi則實。-rahv, ayou虛恐字，加olhoxo則實。dere, aise疑辭虛口氣，加ainqi則實。ni嘆想虛口氣，加adarame, ainahai, ainu則實。-tala, -tele, -tolo虛直到字，加-i字則實。-la, -le, ele凡所虛字，加yaya, bireme則實。bihe來著口氣，加daqi, seibeni則實。-ndu-, -nu-, -qa-, -qe-, -qo-彼此、同、共、衆虛口氣，加geren, gemu, sasa, ishunde則實。biqi, bihe倘曾追敘虛口氣，加aikabade, aika, unenggi則實。]（53a4-53b2）

[213] -kan, -kon, -ken“些須”與“略薄”。

labdu-kan. onggolo-kon. iletu-ken.

多-略 以前-略 明顯-略

微多。 以前些。 略顯明。

qi gurun em-geri kvbulikan de,

齊 國 一-次 變化 **位**

齊一變,

lu gurun de ada-na-qi o-mbi;

魯 國 **與** 見-去-**條** 可以-**現**

至於魯;

lu gurun em-geri kvbulikan de,

魯 國 一-次 變化 **位**

魯一變,

doro de ada-na-qi o-mbi.

道 **與** 見-去-**條** 可以-**現**

至於道。（53b3-5）

[214] “著点”“著些”亦是他。

niyarhvkan. eshuken. komsokon.

新鮮-略 生-略 少-略

略新鮮些。 微生点兒。 略少着些兒。

urunakv ulin be fulu-kan[多着些] funqe-bu-he manggi,

一定 財貨 **賓** 多-略 餘下-**使**-**完** 之後

必留有餘之財,

teni erin akv baitala-ra de aqabu-qi o-mbi.

纔 時間 **否** 用-**未** **與** 見-**使**-**條** 可以-**現**

而後可供不時之用。

ere uthai, gvwa ini ahvn -i gala be muri-re de,
這 就 别的 他.屬 兄 屬 手 賓 扭轉-未 位

是猶或紾其兄之臂,

si elhe-ken elhe-ken[慢慢的些]oso se-me hendu-re adali.
你 緩慢-略 緩慢-略 成爲.命 説-并 説-未 一樣

子謂之姑徐徐云爾。(53b6-54a3)

[215] 三字下再加-i字,“重上”之辭定不訛。

labdu-kan -i. onggolo-kon -i. iletu-ken -i.
多-略 工 以前-略 工 明顯-略 工

多多的。 少少的。 明明的。

erde ili-fi,
早晨 起床-順

蚤起,

eigen -i gene-re iqi be jendu-ken -i[悄悄的] dahala-mbi.
丈夫 屬 去-未 方向 賓 暗暗的 工 跟著-現

施從良人之所之。

te, bi agu sinde getuken -i[明明白白的] ala-ra.
現在 我 先生 你.與 明白的 工 告訴-未

坐我明告子。(54a4-6)

[216] -meliyan, -kasi, -si, -liyan字,-shvn, -shun微略格。

exe-meliyan. ambaka-si. uhuke-liyan.
斜-略 大-略 軟-略

略斜。大些的。略軟些。

ajige-si. aibi-shvn. nenggere-shvn.

小-略 腫-略 支擱-略

小些的。微腫。略支擱。

bi ainahai tere buya-ka-si haha-i adali.

我 未必 那 卑微-略-略 男人-**屬** 一樣

吾豈若是小丈夫然哉。

wang inje-meliyan gisure-ra-kv.

王 笑-**弱** 説-**未-否**

王笑而不言。（54b1-3）

[217] -huri, -hvri, -hun, -hvn, -pi字等，都是形容狀兒説。

tere-i sehehuri sehehuri be ume tuwaxata-ra.

他-**屬** 巍峨 巍峨 **賓** 不要 監看-**未**

勿視其巍巍然。

anduhvri anduhvri, duyen duyen.

冷清 冷清 寡情 寡情

踽踽涼涼。

munahvn kejine o-fi hendu-me,

悵然 許久 成爲-**順** 説-**并**

憮然爲閑曰：

fuhun fuhun o-ho.

暴怒 暴怒 成爲-**完**

悖悖然。

elde-pi elde-pi xu o-ho-bi.

發光-**延** 發光-**延** 文 成爲-**完-現**

郁郁乎文哉。（54b4-6）

[218] 不是清文變化多，題式由來無定格。譬諸瞽者隨明杖，宜避宜趨自選擇。

[前輩云：翻譯之隨漢文，猶瞽者之隨明杖，此喻最爲切當。蓋路之紆迴曲直，塗之泥水坑坎，原無板定。瞽者無所覩，而平夷者趨之。危險者避之者，端賴杖明而擇審也。翻譯之道如之，漢文千變，滿文亦千變，是漢文有定法而無定格，滿文有成規而無成見。]（55a1-4）

[219] 細文先當粗文解，由粗再作口頭說。段落不清氣不順，信口粗言再揣摩。每逢者也之乎矣，便作呢呀咧罷麽。真脉自出得把握，審題此外别無他。

[吾輩平日所讀之書，即當日聖賢所説之話，説話時，原與我等無異，記載成書不能不文耳。書内之乎者也矣，即當日呢呀咧罷麽也。假如當日微生高有直名，一日人來尋醋，他不説他没有，轉望街坊尋來給了。是他拿著人家的東西，他去討好，如何算得直人。因此夫子説："誰説微生高是直人？有人尋醋，他向街坊尋來給了。"記事者書曰："孰謂微生高直，或乞醯焉，乞諸其鄰而與之。"又如"非諸侯而何"，乃翻曰goloi beise waka oqi ai，即不是諸侯是什麽。"而非邦也者"乃翻曰gurun waka oqi ai，即不是國是什麽。再如"如追放豚，既入其苙，又從而招之"乃翻曰turibuhe ulgiyan be gajifi, horho de horiha bime, geli huthure adali kai，即是彷彿把跑脱了的猪拿來了，圈在圈裏，而且又綁上一樣啊。學者當本著書上字句，仿著當日神情，自然無微不顯，翻之何難？如段落不清，口氣

不順，再讀文，再粗解，再口頭，則脉絡出焉。解題至此，別無他道。]（55a5-56a3）

[220] 翻法先從變法學，“减增”“取意”“倒装”著。正法之中常寓變，“本地風光”亦變格。

[翻文之法雖多，不出正變二法之外。如題意平順，切定本地風光，逐字翻之，即能意透辭明者，正法也。如有有餘者，减之，不足者，增之。文意不合，口氣不順者，或取意，或倒装，變法也。然本地風光，在時勢上分別，亦變法也。是正法之中，多寓變法。]（56a4-56b1）

[221] “本地風光”要辨白，“曰”字不僅hendume。

you han -i hese[旨也].

堯 罕王 **屬** 旨意

堯曰。

u wang ni hese[旨也].

武 王 **屬** 旨意

武王曰。

dosi-fi fonji-me[問也], be i, xu qi antaka niyalma.

進入-**順** 問-**并** 伯夷 叔 齊 什麽樣的 人

入曰：“伯夷叔齊何人也？”

kungzi jabu-me[答也], dorolon be sa-mbi.

孔子 回答-**并** 禮 **賓** 知道-**現**

孔子曰：“知禮。”

fuzi henduhe-ngge[引述],

孔子 説-**完**-**名**

子曰：

doro yabu-ra-kv o-ho ni-kai se-he-bi[經典].

到 行-未-否 成爲-完 呢-啊 説-完-現

“道其不行矣夫。”

gung si hvwa hendu-me,

公 西 華 説-并

公西華曰：

iu donji-me uthai yabu-mbi-u se-me fonji-ha de?

由 聽説-并 就 行-現-疑 説-并 問-完 位

“由也問：‘聞斯行諸？’

fuzi ama ahvn bi-kai se-he[述時語].

夫子 父 兄 存在.現-啊 説-完

子曰：‘有父兄在。’

kiu donji-me uthai yabu-mbi-u se-me fonji-ha de?

求 聽説-并 就 行-現-疑 説-并 問-完 位

求也問：‘聞斯行之？’

fuzi donji-me uthai yabu se-he[曰].

夫子 聽説-并 就 行.命 説-完

子曰：‘聞斯行之。’”

ini gisun ete-ra-kv be ete-re adali tuwa-mbi.

他.屬 話語 勝利-未-否 賓 勝利-未 一樣 看-現

曰：“視不勝猶勝也。”

[語終托以sehebi字。]（56b2-57a1）

[222] “兄弟”須分稱那位。

lu gurun wei gurun -i dasan, yala ahvn deu[同姓諸侯] kai.
鲁 國 衛 國 **屬** 政治 真的 兄 弟 啊
鲁衛之政，兄弟也。

mi zi -i sargan, zi lu -i sargan, eyun non[姊妹也] o-mbi.
彌 子 **屬** 妻子 子 路 **屬** 妻子 姐 妹 成爲-**現**
彌子之妻與子路之妻兄弟也。（57a2-3）

[223] “先生”要看謂誰何。

ungga[長輩也] sade ulebu-mbi.
長輩 們-**與** 款待-**現**
先生饌。

sefu[師也], ai turgun-de ere gisun tuqi-mbi?
師父 什麽 緣故-**位** 這 話 出來-**現**
先生何爲出此言也?

agu[平稱也] absi gene-mbi?
先生 往哪裏 去-**現**
先生將何之?

ming dou siyan xeng.
明 道 先 生
明道先生。

[泛稱文人學士。]（57a4-5）

[224] eme, eniye俱是“母”。

ama eme-i[非當面稱] mujilen.
父 母-**屬** 心
父母之心。

qalu qahin ama eniye-i-ngge.

倉 廩 父 母-屬-名

倉廩父母。

[當面稱呼]。（57a6）

[225] agu age總稱“哥”。

[兄稱，書中用agu又叟稱，先生之稱。兄稱，口稱用age又皇子。]（57b1）

[226] qimari定指“明日”否？

jai inenggi[遇文人答], zi lu ji-fi ala-ha.

第二 天 子 路 來-順 告訴-完

明日子路行以告。

jai inenggi[問陳第二天] uthai jura-ka.

第二 天 就 出發-現

明日遂行。（57b2）

[227] seibeni都翻“昔者”麽？

seibeni[昔者]mini guqu.

昔者 我.屬 朋友

昔者吾友。

si ji-fi udu inenggi o-ho. hendu-me, qananggi[前日也].

你 來-順 幾 天 成爲-完 説-并 前天

子來幾日矣，曰昔者。

sikse[昨日也] nime-mbihe, enenggi yebe o-ho.

昨天 生病-過 今天 略好 成爲-完

昔者疾，今日愈。（57b3-4）

[228] “有”“曾”稱“子”因何也?

leulen gisuren bithe,

論 語 書

《論語》之書,

iuzi, zengzi[聯寫尊稱也] -i xabi-sa-i xangga-bu-ha-ngge o-fi,

有子 曾子 **屬** 弟子-**複**-**屬** 成果-**使**-**完**-**名** 成爲-**順**

成於有子曾子之門人,

tuttu ere bithe-de,

那樣 這 書-**位**

故其書,

qeni juwe nofi be teile zi se-me tukiye-he-bi.

他們.**屬** 二 個(人) **賓** 僅僅 子 説-**并** 抬舉-**完**-**現**

獨二子以子稱。(57b5-6)

[229] “舜”“紂”非“han”爲甚麽?

xvn you[未得位時] han de aisila-mbi.

舜 堯 罕王 **與** 幫助-**現**

舜相堯。

iui, xvn han[已得位時] de aisila-mbi.

禹 舜 罕王 **與** 幫助-**現**

禹相舜。

juu han[已得位時] -i beye de isi-nji-fi,

紂 罕王 **屬** 自己 **與** 到-來-**順**

及紂之身,

abka-i fejergi geli ambula faquhvn o-ho.

天-**屬** 下 又 大 混亂的 成爲-**完**

天 下 又 大 亂。

emhun haha, juu[失位時] be wa-ha se-re donji-ha.

單獨的 男人 紂 賓 殺-完 説-未 聽説-完

聞 誅 一 夫 紂 矣。（58a1-3）

[230] “古者酒”無arki，“今時酒”却有nure。

[貼切之字雖多，但得其道極易，不得其道極難。道者何？理也。無成章，無定法，惟在用之者。神而明之，故曰：“本地風光”，亦變格也。]（58a4-5）

[231] 漢文足滿又圓和，翻時嫌欠或嫌多。

[漢文，有詳略之法，滿文亦有之。漢文法在空處傳神，使人會意，故雖略而不嫌欠。滿文法在空處補神，使人豁目，故雖增而不嫌多。漢文每用襯墊，襯墊則調響。滿文每用擇脱，擇脱則神清，俱能令文氣足滿圓和，而不露減增痕迹。是詳略之法同，而所以爲法異也。人或將漢文看得極難，滿文看得極易，彼不但不知滿文之妙，而漢文之妙亦不知也。嘗見人自書一篇議論，或節取幾段文章，乍觀之似乎通順，至一翻，則疵累生焉。由此觀之，滿文之法，尤嚴於漢文，吾輩不可不知也。假今一題入手，詳其文氣滿足圓和，必以爲尋常鋪叙已也。孰意翻時，始見非多即欠，故設減增之法。]（58a6-58b6）

[232] 神氣不足當補綴。

udu baitala-ra-kv o-ki se-he se-me

雖然 用-未-否 成爲-祈 助-完 説-并

雖 欲 勿 用，

alin bira -i enduri[補“神”字] tere-be hata-mbihe-u?

山 河 屬 神 他-賓 厭惡-過-疑

山川其舍諸?

tulergi aiman ejen bi-sire be sa-ra ba-de[補“尚且”字],

外面的 部落 君主 存在-**未** **賓** 知道-**未** 地方-**位**

夷狄之有君,

tulimbai gurun -i elemangga[補“反倒”字]

中-**屬** 國 **屬** 反而

akv -i gese adali[補“似的”字] akv kai.

否 **屬** 一樣 一樣 **否** 啊

不如諸夏之亡也。

sa-ra-ngge be sa-mbi se[補“令説”字],

知道-**未-名** **賓** 知道-**現** 説.**命**

知之爲知之,

sa-r-kv-ngge be sa-r-kv se[補“令説”字],

知道-**未-否-名** **賓** 知道-**未-否** 説.**命**

不知爲不知,

ere uthai sarasu kai.

這 就 知識 啊

是知也。

tere-i yabun be tuwa-ra, tere-i deribun be qinqila-ra,

他.**屬** 行爲 **賓** 看-**未** 他.**屬** 由來 **賓** 詳查-**未**

視其所以,觀其所由,

tere-i sulfangga be kimqi-re o-ho-de[補轉文],

他.**屬** 安逸 **賓** 慎查-**未** 成爲-**完-位**

察其所安,

niyalma adarame dalda-mbi-ni?

人 怎麼 隱瞞-現-呢

人焉廋哉?

gosin jurgan yaksi-me si-bu-qi,

仁 義 關閉-并 阻塞-被-條

仁義充塞,

gurgu ba yarhvda-me niyalma be ulebu-mbi

獸 賓 引導-并 人 賓 餵食-現

se-re anggala[補"不但"字],

説-未 不但

則率獸食人,

niyalma ishunde je-ndu-re isi-ka.

人 互相 吃-互相-未 到達-完

人將相食。

damu yekengge niyalma,

但是 偉大的 人

ejen -i mujilen -i waka be tuwanqihiya-me mute-re be

君主 屬 心 屬 不是 賓 端正-并 能-未 賓

oyonggo[補"爲要"字] o-bu-ha-bi,

重要的 成爲-使-完-現

惟大人爲能格君心之非,

tere-i amala teni dulimba-i gurun de ji-fi,

那-屬 之後 纔 中-屬 國 與 來-順

然後之中國,

abka-i jui -i sourin de tehebi.
天-屬 子 屬 位置 與 坐-完-現
踐天子位焉。

aika jaila-ha-kv[補“若不避就”字] uthai you han -i
如果 避開-完-否 就 堯 罕王 屬
gurung de te-re,
宮 與 坐-未
而居堯之宮，

you han -i jui be hafira-ra o-qi, tere duri-he-ngge dabala.
堯 罕王 屬 子 賓 逼迫-未 成爲-條 他 奪取-完-名 罷了
逼堯之子，是篡也。（59a1-59b4）

[233] 辭情太贅要擇脱。

jurjun toniu efi-re-ngge akv-n, tere tere-qi yebe dere.
雙陸 圍棋 玩-未-名 否-疑 他 他-從 好 罷了
不有博弈者乎，爲之[擇脱]猶賢乎矣。

gurun bou de fafun ili-bu-ha-ngge,
國 家 位 法律 樹立-使-完-名
朝廷立法之意[擇脱]，

qouhome irgen -i balai yabu-re be naka-fi,
特意地 民 屬 胡亂地 做事-未 賓 停止-順
無非禁民爲非，

yarhvda-me sain be yabu-kini se-mbi.
引導-并 好 賓 走-祈 助-現
導民[擇脱]爲善。（59b5-60a1）

[234] 鬆處加楔不見縫。

dahv-qi, uthai[加楔] o-mbi-kai.

重複-**條** 就 可以-**現**-啊

再，斯可矣。

muke se-re[加楔] jaka.

水 叫做-**未** 東西

流水之爲物也。

bi urunakv gosin akv,

我 一定 仁 **否**

我必不仁也，

urunakv dorolon akv ba-bi dere[加楔],

一定 禮 否 地方-存在.**現** 罷了

必無禮也，

akv o-qi[加楔] ere gese-ngge ainu ijishvn ni?

否-屬 成爲-**條** 這 一樣-**名** 爲什麼 順 呢

此物奚宜至哉？

[與補綴小異]（60a2-4）

[235] 肥時削榫始合格。

julge-i fon-de,

古-**屬** 時候-**位**

古者，

bou-de o-qi urebukv gaxan de o-qi hvwaxabukv,

家-**位** 成爲-**條** 塾 村 **位** 成爲-**條** 庠

家有[削]塾，黨有[削]庠，

jeu de o-qi mutebukv,

州 位 成爲-條 序

州有[削]序，

gurun de o-qi taqikv bi-he-bi[四榫合一格].

國 位 成爲-條 學 存在-完-現

國有[削]學。

houxungga oso, senggime oso se-fi, [三榫合一格]

孝順的 成爲.命 友愛 成爲.命 説-順

曰[削]孝 曰[削]友，

geli hvwaliyasun oso se-he-bi.

又 和睦 成爲.命 説-完-現

而 繼 曰[削]睦。

[與擇脱小異]（60a5-60b1）

[236] 前法不通惟泥漢，不成刻鵠定足蛇。

[宜補不補失神氣，刻鵠類鶩。宜減不減如贅瘤，畫蛇添足，皆泥漢之故。]（60b2-3）

[237] 正法雖宜防變格，亦休臆造妄搜羅。鈎深平地千重坎，索隱安瀾萬丈波。虛實抑揚隨彼式，正直反側順原轍。但當詳慎得之矣，太過不及恐覆車。

[正翻者，一大法也，其中不免隱伏他義，故正法固當詳慎，不宜輕易，然過猶不及，斷不可自逞臆造，索隱鈎深，致坑坎波瀾，令人厭棄。嘗見一等好奇人，以《聖諭廣訓》、“四書”、“五經”、《古文淵鑒》諸書爲平淡，遍覽怪異閑文，以其與性分相近也，久而合一，便遇常題，亦必立異翻新，而自以爲得

意，孰知令人不解。]（60b4-61a3）

[238] 逐字直翻義扞格，捨詞取意却明白。但能達義則可矣，吹求太過反穿鑿。

[宜取意者，多係典故堆壘之文。正翻之不明，不翻則不可。宜虚攏全神，毫無遺義，使理明辭暢。字省目豁，方爲老手。如不用成語，妄施小巧，意近燈謎，斯道大忌。]

qohome duin mederi uyun jeu -i geren irgen be taifin -i
特地 四 海 九 州 **屬** 衆位 人民 **賓** 太平 **工**

banji-kini se-mbi.
生活-**祈** **助-現**

誠欲使四海九州閭閻安堵。

adaki bou baita ufara-qi, fuhali dalja-kv o-bu-fi tuwa-mbi.
鄰居 家 事情 失-**條** 竟然 相關-**否** 成爲-**使-順** 看待-**現**

鄰舍失事，竟有如秦越之相視。

meni meni yada-ra teisu be tuwakiya-me elehun -i tu-qi-me
各自 各自 貧窮-**未** 本分 **賓** 守護-**并** 從容 **工** 出去-**并**

dosi-me,
進入-**并**

使蓬門蓽户出入優游，

baita akv taifin -i banji-re hvturi be ali-kini se-mbi.
事情 **否** 太平 **工** 生活-**未** 福氣 **賓** 接受-**祈** **助-現**

共享太平無事之福。

julge-i doro ufara-bu-ha be daha-me,
古-**屬** 道 失去-**被-完** **賓** 按照-**并**

古道之不存，

gurun -i fafun de guwe-bu-ra-kv kai.

國 **屬** 法律 **與** 免取-**被**-**未**-**否** 啊

即爲國典所不恕。

antaha isa-ha de isingga-i omi-bu-mbi.

客人 聚集-**完** **位** 足够的-**工** 喝-**使**-**現**

斗酒娱賓。（61a4-61b5）

[239] 正法翻之氣不合，便當變換倒裝著。

abka-i fejergi, jin gurun qi etenggi-ngge akv.

天-**屬** 下 晋 國 **從** 强横-**名** 否

晋國天下莫强焉。

feng fu jin gurun -i niyalma,

馮 婦 晋 國 **屬** 人

晋人有馮婦者，

kimun de sijirhvn -i karula-mbi.

仇恨 **與** 正直 **工** 回報-**現**

以直報怨，

erdemu de erdemu -i karula-mbi.

德 **與** 德 **工** 回報-**現**

以德報德。

nomhon sain niyalma,

質樸的 好 人

kemuni jalingga koimali balai hergi-me yabu-re

尚且 奸詐 狡猾 胡亂 流竄-**并** 走-**未**

urse de uxata-bu-re be sa-qi o-mbi.

衆人 被 牽扯-被-條 賓 知道-條 可以-現

可知奸滑浮蕩之流皆足爲善良之累。（61b6-62a3）

[240] 字法亦有“倒裝”者，“避似”“合拍”順不得。

bithe-i jurgan -i adali[同] enqu[異],

書-屬 義 屬 一樣 不同

文義之異同，

gvnin iqi -i xumin[深] miqihiyan[淺],

思想 順著 屬 深 淺

意旨之淺深，

gisun mudan -i ujen[重] weihuken[輕],

話語 聲音 屬 重 輕

語氣之輕重，

amba[大] ajige[小] songkolo-ho-bi.

大 小 依照-完-現

小大由之。

juse[避以]sargan be uji-mbi.

孩子們 妻子 賓 養-現

畜妻子。（62a4-6）

[241] 翻譯先從“用字”學，“虛”“實”“體”“用”要明白。“整字”爲“骨”“實”“體”死。

Irgen. gosin.

民 仁

民。 仁。

[此二字，整字也，實字也，死字也，爲骨，爲體。]（62b1-2）

[242] “破字”爲“筋”“虛”“用”“活”。

uji-mbi. yabu-mbi.

養-現 行-現

養。 行。

[此二字，破字也，虛字也，活字也，爲筋，爲用。]（62b3）

[243] 破接整字筋連骨。

irgen be uji-mbi. gosin be yabu-mbi.

民 賓 養-現 仁 賓 行-現

養民。 行仁。（62b4）

[244] 整字接破骨連著。

irgen[整骨] be uji-re[破筋] doro[整骨].

民 賓 養-現 道

養民之道。

gosin[整骨] be yabu-re[破筋] fulehe[整骨].

仁 賓 行-現 本

行仁之本。（62b5）

[245] 氣長骨密如瓔珞，次第節節串貫説。

touse miyalin be qirala-ra[一節],

權 量 賓 嚴行-未

謹權量，

fafun kouli be kimqi-re[一節],

法律 制度 賓 慎查-未

審法度，

waliya-bu-ha hafa-sa be tuwanqihiya-ra[一節] jakade,

廢棄-被-完 官員-複 賓 修正-未 之時

修廢官,

duin ergi -i dasan yabu-ha-bi.

四 方 屬 行政 行-完-現

四方之政行焉。

mukiye-he gurun be yende-bu-re[一節],

滅亡-完 國 賓 興盛-使-未

興滅國,

lakqa-ha jalan be sira-bu-re[一節],

斷絶-完 世代 賓 延續-使-未

繼絶世,

sula irgen be tukiye-re[一節] jakade,

閑散的人民 賓 推舉-未 之時

舉逸民,

abka-i fejergi -i irgen mujilen daha-ha-bi.

天-屬 下 屬 民 心 跟隨-完-現

天下之民歸心焉。(62b6-63a3)

[246] 大者周身小一處,骨硬筋綿任曲折。

[身之俯仰屈伸,筋骨之用也,用而不當,致氣滯血凝,則成廢疾矣。](63a4-5)

[247] 筋者-i, ni, -ra, -re, -ro, -ka, -ha, -ke, -he, ko與 -ho, de, be, -qi, -fi, -me是也,十六個字用時多。

[此十六字,俱是接上連下緊要字眼。無處不有,無話不用,將

無數清語聯綴成文。賴有此耳，故前輩云："骨非筋不立，筋非骨不連。"比之爲筋，至爲切當。]（63a6-63b2）

[248] 或云針綫成衣物，直殺無他縫不合。

[或云："翻文如成衣，單話如布帛。"十六字如綫索，去破字之-mbi而以此聯之，如針貫綫矣。其直幅，殺縫，有不聯綴成衣者乎？此比尤易明白。倘de, be, -i, qi字上，遇整字而單用者，義同。]

bira-i[的] ebergi ba yuyu-qi[若],
河-**屬** 這邊 地方 饑饉-**條**

河 内 凶，

uba-i[的] irgen be[把] bira-i[的] dergi ba-de[於]
這里-**屬** 人民 **賓** 河-**屬** 東方 地方-**與**

guri-bu-me[平接],
遷移-**使-并**

則 移 其 民 於 河 東，

tuba-i[的] jeku be[把] bira-i[的] ebergi ba-de[於]
那裹-**屬** 糧食 **賓** 河-**屬** 這邊 地方-**與**

guri-bu-he[了].
遷移-**使-完**

移 其 粟 於 河 内。

guqu-se bi-fi[了] goro ba-qi[自] ji-qi[若], inu sebjen waka-u?
朋友-**複** 存在-**順** 遠 地方-**從** 來-**條** 也 快樂 不是-**疑**

有 朋 自 遠 方 來，不 亦 樂 乎？（63b3-64a1）

[249] 自頂至腰腰至踵，油沈於酒水全托。

[此節言氣脉起駐也，劈頭一喝，短或一二字，長或十數句不等。至語完氣駐處，必有承上字束之。是自顶至腰爲上半截，或用本字起下，或另用他字斡旋，或不用過文，竟直煞住，以意鈎起下文作收。是自腰至踵爲下半截，方能界限分明。油沈於酒而輕於水者也，試滴油於酒中則沈，滴水中則浮，孰起孰駐。於漢文語氣求之，駐氣之道如之。]

aikabade han o-ho niyalma bi-he-de[本字爲腰],

如果 罕王 成爲-**完** 人 存在-**完**-**位**

如有王者，

urunakv jalan o-ho manggi teni gosin o-mbi.

一定 世代 成爲-**完** 之後 纔 仁 成爲-**現**

必世而後仁。

aikabade irgen de neigen isibu-me,

如果 人民 **與** 平均 到達-**使**-**并**

geren de tusa o-bu-me mute-qi, antaka [他字斡旋爲腰]?

衆人 **與** 利益 成爲-**使**-**并** 能-**條** 怎麽樣

如有博施於民而能濟衆，何如?

gosingga se-qi o-mbi-u?

仁愛的 説-**條** 可以-**現**-**疑**

可謂仁乎?

ama eme -i se be [腰], gvni-ra-kv o-qi o-jora-kv.

父 母 **屬** 年紀 **賓** 考慮-**未**-**否** 成爲-**條** 可以-**未**-**否**

父母之年，不可不知也。

taqi-re niyalma lergiyen fili akv o-qi o-jora-kv [直鈞下].

學-**未** 人 寬宏 堅毅 **否** 成爲-**條** 可以-**未**-**否**

士不可以不弘毅，

ali-ha-ngge ujen on goro o-qi kai.

承受-**完**-**名** 重 路程 遠 成爲-**條** 啊

任重而道遠。

gosin be beye-de ali-ha-bi [徑直煞住], inu ujen waka-u?

仁 **賓** 自己-**位** 承受-**完**-**現** 也 重 不-**疑**

仁以爲己任，不亦重乎？

buqe-he manggi teni naka-mbi[以意鈞下], inu goro waka-u?

死亡-**完** 之後 纔 停止-**現** 也 遠 不-**疑**

死而後已，不亦遠乎？（64a2-64b5）

[250] 照字蓋頭求應處。

duibule-qi[照], goro yabu-re de,

對比-**條** 遠 走-**未** **位**

urunakv hanqiki qi deribu-re adali[應],

一定 近處 **條** 開始-**未** **一樣**

辟如行遠必自邇，

duibule-qi[照] den be tafa-ra de,

對比-**條** 高 **賓** 攀登-**未** **位**

urunakv fangkala qi deribu-re adali[應].

一定 低矮 **條** 開始-**未** **一樣**

辟如登高必自卑。

qi gurun -i niyalma-i hendu-he gisun,

齊 國 **屬** 人-**屬** 説-**完** 話

齊人有言曰：

udu[照seme] mergen su-re bi se-me[應udu],
雖然 智慧 聰明 存在.現 雖然
“雖有智慧，
nashvn be amqa-ra de isi-ra-kv,
機會 賓 乘著-未 與 到達-未-否
不如乘勢，
udu[照seme] usin -i agv-ra bi se-me[應udu],
雖然 田地 屬 工具 存在.現 雖然
雖有鎡基，
erin be aliya-ra be isi-ra-kv se-he-bi[應henduhe gisun].
時間 賓 等待-未 與 到達-未-否 説-完-現
不如待時。”（65b6-65a4）

[251] 虛文冒下總托著。
duka dosika manggi,
大門 進入-完 之後
入門，
ibe-fi iqi ergi amban -i baru gisure-re-ngge, inu bi,
前進-順 右側 方向 大臣 屬 朝向 説話-未-名 也 存在.現
有進而與右師言者，
iqi ergi amban -i te-he ba-de gene-fi,
右側 方向 大臣 屬 坐-完 地方-與 去-順
有就右師之位，
iqi ergi amban -i baru gisure-re-ngge, inu bi.
右側 方向 大臣 屬 朝向 説話-未-名 也 存在.現

而與右師言者。

yaya abka-i fejergi,

任何 天-屬 下

gurun bou be dasa-ra de uyun enteheme bi,

國 家 賓 治理-未 位 九 永恒 存在.現

凡爲天下國家有九經,

beye-be tuwanqihiya-ra saisa be wesihule-re,

自己-賓 修正-未 賢人 賓 尊崇-未

曰:“修身也,尊賢也,

niyaman be niyamala-ra, ujula-ha amban be kundule-re,

親人 賓 親近-未 爲首-完 臣 賓 尊重-未

親親也,敬大臣也,

geren hafa-sa be gilja-ra,

衆位 臣-複 賓 原諒-未

體群臣也,

geren irgen be jui -i gese o-bu-re

衆位 人民 賓 孩子 屬 一樣 成爲-使-未

子庶民也,

tanggv faksi-sa be ji-bu-re, goroki niyalma be bilu-re,

百 工匠-複 賓 來-使-未 遠方 人 賓 撫慰-否

來百工也,柔遠人也,

golo-i beise be hefeliye-re be hendu-he-bi[冐下“曰”字].

省-屬 貝勒們 賓 懷-未 賓 說-完-現

懷諸侯[1]也。”

---

1 侯:原作“候”。

ama eme -i tokto-bu-re, jala urse-i heje-re be aliya-ra-kv.
父 母 屬 確定-使-未 媒人 人們-屬 訂婚-未 賓 等待-未-否
不待父母之命媒妁之言。
[冐下虚文直貫到底，油沈於酒亦直貫到底，二體其實一事。]
（65a5-65b6）

[252] “承接”“閑架”許多格，一個肩頭承數脚，衆步下趨求實地，-kv -kv -kvngge -ki -ki se-。

bayan wesihun se-me, dufede-bu-me mute-ra-kv,
富 貴 説-并 淫亂-使-并 能-未-否
富貴不能淫，
yadahvn fusihvn se-me, guri-bu-me mute-ra-kv,
貧 賤 説-并 移動-使-并 能-未-否
貧賤不能移，
gelequke horon se-me bukda-bu-me mute-ra-kv-ngge o-qi,
可怕的 武力 説-并 折叠-使-并 能-未-否-名 成爲-條
威武不能屈，
ere-be yekengge haha se-mbi.
這-賓 偉大的 男人 説-現
此之謂大丈夫。
ejen o-fi, ejen -i doro be akvmbu-ki,
君主 成爲-順 君主 屬 道 賓 盡-祈
欲爲君盡君道，
amban o-fi, amban -i doro be akvmbu-ki se-mbi.
臣 成爲-順 臣 屬 道 賓 盡-祈 助-現

欲爲臣盡臣道。（66a1-5）

[253] 三字并行結一穴，-ra, -re, -ro字接-rengge。

eye-re sirkede-re dufede-re ufara-ra-ngge,

流淌-**未** 糾纏不休-**未** 行淫-**未** 失去-**未**-**名**

流連荒亡，

golo-i beise de jobolon o-hobi.

省-**屬** 貝勒們 **與** 困擾 成爲-**完**-**現**

爲諸侯憂。（66a6-66b1）

[254] -ra, -re, -ro字連連用，oqi, de, be整字托。

tere-i ama ahvn be wa-ra,

他-**屬** 父 兄 **賓** 殺害-**未**

若殺其父兄，

tere-i juse deute be oljija-me hvwaita-ra,

他-**屬** 孩子們 弟-**複** **賓** 抓俘虜-**并** 捆綁-**未**

係累其子弟，

tere-i muktehen be efule-re,

他-**屬** 宗廟 **賓** 毀壞-**未**

毀其宗廟，

tere-i ujen tetun be guribu-re o-qi,

他-**屬** 重 器皿 **賓** 移動-**使**-**未** 成爲-**條**

遷其重器，

adarame o-mbi-ni?

怎麼 成爲-**現**-**呢**

如之何其可也？

zi hiya -i duka-i xabi-sa, fuse-re, eri-re, aqabu-re,
子 夏 屬 大-屬 弟子-複 灑水-未 掃地-未 應對-未

jabu-re, ibe-re, bedere-re de,
回答-未 前進-未 後退-未 位

子夏之門人小子當洒掃應對進退,

o-qi o-mbi, eiqi dube dabala.
成爲-條 可以-現 或者 末端 罷了

則可矣,抑末也。

fuse-re, eri-re, aqabu-re, jabu-re, ibe-re, bedere-re haqin
灑水-未 掃地-未 應對-未 回答-未 前進-未 後退-未 事項

dorolon,
禮

教之以洒掃應對之節,

nomun, gabtan, jafan, ara-ra, bodo-ro, xu be taqibu-mbi.
經書 射箭 駕駛 寫作-未 計算-未 文章 賓 教-現

禮樂射御書數之文。

te-bu-re uji-re be taqibu-mbi.
住-使-未 飼養-未 賓 教-現

教之樹畜。(66b2-67a1)

[255] 名山不免俗人賞。

mute-mbi-me mute-ra-kv de fonji-re[-re],
能-現-并 能-未-否 與 詢問-未

以能問於不能,

labdu bi-me, komso de fonji-re[-re],
多 存在-并 少 與 詢問-未

以多問於寡，

bi-mbi-me, akv -i adali[-li],

存在-**現**-**并** **否** **屬** 一樣

有若無，

jalu bi-me, untuhun -i adali[-li],

滿 存在-**并** 空虛 **屬** 一樣

實若虛，

neqi-he se-me, gvni-ra-kv-ngge[-ngge],

侵犯-**完** 說-**并** 想-**未**-**否**-**名**

犯而不校，

seibeni mini guqu, kemuni uttu yabu-mbihe.

昔日 我.**屬** 朋友 尚且 這樣 行事-**過**

昔者吾友，嘗從事於斯矣。

[言一-ngge字，承上二-re，二-li，一-kv字，似有雅俗共賞之象。]（67a2-5）

[256] 高阜何妨屐客過。

usin -i niyalma[niyalma], faksi-sa[sa], hvdaxa-ra,

田地 **屬** 人 工匠-**複** 貿易-**未**

maimaxa-ra urse[urse], gulu gulu nomhon o-joro be

做生意-**未** 衆人 質樸 質樸 樸實的 成爲-**未** **賓**

ufara-ra-kv o-mbi.

失去-**未**-**否** 成爲-**現**

農工商賈不失爲淳樸。

[既用niyalma字，而又用-sa字，似有著屐登之象。此二條，常中

之變體也，宜知。]（67a6-67b2）

[257]　章法“起承”與“轉合”，“理”“弊”“功”“效”論之格。

[章法雖多，無非起承轉合四字而已，而理弊功效，亦不外此。]（67b3-4）

[258]　起者渾然發議論，下文“承”應始明白，乘勢推開另一轉，繳還轉意是爲“合”。

[起首一呼，語多不足承上一應，意方周到，是承者，承住起句也。即乘上文文勢推開一轉，此所謂轉也。下文繳還轉意，此所謂合也。是合者，合住轉句也。]

ama eme -i bi-sire de, goro gene-ra-kv,

父　母　**屬**　存在-**未**　**位**　遠　去-**未**-**否**

父 母 在，不 遠 游，

gene-qi, urunakv iqi be ala-mbi.

去-**條**　一定　方向　**賓**　告訴-**現**

游 必 有 方。

doro yabu-ra-kv ni-kai, ada de te-fi mederi de aili-na-ki,

道　行-**未**-**否**　呢-啊　木筏　**位**　坐-**順**　海　**與**　躲避-去-**祈**

道 不 行，乘 桴 浮 於 海，

mimbe daha-ra-ngge, tere iu dere?

我.**賓**　跟隨-**未**-**名**　那　由　吧

從 我 者，其 由 與?（67b5-68a4）

[259]　理者於理應如此，不則即弊所失矣。誠用實功效自至，ohode順下dahame，ohode自純功至，dahame效自理中得。《聖諭廣訓》中，此法極多，但字句頗繁，不能全録，節取此條，發明ohode,

be dahame用法，欲窺全豹，請自選讀。

duibule-qi, jui o-ho niyalma, ama eme be uile-re de,

成爲-**完** 孩子 成爲-**完** 人 父 母 **賓** 侍奉-**未 位**

譬人子於父母，

delhe-fi boigon ili-bu-ha amala,

分割-**順** 家業 站立-**使**-**完** 後

分産授業以後，

urunakv suilaqun be ali-me erxe-me uji-re o-ho-de,

一定 勞苦 **賓** 承受-**并** 服侍-**并** 養-**未** 成爲-**完**-**位**

必服勞奉養，

teni jui -i doro be akvmbu-ha se-qi o-mbi.

纔 孩子 **屬** 道 **賓** 盡-**完** 説-**條** 可以-**現**

庶盡厥職。

ama eme o-ho niyalma hing se-me gosi-me tuwaxata-me

父 母 成爲-**完** 人 懇切貌 **助**-**并** 憐愛-**并** 照看-**并**

karmata-ra de,

保護-**未** **位**

乃父母恩勤顧復，

umai hvsun funqe-bu-he-kv bi-me,

并 力量 餘-**使**-**完**-否 存在-**并**

不遺餘力，

jui o-ho niyalma, elemangga ulin be qisule-me.

孩子 成爲-**完** 人 反而 財物 **賓** 私占-**并**

而爲子者自私其財。

iqangga ulebu-re be touka-bu-me,

舒適的 款待-**完** **賓** 遲誤-**使**-**并**

缺甘旨,

urgunje-bu-me uji-re be heulede-qi,

高興-**使**-**并** 養-**未** **賓** 怠慢-**條**

而違色養,

kemuni niyalma-i jui se-qi o-mbi-u?

尚且 人-**屬** 孩子 説-**條** 可以-**現**-**疑**

尚得謂之人子乎?

uttu o-fi bi dahvn dahvn -i targa-bu-me taqibu-mbi,

這樣 成爲-**順** 我 再次 再次 **工** 戒除-**使**-**并** 教諭-**現**

朕用是諄諄告誡,

mini gvnin de suweni geren qouha irgen,

我.**屬** 想法 **位** 你們.**屬** 衆人 軍 民

但願爾兵民,

dergi de o-qi, qouha gurun be gvni-re,

上 **與** 成爲-**條** 軍 國 **賓** 念及-**未**

上念軍國,

fejergi de o-qi, beye bou be gvni-re,

下 **與** 成爲-**條** 自己 家 **賓** 念及-**未**

下念身家,

tulergi de o-qi,

外面 **與** 成爲-**條**

tondo be akvmbu-re gebu be youni o-bu-re,

忠誠 **賓** 盡-**未** 名聲 **賓** 全都 成爲-**使**-**未**

外有效忠之名，

dorgi de o-qi,

裏面 **與** 成爲-**條**

sebjele-me banji-re yargiyan be baha-ra o-ho-de[上功下效],

取樂-**并** 生活-**未** 真實 **賓** 得到-**未** 成爲-**完**-**位**

内受安享之實，

hafan de suila-ra-kv yamun -i urse de jobo-ra-kv be

官員 與 勞苦-**未**-**否** 衙門 **屬** 衆人 **與** 煩勞-**未**-**否** **賓**

daha-me[得效],

跟隨-**并**

官不煩而吏不擾，

sebjen ere-qi dule-ndere-ngge bi-u?

快樂 這-**從** 超過-**未**-**名** 存在.現-**疑**

何樂如之?

suweni geren qouha irgen, xumin dobori kimqi-me seule-qi,

你們.**屬** 衆 軍 民 深 夜 慎查-**并** 思考-**條**

爾兵民清夜自思，

mini gvnin de aqa-bu-qi aqa-mbi.

我.**屬** 想法 **位** 相合-**使**-**條** 應該-**現**

其咸體朕意。（68a5-69b2）

[260] 太斷要連連要斷，集腋成裘板化活。口氣若逢藏不露，仍以粗言細揣摩。自得起承轉合位，過文可省不須多。

[如遇漢文氣脉牽連不斷，或字句破碎不連，起承轉合不得位置者，此乃過文口氣藏而不露，不是漢文實無段落也。如遇此

等文字，仍以解題口頭粗話解之，其過文口氣自然流露。太連者，以起承轉合，斷之，落之，自不露割裂痕迹，化板爲活矣。太斷者，以起承轉合，聯之，絡之，自不露攢湊痕迹，集腋成裘矣。尤要在過文用之得法，方能枝分節解，界限分明，否則不免牽混。]（69b3-70a2）

[261] 面或四眉非面目，臂如無肘不臂膊。

[此言過文可省不須多也。所謂過文者，如oqi, ofi, -hade, -hede, ohode, jakade, be dahame, tetendere, manggi, seme, bime, gojime, -qibe, seqi, sefi, biqi, bihe biqi等字是也。如面之有眉，臂之有肘，運動神情，皆賴此字。如不用過文自然界限分明者，省之可也。如宜用而不用，則如無肘之臂。如可省而不知省，可用而誤多用，則如四眉之面。昔賢云，過文虛字，如斷不可省，不得已而一用之。斷不可過下矣，不知擇挪脱卸之巧。下又用之，使神脱氣亂，則無所適從矣。]（70a3-70b1）

[262] 體例粗知舉數則，虛字抬頭使不得。

[虛字者，de, be, -i, ni, qi, kai是也。若作虛字用，斷無抬頭頂格書寫之理。若作清語，或作對音用。抬起，抬出，俱可。]（70b2-3）

[263] 下串上接宜破字，如逢整字便加o。

[聯上串下，非破字不可。如遇整字無聯寫之法，宜加o字，與破字聯寫無異。-kv字之下亦然。如akvqi, akvha乃成語，不在此例。]

gebu tob akv o-qi, gisun ijishvn akv o-mbi.
名 整 否 成爲-條 話語 順 否 成爲-現

名不正，則言不順。

amba-sa saisa gulu o-qi waji-ha, xu o-fi aina-mbi?

臣-**複** 賢人 質樸 成爲-**條** 完結-**完** 文 成爲-**順** 做什麼-**現**

君子質而已矣，何以文爲?

ki gurun, temgetu o-me mute-ra-kv o-ho.

杞 國 證據 成爲-**并** 能-**未**-**否** 成爲-**完**

杞不足徵也。

amba endebuku akv o-qi o-mbi-dere.

大的 過失 **否** 成爲-**條** 可以-**現**-**吧**

可以無大過矣。

tuttu se-me, gosin o-joro unde.

那樣 說-**并** 仁 成爲-**未** 尚未

然而未仁。

susai se o-tolo hajila-ha-bi.

五十 歲 成爲-**至** 親熱-**完**-**現**

五十而慕。

gurun be taifin okini se-qi baha-bi-u?

國 **賓** 太平 成爲-**祈** **助**-**條** 得到.**完**-**現**-**疑**

國欲治可得乎?

bi gisure-ra-kv o-ki se-mbi.

我 說-**未**-**否** 成爲-**祈** **助**-現

予欲無言。

mujilen be tob o-bu-ki se-re-ngge,

心 **賓** 正 成爲-**使**-**祈** **助**-**未**-**名**

欲 正 其 心 者，

nene-me gvnin be unenggi o-bu-mbi.

先之-**并** 心思 **賓** 真誠 成爲-**使**-**現**

先 誠 其 意。

-me, -fi, -ki, -qina, -qibe, qi, -mbi等字。-bu-, -su作使令字，-bu-在腰中作被叫字，上各加一o字用。惟-ra, -re, -ro用ojoro。-ka, -ha, -ke, -he, -ko, -ho用oho。-tala, -tele, -tolo用otolo。-rahv, ayou用ojorahv。（70b4-71a6）

[264] 形容-r, -ng, -k陰, -k阳, -b, -u叫説整下統接se-。

[如遇ar, ang, ek, ak, ab, au五個頭形容摹擬整字之下，宜加se-字。或承上文，或串下文，或作收煞。]

ler_ler se-re gese, fur_fur se-re gese.

從容貌 助-**未** 一樣 融融貌 助-**未** 一樣

申 申 如 也，天 天 如 也。

guqu gargan de, hing_hing se-mbi keb_keb se-mbi,

朋友 友人 **與** 诚恳、深切貌 **助-現** 親熱貌 **助-現**

朋 友 切 切 偲 偲，

ahv-ta deu-te de kek_kek se-mbi.

兄-**複** 弟-**複** **與** 稱心如意貌 **助-現**

兄 弟 怡 怡。

lak_lak se-mbi.

恰當貌 **助-現**

與 與 如 也。

hou_hou se-re-ngge jang kai

堂堂貌 **助-未-名** 張 啊

堂堂乎張也。

[如遇整字之下，不得承上串下帶説叫口氣者，亦加se-字。有澹臺滅明者。]

tan tai miye ming se-re[叫] niyalma bi.

澹 臺 滅 明 叫-未 人 存在.**現**

有澹臺滅明者，

aisi o-bu-ha se-me gungge se-ra-kv[説].

利 成爲-**使**-**完** 説-**并** 功 説-**未**-**否**

利之而不庸。（71b1-6）

[265] "急口""縮脚"限"文式"，宜應宜接可不着。

jabu-me mute-ra-kv fuzi hendu-me o-mbi.

回答-**并** 能-**未**-**否** 夫子 説-**并** 可以-**現**

對曰："不能。" 子曰："可也。"

急口成語也。

fuzi hendu-me ume. uttu ume.

夫子 説-**并** 不要 這樣 不要

子曰："毋。無以爲也。"

縮脚成語也。

bi mute-ra-kv se-re-ngge,

我 能-**未**-**否** 説-**未**-**名**

曰："我不能"，

tere yargiyan -i mute-ra-kv-ngge kai.

那 真的 **工** 能-**未**-**否**-**名** 啊

是誠不能也。

amura-ngge, sebjele-re-ngge de isi-ra-kv.

喜好-**名** 取樂-**未-否** **與** 到達-**未-否**

好之者不如樂之者。

[限於文式也。]（72a1-4）

[266] -ga, -ge音變惟中下。

anggasi[中]. singgeri[中]. senggime[中].

孀婦 子鼠 友愛

孀婦。 子鼠。 友愛。

gangga[下]. genggen[下]. ginggun[下].

剛 柔 敬

剛。 柔。 敬。

gosingga[下]. gebungge[下]. horonggo[下].

有仁者 有名者 有威者

有仁者。 有名者。 有威者。

giranggi[下]. gungge[下].

骨 功

骨。 功。

[中下變音讀，上不變。]（72a5-6）

[267] “彼”“此”頭分在直折。

ere tere uttu tuttu e-de te-de

這個 那個 如此 如彼 這-**位** 那-**位**

這個。那個。如此。如彼。這上頭。那上頭。

uba tuba ese tese utala tutala

這里 那里 這些人 那些人 這許多 那許多

這里。那里。這些人。那些人。這許多。那許多。

enteke tenteke ebergi qargi dosi tuqi

這樣　　那樣　　這邊　　那邊，以前　　入.**命**　　出.**命**

這 樣。　那 樣。 這 邊。 那 邊，以 前。 令 入。 令 出。

dolo　　tule　　doko　　tuku

内　　外　　裏子　　表，面子

内。　　外。　裏 子。　表，面 子。

ebsi　　qasi

往這邊.**命**　　往那邊.**命**

以 來，叫 人 前 來。 往 那 們。（72b1-5）

[268]　人地聯名遵舊制。

[凡滿洲、蒙古、新疆等處地名，有一定字樣，如喀爾喀之齊齊爾里克qiqirlik，扎薩克之扎賚特jalait，新疆之愛烏罕ai'uhan，遵書可也。惟人名與此有别。蓋往者有限，來者無窮，若盡按清語聯變之法書之，往往不得，總宜多見，自有定規。即如文英wen'ing、和容hor'ung、德安degan、德凱dek'ai、成康qengk'ang、龍兒lung'el、寶括boug'o等類是也。]（72b6-73a3）

[269]　對翻外句法成格。

han　　juwan　　xan

罕王　　十　　耳朵

帝 王。 十 數。 耳。 [清 語 也。]

han'[水名] muke juwan' iui[國名] gurun tai xan'[山名] alin

漢　　水　　顓　　臾　　國　　泰　山　　山

漢。 顓 臾。 泰 山。

[對 音 也。]（73a4-5）

[270]　體用聯之不是字，襯腰變體法極多。

[凡破字如ombi, bimbi, jimbi, jembi, bambi等字，宜收煞用。若串下，去-mbi接-ra, -re, -ro作oro, bire, jire, jere, bara則不是字矣，宜字中襯墊，作ojoro, bisire, jidere, jetere, bandara等類。几单字合清語，如si你，i他，串下接ni作sini, ini挽上作simbe, imbe轉下作sinde, inde可也。bi我，be我們，串下作bini, beni挽上作bimbe, bembe轉下作binde, bende不是字，宜變體寫。串下作mini, meni挽上作mimbe, membe轉下作minde, mende。]（73a6-73b3）

[271] 句中亦有“襯墊”者，未聞單用總連著。

[holo假也，謊也。hvlha holo盗賊也。ulin nadan財帛也，上無ulin專用nadan則七矣。bithe qagan書籍也，專用qagan成文中罕見。]（73b4-5）

[272] jembi加-bu-不是食。

[如給吃加-bu-作jebumbi無此一字，宜變寫ulebumbi。]（73b6）

[273] baha接-ha無此得。

[baha乃“得失”之“得”，整字也。若作“得了”解亦可。如既得之患失之baha manggi, ufarara de jobombi是也。若誤會爲整字“得了”，下接-ha作bahaha則非字矣。]（74a1-2）

[274] ba, pa頭上-m-常用。

amba membe ji-mbi wesimbu akvmbu-mbi

大 我們.**賓** 來-**現** 奏報.**命** 盡力-**現**

大。將我等。來。使奏。 盡。

lempen tampin we-mpi fempi

天棚 壺 化-**延** 封皮

天 棚。 壺。 化。 封 皮。（74a3-4）

[275] -ja, -te腰内-n-加多。

tuwa-na-mbi tuwa-nji-mbi uka-ka ukanju

看-去-現 看-來-現 逃-完 逃人

去 看。 來 看。 逃 了。 逃 人。

gvni-na-mbi gvninja-mbi

想-去-現 躊躇-現

意 想 到 了。 沈 思。

gisure-mbi gisure-ndu-mbi gisure-nji-mbi

説話-現 説話-互相-現 説話-來-現

説 話。 共 談。 來 説。（74a5-6）

[276] 韵無上去惟平入。

[十二個頭内，惟第一頭之-kv, bv, pv, sv, xv, lv, mv, qv, jv, yv, rv, fv等，十二字。在本頭爲平聲，在其後十一個頭内，均作入聲讀外，其餘俱作平聲。再如韵屬仄聲者，俱作平聲讀。詳見《對音字式》，但人名地物譯漢者，仍按漢字之音可也。]（74b1-3）

[277] -h-少-gan, -r-與-m-, -l。

[-gan, -r-, -m-, -l-字下之-g-俱作-h-讀，如ihan, orho, nomho, olhon等字。又不可不知。]

nirugan durugan madagan forgon jurgan qamgan xumgan

畫 譜 利息 運 義 牌樓 火罐子

畫。 譜。 利 息。 運。 義。 牌 樓。 火 罐 子。

arga falga ilgabun

計策 鄉黨 分別

計 策。 黨。 分 別。（74b4-6）

[278] 書不多讀法未盡，字如少記恰難得。大匠搔頭材料欠，良工束手準繩拙。

[書多字少，缺材料，大匠奚爲？知ki zi kuturqehe箕子爲之奴，誤用aha則不恰。monggon sampi引領，伸著脖子也。誤用meifen則大謬。字多書少，法不足，良工何補？如祇知oqi ome乃因可如此句法也。恐不知oqi ojorakv ofi乃因不如此，亦句法也。如祇知biqi bihe乃倘有、倘曾來著，指實已然句法也。恐不知biqi上加bihe爲倘有，加-kv爲倘無，且有空際設想等類，亦句法也。甚言二者并重。總之句不用成語，必攢凑，以辭害義矣。字不得合拍，必不恰，指鹿爲馬矣。]（75a1-6）

[279] 意外妙思凭己運，個中至理賴師説。

[言能與人規矩，不能使人巧也。如初學清文者，必要分清段落。口氣，虛實，照應，有力，無力，已然，未然，且讀，且記，且翻，久之功力專純，其妙自生，然不易言也。如其之一字，祇知隨地皆有，而不知隨地變遷，是以本地風光，無地不用也。]

qen heng ini[他的] ejen be bele-he-bi,

陳 恒 他.屬 君 **賓** 弑-**完**-**現**

陳 恒 弑 其 君，

tenteke[那樣]niyalma bi-qi, tenteke dasan tukiye-bu-mbi.

那樣的 人 存在-**條** 那樣的 政策 抬舉-**被**-**現**

其 人 存，則 其 政 舉。

bira-i ebergi be yuyu-qi,

河-**屬** 這邊 地方 饑饉-**條**

河内凶,

uba-i[這里的] irgen be bira-i dergi ba-de guri-bu-me,

這里-**屬** 人民 **賓** 河-**屬** 東方 地方-**與** 遷移-**使**-**并**

則移其民於河東,

tuba-i[那里的] jeku be bira-i ebergi ba-de guri-bu-ha[了].

那裏-**屬** 糧食 **賓** 河-**屬** 這邊 地方-**與** 遷移-**使**-**完**

移其粟於河内。

faksi-sa, qeni[他們的] weilen be sain o-bu-ki se-mbihe-de,

工匠-**複** 他們.**屬** 工作 **賓** 好 成爲-**使**-**祈** **助**-**過**-**位**

工欲善其事,

urunakv nene-me qeni agvra be daqun o-bu-mbi.

一定 先之-**并** 他們.**屬** 工具 **賓** 鋒利 成爲-**使**-**現**

必先利其器。

tere gurun de te-qi,

那 國 **位** 居住-**條**

居是邦也,

tere-i[虛指那里的] daifa-sa-i sai-ngge be uile-mbi,

那-**屬** 大夫-**複**-**屬** 好的-**名** **賓** 侍奉-**現**

事其大夫之賢者,

tere-i taqi-ha urse-i gosingga-ngge de guqule-mbi.

那-**屬** 學-**完** 衆人-**屬** 仁的-**名** **與** 結交-**現**

友其士之仁者。

ama bi-sire de, tere-i[虛指他的] mujin be tuwa-mbi.

父 存在-**未** **位** 他-**屬** 志向 **賓** 看-**現**

父在觀其志。

amba-sa saisa gisun de giru-me, yabun be daba-bu-mbi.

臣-**複** 賢人 話語 **與** 感到耻辱-**并** 行爲 **賓** 越過-**使**-**現**

君子耻其言而過其行。

[二其字，無所指，竟舍之。]（75b1-76a4）

[280] 來許漫言吾有隱，先生休笑我饒舌。

[集注虚字歌，乃余師全輯五之素志也。其爲歌，爲注之法，已具規模。奈老病交縈，未成一字爲憾。嘗曰："如有能成吾志者，游吾門爲不虚矣。"至臨終時，專以此事囑余。但末學庸才何敢當此？然終日惓惓，未之忘也。自髮逆倡亂，王事鞅掌，余手未展卷者三十餘年。辛巳春，授次子季中及友子數人讀。始覺向之所學，大半遺忘，餘多疑似。復檢舊業，蕩然無存。乃追憶舊聞，集成此歌，略加證注，窗下傳習而已。其不精不詳，不知凡幾，是以却付刻之請，未嘗一示於人，職是之故，非避饒舌之咎，隱而秘之也。]（76a5-76b4）

[281] 末士那堪稱著述，勉副余師之囑托。

[《指南編》，乃余友廉浦旌公之友，厚田萬公所著也。一日，萬公以此示余曰："此將次付梓者，聞子有願於斯，盍踵續以補此編之未逮？"察其辭色，頗示青眸，余讀□。文，勿論精粗；義，勿論深淺，簡明快注，誠足爲初學指南。且解字、琢句、補氣、傳神，無法不備，又可爲初學寶藏。嗚呼，以立法之良，用心之苦，造士之切，愛我之深，與余師先後同德也。附驥之心，於是乎動。惟是藉友編，以畢嚴師之志，何其幸也。辱師命，不足續益友之貂，能無歉乎？乃今不辭譾劣，以

從壽耀庭、承佩仙二子較付梓人之請者，特欲勉副師友錯愛之意耳。若夫望有補□人，恐遺譏於世，未眼□及。]（76b5-77a5）

[282] 倘蒙補闕删繁冗、正誤端，蒙幸若何？

[開蒙之難，甚於大學者，以先入之言爲主也。即如要而未言，言而□□□□非。况誤乎？余以荒廢之餘，未經就正，誠恐所失不免，倘蒙同志者大加筆削，正余誤，即所以端蒙養矣。後學幸甚，余亦深被榮施矣。]（77a6-77b2）

影印本

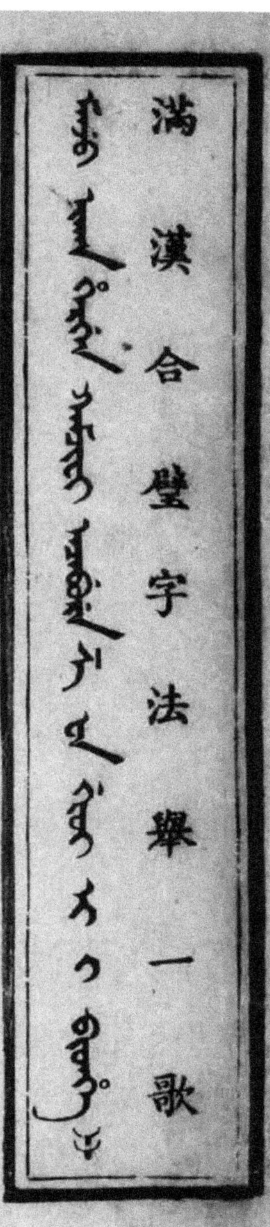
滿漢合璧字法舉一歌

燕京大學圖書館珍藏

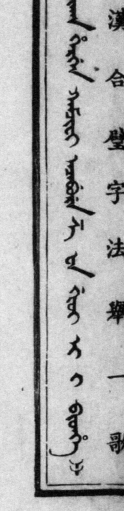

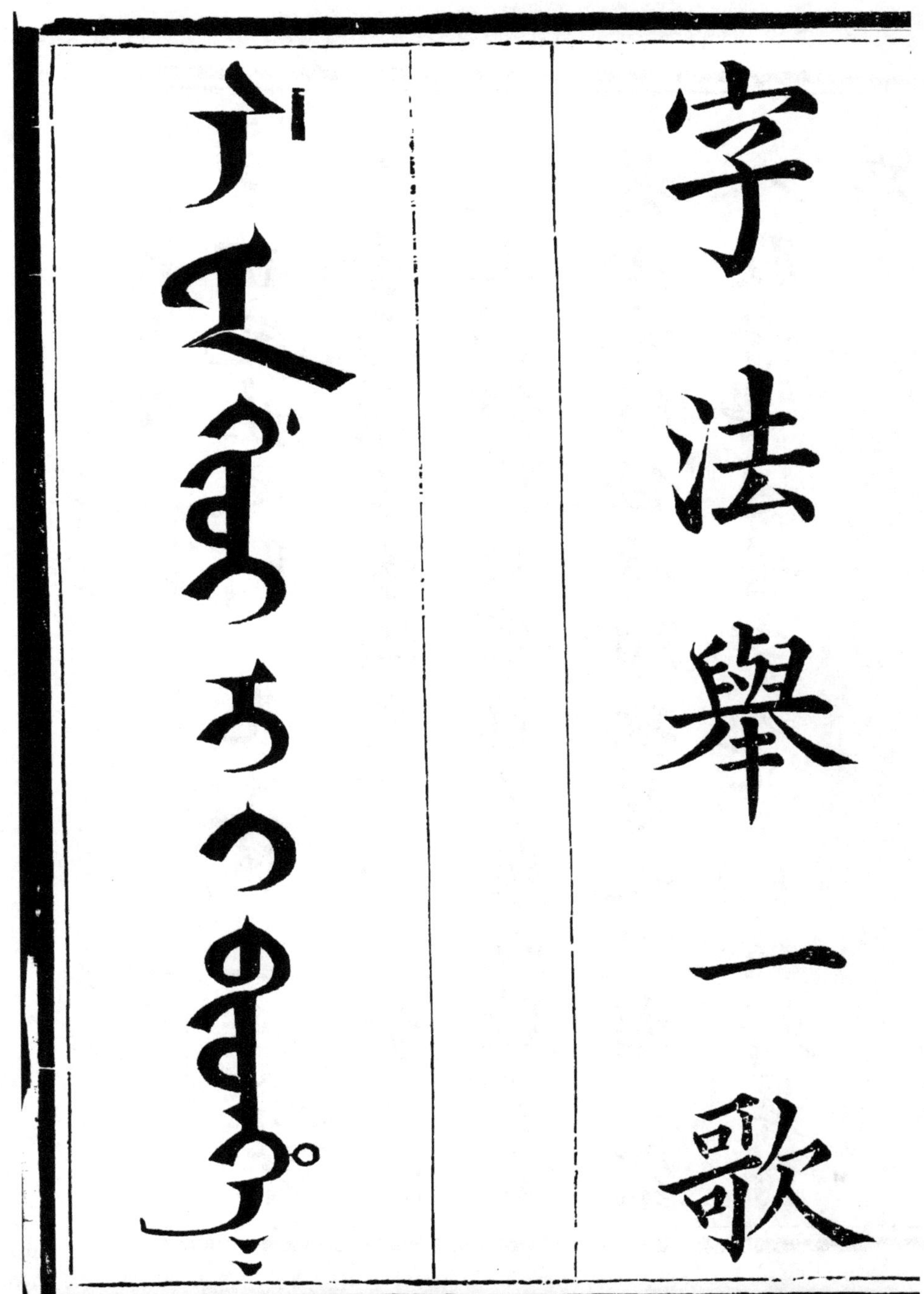

字法舉一歌

沃田先生之門　先生賦性孤介不
荒廢乃棄漢學滿受業扵　金州徐
大人捐館從此家務多艱以致前業
於山右隨任時即攻習之旋因　家
八股者榮家世守之業也榮將舞勺

聖諭廣訓入手以其大法二書具備故予
不從四書
門時即以此歌授之曰學繙譯者無
用字之法窗下課讀多所成就榮入
譯入門不易嘗著舉一歌一書發明
合時宜甘屈下吏老隱書田每以繙

發揮指趣於八股者深得舉一歌字
先生不可後榮復理舊業覺腕下冒中
如此苦心久湮窗下故敢請付剞劂
内矣榮玩索既久深信良然竊惜其
譯之堂可登口頭問答話條亦括其
註此歌專以二書為證誠能熟此繙

祐 先生之次子季蔭汀中分司筆
慶體元泰卒二子錫子如祉錫贊廷
行 先生不獲已以原稿相付且有
佩先蔭 讀彼亦與予同志乃力請梓
滿而且有益於漢後以此書授諸承
法之力也則此歌之作不第有益於

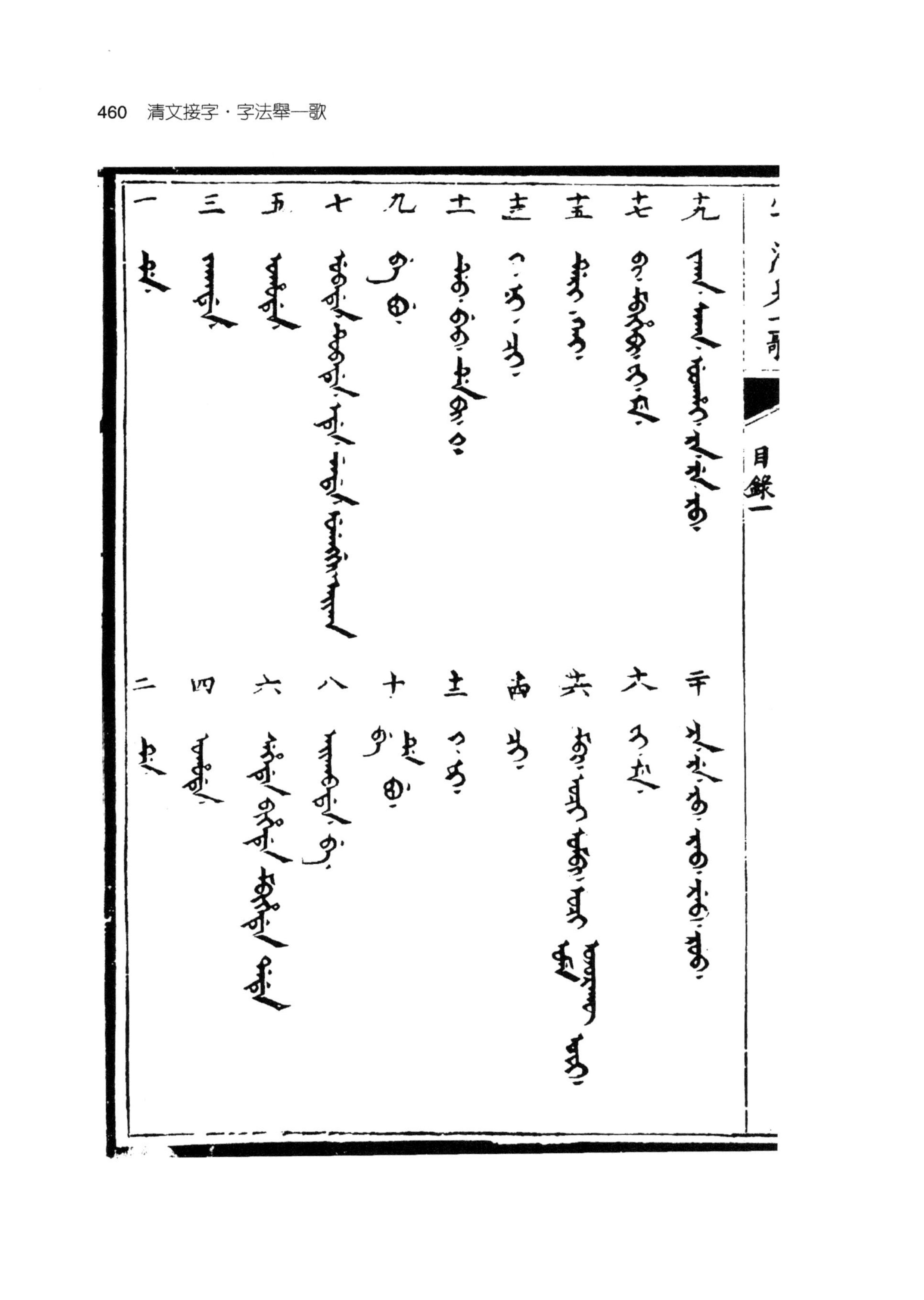

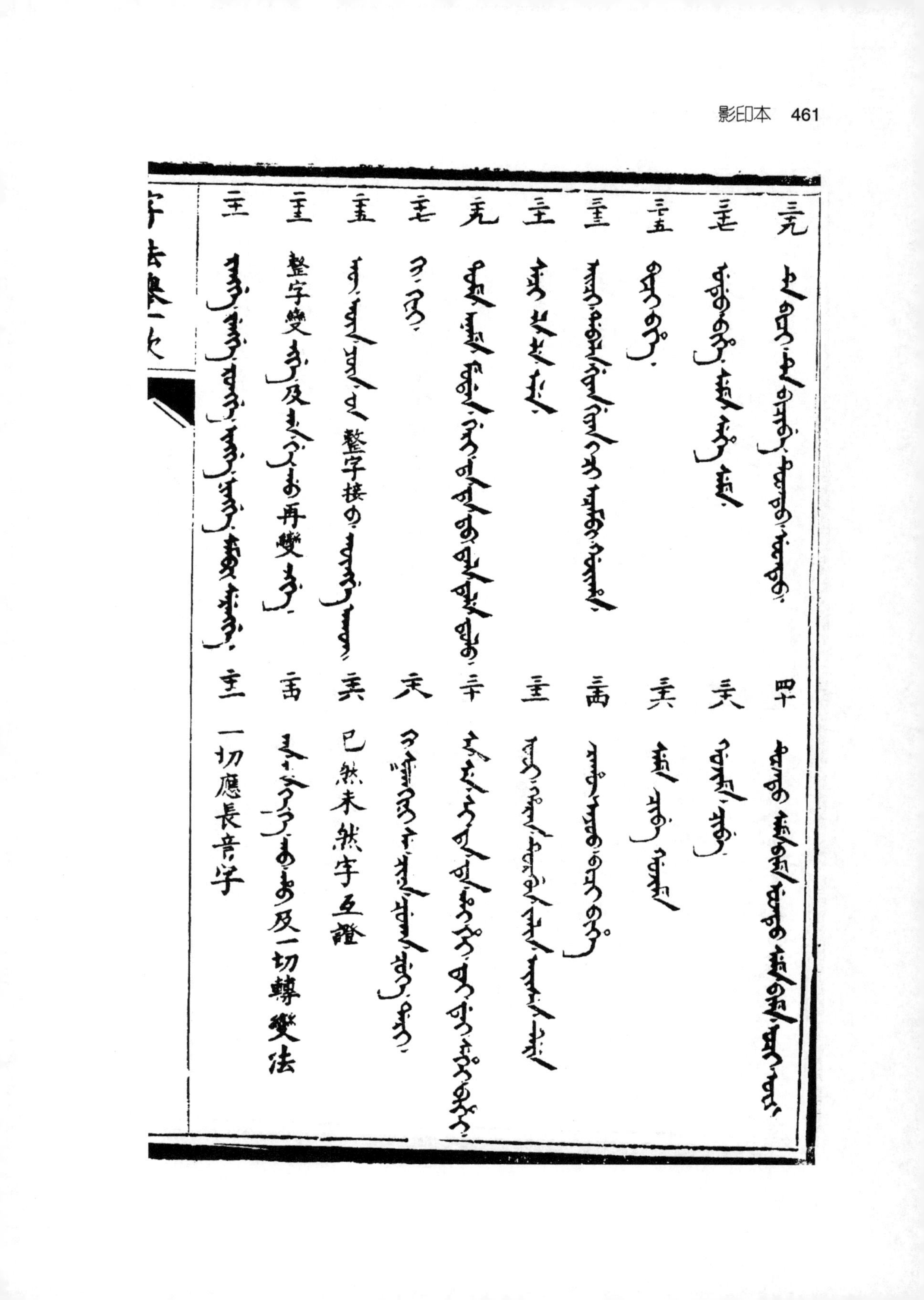

二十一

二十二 一切應長音字

二十三 整字變 及 再變

二十四 及一切轉變法

二十五 整字接

二十六 已然未然字互證

二十七

二十八

二十九

三十

三十一

三十二

三十三

三十四

三十五

三十六

三十七

三十八

三十九

四十

羌 繙法戒增法

兵 繙法本地風光

垚 繙法解題

壵 實變虛。虛變實。

垂 捶腰字

兕 使令字

罡

罣

罜

罜

卆 繙法正繙法

夫 繙法戒增法

兲 繙法本地風光

喬 微畧。形容

垂 捶腰字

乖 捶腰字

哭 奎進

哭

器

罜

七十七 體例

七十六 體例

七十五 體例

七十四 體例

七十三 體例

七十二 體例

七十一 繙法體例

七十 繙法斷連法。體例

六十九 繙法起承轉合。斷連法

六十八 繙法理弊功效

六十七 繙法名山高阜。起承轉合

六十六 繙法論間架

六十五 繙法論氣脉

六十四 繙法論氣脉

六十三 繙法論整破字

六十二 繙法倒裝

六十一 繙法取意

[illegible]與[illegible]

矣了然

入。功多力省便初學。旬月可熟且讀且解不經年則歌約三千有奇之字叶韻順口

清文字法舉一歌。觸類旁通可悟百。繙譯雖深由此

金州隆泰沃田徐氏著

長白承蔭佩先較刊

受業蒙古壽榮耀庭較正

清文字法舉一歌

于學。于字 人少則慕父母。時候字則字 行有餘力

邑無游民 内字 吾十有五而志 時候字

立不中門 下字 井有仁焉 内字 野無曠土 外字

往。日字虛神亦是他。天無二日 上字 民無二王 間字

義深長用處多。上下内外時候則。給與在于間處

二十箇字要明白。○ 領會為初學入手工夫 此二十字用法神情大宜

年月日時無於在但非轉下莫接。

樂歲終身飽

吉月必朝服而朝

見也。赤之適齊也　日字

乘肥馬　衣輕裘

有諸

君子之至於斯也　往字時候字

吾未嘗不得

則去之否乎

按緊於字之則。

堯以天下與舜　於字處字

給與字

則以學文

一日而三失伍

時候則字

時候則字

字

外

夫蚓上食槁壤 下飲黃泉

內含義休加者 誠於中 形於

四時行焉

則弔

晝爾于茅 宵爾索綯

山年免於死亡 三月無君

字法舉一歌

[illegible]字

煞尾須加 [illegible] 吾老矣不能用也

因為時候 [illegible] 未然轉入已然說。故用 [illegible] 字煞。

而已矣 [illegible]。○ 身中清 [illegible] 廢中權 [illegible]

○ 好學近乎知 [illegible]。○ 至於他邦 [illegible]。○ 忠恕 [illegible]

可不著。有不可過拘者不止 [illegible] 數字已也 按常法接托照應之字不勝枚舉如遇變繙

如遇 [illegible] 西字上必加 [illegible] 字。餘者宜著

了的時候承上起下法極多。一轉起下文了也承上文

之舜

不敢以陳於王前

不之堯之子而

又作根前解。頭上ㄱ少不得。我非堯舜之道

四方之政行焉

孔子行

謹權量

審法度

脩廢官

字

以刑 民免而無恥 道之

加 用功效自至。末然順轉已然說 道之以政 齊之

可使足民

如五六十 求也為之 比及三年

子將奚先 方六七十

加 述前期後效。已然逆轉末然說。衛君待子而為政

揣度前文慮後語。怎樣的時候 何如斯可

則無敵於天下

總束前文領後語。如此的時候 如此

而天下平

親其親 長其長

以德 齊之以禮 有恥且格 人人

謂之達矣

或加整字

至於味　天下期於易牙

是天下之口相似也　惟耳亦然

至於聲　天下期於師曠

是天下之耳相似也　惟目亦然

至於子都　天下莫不知其姣也　不

說過時候 昔者有王命 有采薪之憂

為帝 無非取於人者

或作為了單寫著。○自耕稼陶漁 以至

○仁人之於弟也 不藏怒焉 不宿怨焉

無失其時 七十者可以食肉矣

知子都之姣者 無目者也。○雞豚狗彘之畜

上功下效 纔此便彼快如梭。欲有謀焉 則就

設言儻有亦繙得。有一 於此 里閈靡寧

有的時候 有妻子則慕妻子

百苦備嘗

又恐其中有變說 試思一蹈法網

不能造朝

字去舉一次

牛羊又從而牧之

是以若彼濯濯也

上頭且又

加之以師旅

因之以饑饉

恥也邦無道

富且貴焉

恥也

上頭而且用

邦有道

貧且賤焉

之

勤

則男有餘粟

女有餘帛

不能進於是矣

於此字

○ 子是之學 亦為不善變矣

這上頭於此用 那上頭於彼用

於彼字

王曰 吾惛

無斁

這裡在此 那裡在彼

在彼 無惡 在此

無惡也

○如有所譽者

其有所試矣

誠然如儻應

苟志於仁矣

下為敎尾應

所敬在此

所長在彼

○王勃然變乎色

可知禮讓之有得而無失也如此

上作過文解于是

終身讓畔

不失一段

釣下發端夫若說。

夫世祿滕固行之矣

序者射也

何以言之

曰

以追蠡

應上收煞說是也。

庠者養也

校者教也

衛君待子而為政

子將奚先

七解二義總繙 把將以使令叫說。

以使令叫字

把將字

下一義迥別

上六義相類

如有用我者

吾其為東周乎

○可以寡過而保家 申敘字 ○其為人也寡欲 申敘字

裒者 申敘字 ○瞽瞍殺人則如之何 申敘字

穿衣 ○子見齊衰者 申敘字 冕衣

體用 讀書 ○何必讀書然後為學 申敘字

體用申敘無字。

眾民 君子欲之 體用 所樂不存焉

○夫聖孔子不居 是何言也 ○廣土

字法舉一歌

字

九

字使人給與說

與之釜 ○ 與之庾

○ 養心莫善於寡欲

○ 欲寡其過而未能也

○ 必朝服而朝

○ 不嗜殺人者能一之

作用有力句加

讀其書

○ 子服堯之服

雖有不存焉者寡矣

無力給與字腰著。

飢者易為食

渴者易為飲

上加乃叫字。

近者說

遠者來

以力服人者

非心服也

加轉合他。

使民盡力

使人修身

上加為被字。

思以一毫挫於人

若撻之

於市朝

有繙出勉去意施為用力那們著含繙入安居

按三字其義極微其用極廣最易眩人若不辨別清楚勢必反入為出以主作客矣

假如

○國治 自然字 治國 有力字

○欺哄 ○使治國 叫字

○被人欺哄 被字 ○使人治國 轉 使字

○被欺哄了 自然字

有 力 末信 自然 有 力 則以為厲己也

自然被叫無

勞而不怨 自然 自然

○信而後勞其民 自然

十

辭富居貧 ○ 仁者安仁 知者利

○ 倚强淩弱 ○ 辭尊居卑

恃富侮貧 ○ 挾貴淩賤

○ 志於道 據於德 依於仁 游於藝 ○

鼓橐。改惡遷善 ○ 截長補短

意。無為自致這們著。每見 相互用。籥似 吸

○徹者 徹也 助者 藉也

○功崇惟志 業廣惟勤

應上常煞尾。○子之所慎 齊 戰 疾

比之 奚翅食重 ○使先覺覺後覺

仁 ○取食之重者 與禮之輕者而

孫以出之 信以成之

ᡳ義之的以用多。夫子之牆 之的字 天子 之的字 禮以行之 以用字

於已取之而已矣 在邦無怨 在字

實在之在在乎字。在乎字 接用莫聯著。豈有他哉 在乎字

而後以五嵒與 彼哉 彼哉

變作義帶麼 為其為相與 前以三嵒

字法舉一隅

子謂子夏曰　今之愚也詐而已矣

吾與回言終日　不違如愚

用　其上　皆可用或

德　天地之大　冉求之藝　世俗之樂

四頭音呢單用是。頭十頭下或聯著。木匠　父母之

第五頭下　代他。管仲之器　文王之德

亦之的以用格。子之君（之的字）。由此觀之（以用字）。何謂也（以用字）

以成

何必高宗　古之人皆然

如也　從之純如也　皦如也　繹如也

祭神如神在　鞫躬如也　始作翕

古之學者為己　今之學者為人　祭如在

謂之賊 ○ 禹以四海為壑 今吾子以

陳善閉邪 謂之敬 吾君不能

繙以用應 責難於君 謂之恭

○ 不學禮 無以立

以用非叫應。○ 以文會友 以友輔仁

嘆想呢哉口氣合。○ 其何以行之哉

之十章

忠恕違道不遠

離字則誰敬

右傳

長於伯兄一歲 第字

比字

若則字

奚自

鄉人

乃自從由第則離若比字字尾托

自從由字

如之何其可也

王欲行之

則盡反其本矣

何事於仁

字必承 文承

鄰國為壑

正對

館人求之弗得

綽綽然有餘裕哉

王問臣

臣不敢不以

豈不

則吾進退

懸揣摩擬神寬恁。似既似或似

急不繼富

望之不似人君

自抒己見將發論。凴吾聞見這們著。

吾聞之也君子周

其次辟色

其次辟言

邪

賢者辟世

其次辟地

行遠必自邇

何必去父母之

上總須他。

由周而來

七百有餘歲矣

不願乎其外

孟子見梁惠王

王立於沼上

字法舉一歌

字。字。

其末

自牖執其手

從由實際說。雖同解義虛活。不揣其本而齊

加上或用。或不用。可以悟矣。

也。宜詳其講義。文氣。神情。方為定論。

當務

會計當而已矣

成法數字加

也

我則異於是

可謂孝矣

君子平其政

行辟人可

有婦人焉 古之道也 末之難矣

乃自信决斷語。實解哉焉也矣啊 大哉問

那路兒將及差不多 賜之牆也及肩

○ 下句

○ 隱察其行蹤 ○ 上句 ○ 中句

夾間暗中句日也。 以季孟之間待之

其

多識於鳥獸草木之名

可以怨 邇之事父 遠之事君

間或接連用許多。

詩可以興 可以觀 可以羣

久而敬之 死而後已 不亦遠乎

用煞章句屬虛活。有時煞住猶接敍。

善與人交

破字無不成格。

整行字

破行之字

整話字

破說話字

去 加 因為不可那們著。未嘗不飽 盖不敢不

必其材可以仕矣

而后民法之也

聖人使之仕

托。因為可以那們著。其為父子兄弟足法

寬則得衆

信則人仕焉

下用 托。此感彼應中一折。恭則不侮

字去舉一敀

字法舉一歌　字　十七

治天職也　弗與食天祿也

坐云則坐　食云則食　○弗與共天位也　弗與

入云則入

聯　虛煞往事格○

馬　衣輕裘　○趣而往視之　苗則槁矣

字聯　實煞近事格○至　則行矣○乘肥

飽也

是跕不住的著○

鸇鴻雁麋鹿曰○

詠而歸

子聞之曰

再斯可矣○

了

殺雞為黍而食之○

浴乎沂

風乎舞雩

字繙了 繙著○句內承接斷不得○是跕不住的

一人衡行於天下○

武王恥之

若用實煞古事字○定無挪○古者易子而教之

爰整其旅 以遏徂莒 以篤周祜

字句平排魚貫處，任用ᠮᡝ ᠮᡝ ᠮᡝ

王赫斯怒

兵刃既接 棄甲 曳兵而走

此著彼了層疊起，句中只管用ᠮᡝ ᠮᡝ

填然鼓之

言悖而出者 亦悖而入 貨悖而入者 亦悖而出

上不離 能愛人 見賢而不能舉

上必有 何以文為

服勞 以隆孝養

外竭其力 謹身節用 以勤

以對於天下 自當內盡其心

字

從而擴之 ○ 二字通用。○ 聞斯行之 ○ 寇退則反

才一將就緊加 使浚井 出

樂 敬其所尊 愛其所親

字為橫平頓著。踐其位 行其禮 奏其

用。存養省察之要 ○ 記誦詞章之習

二破接連成一事。上 下必用 為豎連下

又屬辭完意未盡。啊呀口氣最靈活。氣。辭完意未盡。啊呀。乃三字口

○ 無違 ○ 不患無位

有時亦可煞尾用。無他使不得。非禮勿動

○ 行路之人 ○ 為君之難

未然之的串下虛文斷不得。愛兄之道

殆於不可

字法舉一歌

字

二十

字下接懇請求祈叶韻着。陳恒弑其君

吾何執

自任

顓奪

驚疑自任自顓奪。惡是何言也

驚疑

寡人願安承教

何以識其不才而舍之

質問

指示嗔責質問語。居吾語女

指示

於予與何誅

嗔責

吾

須從象外得之。否。則用必不恰。乃三字神情。有餘音遶梁之妙。

未然之的變者變也接體變長音義亦

○可得聞與○可得見乎

○事齊乎　事楚乎○毀諸　已乎

又作未然疑問語。字亦繙麼。○執御乎　執射乎

○君請擇於斯二者

請討之○請必無歸　而造於朝

變字

主

變。接下忽為應上格。

誰的干戈（接下）

干戈朕（應上）

○

你的琴麼（串下）

之的似　實字之下總須他。體變　用亦

民也義

其養民也惠（叫下）

○

使民之義（串下）

其使

事上之敬

其事上也敬（叫下）

○

養民之惠（串下）

變。串下變為叫下格。

行已之恭（串下）

其行已也恭（叫下）

○

所謂之者

孝弟也者 其為仁之本與

是說 又是謂

不偏之謂中 不易之謂庸

能使枉者直

以母則不食 以妻則食之

琴朕 應上

不是他的弓麽 張朕 串下 應上

舍己從人

○不遇故去　豈予所欲哉

亦可托。屨之相似　天下之足同也

必子之言夫　洚水者　洪水也

學也○率天下之人而禍仁義者

法。應他之字有多多。字。正唯弟子不能

一般者字有四體 接 已然者字同一

字法舉一歌

慈者所以使衆也 ○ 力不足者

孝者所以事君也 弟者所以事長也

繳還上意

畏天者 保其國

大者 畏天者也 樂天者 保天下

路也 ○ 以大事小者 樂天者也 以小事

或用整字 應 ○ 仁 人之安宅也 義 人之正

字

本字上下夾有者。本字尾加 仁人 。○

善道也

者 善言也 守約而施傳者

○ 如此者 撫及其身者也 ○ 言近而指遠

者字不便他求者。整字破了接 如此者 不見而章

中道而廢

字去舉一次

不說 子出 微子去之 出於其類

與過了了的已然格。孔子行 成事

觚不觚 觚哉觚哉

有者再變有有者。再接 夫有小人而仁者也

彩雲

義門 知者 名士 有禮者

字法舉一歌

(…)字

已起程者 (…) ○ 已成了者 (…) ○ 出去的 (…) ○ 去了者 (…)

再加 (…) 去 (…) 尾已過了者了之者。

出衆了麽 (…) ○ 定了麽 (…)

起了身了麽 (…) ○ 成了麽 (…) ○ 出去了麽 (…) ○ 去了麽 (…)

下接 (…) 尾為疑問過了的麽了的麽。

拔乎其萃 (…) ○ 遂事不諫 (…)

不曾沒有未曾說。

六字聯　用四字。內除　字代

已出衆者與

先定過了者與

曾起了身的麼

先成過了的麼

已出去者乎

去過了的乎

去　加　作追問曾了之者先過了麼。

出衆者

定了者

字法舉一歌

整字聯

麽字難安變

樂正子強乎

信乎

子好勇乎

接尾乃不麽。

子未可以去乎

變講不者。

我不能

是誠不能也

不忘其初

不為臣不見

不占而已矣

射不主皮

不曾走

未曾戍

沒出去

沒去

莫不有上加 人心之靈 莫不有知

人役也

整下不字用 不仁不智 無禮無義

然則師愈與 ○ 多聞識乎 ○ 若是班乎 ○

整字接 亦繙麼。於女安乎 ○ 古之道乎 ○ 禮後乎 ○

字法舉一歌

未然已然字互證

與[满文]字反。便了。

略為得。但知[满文][满文]與[满文]字反。[满文][满文]與[满文]字反。[满文][满文]

箇未然字面相反。若一一反證。似覺眩目。不如從

[满文][满文][满文][满文][满文][满文]六字。俱是已然字面。與[满文][满文][满文]三

未然面與已然反。[满文][满文]從略省文多。

[满文]而天下之物莫不有理

字。及轉變之法。用字要訣。殆過半矣。

和羹之味。在鹽梅。繙譯之要。在虛字以上二十箇

二十箇連轉變字。繙譯雖深半殆過。

超出於衆之才 ○ 出衆之才 ○ 一定之理 ○ 難定的事

出去了的時候 ○ 出去的時候 ○ 去過的地方 ○ 去的地方

起了身之日 ○ 起程之日 ○ 已成的事 ○ 難成之事

字

二十七

去罷就便任憑怎麼。

寧以固陋遺譏

去罷

曾益其所不能

使令口氣硬。

所以動心忍性

○

吾執御矣

罷。聯於字尾最謙和。

王請度之

○

子欲居九夷

單行廿字略詳說。互證雙行尚餘多ᠣ字解為請欲自己欲如此。

子欲無言

欲罷不能

寧有盜臣 不能聯

與其不孫也寧固

寧可字尾俱聯寫。不能聯處上接

與其有聚斂之臣

之心乎

人不知孝父母

獨不思父母愛子

就便字任憑怎麼字

字法舉一歌

字

破字接作整格。事兒之意暗藏著。

恭近於禮

不知老之將至云爾

使令與倣。罷咱是呢帶商酌。

與爾鄰里鄉黨乎

入而閉之門也

欲見賢人而不以其道

猶欲其

欲人如此

親之欲其貴也

愛之欲其富也

○年年○時時

重上有二格。年月日時下聯著。日省月試

可者與可欲之謂善○險阻既遠

皆是可。嘉樂君子

遠恥辱也

字

五就桀 人一能之

遭次盪變。音不變有成格。五就湯

疊用 單詞隻字 排鄰比戶

事物重上用 人人 事事 念念

搖動相猜

虛下須整用。上非整字必 則曰古之人古之人

其終也巳

○整字下用

賢聖之君六七作

○年四十而見惡焉

整字下

與直到三字尾聯著

○由湯至於武丁

皆有聖人之一體

○各十五

每箇字用每人每分各該得

○公侯皆方百里

己百之

人十能之

己千之

○事君能致其身

委棄盡力格。竝無迴護不斟酌。守死善道

坐以待旦

心專不少活。直然竟爾沒回折。可立而待也

兄弟怡怡○先王之道

們等單聯用法按成格。子孫保之○

至自離於人倫之外 若視爲具文

與差不多。只知有此不知他。所患習焉不察

○造釁以傾人 究之布阱以自陷

而俱入醉鄉則一言不合 至操刀而相向

只顧這們著。貪前忘後過失多。始以合歡

字法舉一歌

字

三十

固字

我亦人也○君而知禮

若說

孰不知禮

不可磯

亦不孝也○舜人也

固字

是固是若說○援上証下兩顛奪○愈疏不孝也

連坐者受累

怠忽從事

至於疏疏者失財

皆

凡所字

或難聯寫或單用。不必接

凡民情之所習

凡有血氣者　莫不尊親

未然字

不與起也　率土之濱　莫非王臣

已然字

也　所過者化　所存者神　聞者莫

已然字　已然字　已然字

凡所應繙與已加未

唯其言而莫予違

凡字

字去聲一次

字法舉一歌

字 三十一

凡之敎不先 ○ 果在外 非由內

因為過失多。大凡子弟之率不謹 皆由父

○ 非敢後也 馬不進也

因為語虛活。非不說子之道 力不足也

○ 所識窮之者 未然凡所字

詹慮之所周 ○ 相逢多話怪之人 凡所字

君子人與 君子人也 ○

敢情罷 或問之曰若是乎從者之廋也 ○

禮也 ○ 仕非為貧也

因為為什麼。不知者以為為肉也 其知者以為為無

因為因緣故。文獻不足故也 ○ 何為也哉

也

字 三

○天不言 以行與事示之而已矣

決斷罷咧說。不比口氣活。述而不作

如也

莫不有知 ○君子於其所不知 蓋闕

若作蓋字用。可托可不托。蓋人心之靈

想必也加得。天將以夫子為木鐸

該當是輪着○夫民今而後得反之也君無尤焉

理該如此○宜以和輯之風爲一方表率

該當是理合○可食而食之矣

之謂我愛也

字該當據理說○夫子之云不亦宜乎○宜乎百姓

字去舉一次

字

接串用。口氣難斷緊接

天人惟恐不傷人

吾恐季孫之憂不在顓臾而在蕭牆之內也（接）

民惟恐王之不好勇也（接）

父母唯其疾之憂（接）

子路有聞未之能行唯恐有聞（接）

一般恐字兩般說。聯用單

吾王不豫

吾何以助

應

○如有政

雖不

實際指論

得與於斯文也

應

○吾王不遊

吾何以休

應

空處設想

後死者

不

儻曾儻有

托○天之將喪斯文也

實際指論

與朋友交而不信乎

作恐其疑問語○其下

字不須托○為人謀而不忠乎

接

亟人惟恐傷人

接

吾以 空虛設想 吾其與聞之 應 是故無賢者也 應

有 則民必識之 空虛設想 應 空虛設想 足 則吾能徵之矣 應 彼如曰孰

可以伐之 則將應之曰為天吏則可以伐之

是儻無說。昔者魯繆公無人乎子思之側

實際指論 應

則不能安子思 泄柳申詳無人乎繆公之側

實際指論 應

則不能安其身 微管仲

自古從前應總結往事講來着。古之人皆然

萬方 萬方有罪 罪在朕躬

若作如有用。字斷應不得。朕躬有罪 無以

指論之分。惟於上有字。無字辨之。

氣解。故句尾以字應之。然有空處設想。實際

勿論指實與設想。追敘當初應 有。追敘已然口 作倘曾。倘

吾其被髮左衽矣

實際指論 應

字

是

顚沛必於是 ○ 夫婦之愚

雖小道必有可觀者焉 ○ 造次必於

然就便與雖說

人不知而不慍 不亦君子乎

三搃雖而義差多。單用神活泛。縱

吾他日未嘗學問

好馳馬試劍

則近於禽獸

聖人有憂之

與為

等因

為此

是則可憂也

逸居而無教

為此

倒裝承上起下字。等因為此以為說。

我由未免為鄉人也

就便。雖說。等義。其實相通。

口氣虛活。雖有縱然。

聖人復起

必從吾言矣

可以與知焉

及其至也

雖聖人亦有所不知焉

字

雖有縱有即便有。下接

雖有粟 吾

鄉皆稱愿人焉 倒裝

避水火也 倒裝

〇 哀公問弟子孰為好學 倒裝

以迎王師 豈有他哉

〇 民以為將拯己於水火之中也 簞食壺漿 以為

〇 以為無益而舍之者 以為 不耘苗者也

章洛文內用。

此同義。但於奏

養其一指 而失其肩背

未盡善也。大義雖明 而微言未析

能此不能彼。上正下反方用得。盡美矣

必謂之學矣

雖說縱說即便說。下接 雖曰未學 吾

得而食諸 雖有周親 不如仁人

字

罪也

○ 性也

有命焉 ○

雖在縲絏之中

非其

雖有與雖在

冉牛閔子顏淵

則具體而微

死徙無出鄉

哀而不傷 ○

擇焉而不精

語焉而不詳 ○

聯用義板重。不帶挑剔必貶駁。樂而不淫

○君子無入而不自得焉

無往無入

無所往而不為原人

倍之

○左右逢其原

雖為與雖或

○故事半古之人

功必

良臣

古之所謂民賊也

雖然說是

宜若無罪焉

薄乎云爾

○今之所謂

“早期北京話珍本典籍校釋與研究”叢書總目録

早期北京話珍稀文獻集成

（一） 日本北京話教科書匯編

《燕京婦語》等八種

華語跬步

亞細亞言語集

北京風土編·北京事情·北京風俗問答

伊蘇普喻言·今古奇觀·搜奇新編

四聲聯珠

官話指南·改訂官話指南

京華事略·北京紀聞

（二） 朝鮮日據時期漢語會話書匯編

改正增補漢語獨學

高等官話華語精選

速修漢語自通

速修漢語大成

中語大全

修正獨習漢語指南

官話華語教範

無先生速修中國語自通

官話標準：短期速修中國語自通

“内鮮滿”最速成中國語自通

（三） 西人北京話教科書匯編

尋津録

語言自邇集

官話類編

華語入門

漢英北京官話詞彙

漢語口語初級讀本·北京兒歌

北京話語音讀本

語言自邇集（第二版）

言語聲片

華英文義津逮

北京官話初階

（四） 清代滿漢合璧文獻萃編

清文啓蒙　　清話問答四十條

一百條·清語易言　　清文指要

續編兼漢清文指要　　庸言知旨

滿漢成語對待　　清文接字·字法舉一歌

重刻清文虛字指南編

（五） 清代官話正音文獻

正音撮要　　正音咀華

（六） 十全福

（七） 清末民初京味兒小説書系

新鮮滋味　　過新年

小額　　北京

春阿氏　　花鞋成老

評講聊齋　　講演聊齋

（八） 清末民初京味兒時評書系

益世餘譚——民國初年北京生活百態

益世餘墨——民國初年北京生活百態

早期北京話研究書系

早期北京話語法演變專題研究

早期北京話語氣詞研究

晚清民國時期南北官話語法差異研究

基於清後期至民國初期北京話文獻語料的個案研究

高本漢《北京話語音讀本》整理與研究

北京話語音演變研究

文化語言學視域下的北京地名研究

語言自邇集——19世紀中期的北京話（第二版）

清末民初北京話語詞彙釋